EUROPA FACHBUCHREIHE
für Medienberufe

Prüfungsvorbereitung aktuell

Arbeits- und Prüfungsbuch

Mediengestalter/in Digital und Print

Lösungen

Hinweis:

Die Seitenzahlen der Lösungen entsprechen
bei den Kapiteln 1 und 2 den Seitenzahlen des
dazugehörigen Arbeits- und Prüfungsbuches.
Bei Kapitel 3 unterscheiden sich die Seitenzahlen.

1. Auflage

VERLAG EUROPA-LEHRMITTEL · Nourney, Vollmer GmbH & Co. KG
Düsselberger Straße 23 · 42781 Haan-Gruiten

Europa-Nr. 35363

Autoren:

Peter Bühler	StD	Affalterbach
Benedikt Holzapfel	StR	Korntal-Münchingen
Franz Jungwirth	StD	Nürtingen
Daniel S. Krause	StR	Dossenheim
Thorsten Schäfer	StR	Stuttgart

Leitung des Arbeitskreises:

Peter Bühler

Verlagslektorat:

Dr. Astrid Grote-Wolff

Bildquellen:

164-1: Verlag Europa-Lehrmittel, Medizinische Fachangestellte – Behandlungsassistenz, 7. Aufl. 2016; 237-1, 300-1: Robert Bosch GmbH, Gerlingen; Lösungsband 312-1, 313-1: Dr. Uwe Beck

1. Auflage 2019

Druck 5 4 3 2 1

Alle Drucke derselben Auflage sind parallel einsetzbar, da sie bis auf die Behebung von Druckfehlern untereinander unverändert sind.

ISBN 978-3-8085-3536-3

© 2019 by Verlag Europa-Lehrmittel, Nourney, Vollmer GmbH & Co. KG, 42781 Haan-Gruiten
http://www.europa-lehrmittel.de
Umschlaggestaltung: braunwerbeagentur, 42477 Radevormwald
Layout: Peter Bühler, 71568 Affalterbach, und Daniela Schreuer, 78256 Steißlingen
Satz: Autoren und Dipl. Des. Susanne Beckmann, 59514 Welver
Druck: Himmer GmbH, 86167 Augsburg

Vorwort

Erfahrene Mediengestalter/-innen Digital und Print verbinden fundierte Fachkenntnisse in den Bereichen Gestaltung, Technik, Arbeitsorganisation und Datenhandling mit Kreativität und einem Gespür für Ästhetik. Das Ziel der Mediengestaltung besteht darin, ein stimmiges und aussagefähiges Gesamtbild für ein Print- oder Digitalmedienprodukt zu schaffen.

Die „Prüfungsvorbereitung aktuell – Mediengestalter/in Digital und Print" bietet **Auszubildenden, Schülern beruflicher Vollzeitbildungsgänge, Studierenden und Praktikern im Bereich Mediengestaltung** die Möglichkeit, ihre grundlegenden Fachkenntnisse zu festigen, zu aktualisieren und praxisorientiert anzuwenden.

Das Werk kann **den Unterricht begleitend** oder im **Selbststudium** eingesetzt werden.

Die „Prüfungsvorbereitung aktuell" orientiert sich konsequent an den **Lernfeldern des KMK-Rahmenlehrplans** sowie an der **Zwischen- und Abschlussprüfung** des Ausbildungsberufs Mediengestalter/in Digital und Print mit den Fachrichtungen Beratung und Planung, Konzeption und Visualisierung, Gestaltung und Technik Print sowie Gestaltung und Technik Digital.

Der **Arbeits- und Prüfungsteil** ist in drei Hauptkapitel unterteilt:
- Kapitel 1 bietet zu den insgesamt **20 Lernfeldern** der vier Fachrichtungen eine Fülle von Aufgaben.
- In Kapitel 2 sind Informationen und Tipps zur **schriftlichen Zwischen- und Abschlussprüfung** sowie Beispielprüfungen zu allen die Mediengestaltung betreffenden Prüfungsbereichen zusammengestellt.
- Kapitel 3 informiert über die **praktische Zwischen- und Abschlussprüfung** und bietet konkrete Beispielaufgaben zu den vier Fachrichtungen an.

Der **Lösungsteil** ist genauso strukturiert wie der Arbeits- und Prüfungsteil. In ihm können die Musterlösungen zu allen Aufgaben der Kapitel 1 und 2 sowie Lösungsvorschläge und Tipps zu den praktischen Aufgaben des Kapitels 3 nachgeschlagen werden.

Für die zügige Navigation innerhalb des Gesamtwerks wurden den Lernfeldern, der Zwischen- und Abschlussprüfung sowie den Fachrichtungen eindeutige **Leitfarben** zugeordnet und ein **farbiges Register** angelegt.

Hinweise, die zur Weiterentwicklung des Buches beitragen, werden unter der Verlagsadresse oder per Mail (lektorat@europa-lehrmittel.de) dankbar entgegengenommen.

Wir wünschen Ihnen für Ihre Zwischen- und Abschlussprüfung viel Erfolg!

Herbst 2019   Autoren und Verlag

Inhaltsverzeichnis

Mit dem „Prüfungsvorbereitung aktuell – Mediengestalter/in Digital und Print" arbeiten

In der Berufsausbildung arbeiten drei Partner zusammen. Im Ausbildungsbetrieb lernen Sie die Mediengestaltung vor allem in der Praxis. In der Berufsschule lernen Sie die theoretischen Inhalte der Mediengestaltung. Der dritte Partner sind Sie. Durch Ihr Engagement und die vielfältige Auseinandersetzung mit fachlichen Inhalten erwerben Sie berufliche Kompetenz. Ihre Arbeit mit dem Prüfungsbuch leistet dazu einen wichtigen Beitrag. Mit der Bearbeitung der Aufgaben überprüfen Sie Ihren Kenntnisstand, erarbeiten und wiederholen strukturiert die Ausbildungsinhalte.

Ich bestehe die Prüfung – und mit gutem Ergebnis!

Ja, aber wie bereite ich mich auf die Zwischen- und Abschlussprüfung vor? Es ist so viel Stoff und so komplex. Keine Angst, das Prüfungsbuch unterstützt Sie bei der Prüfungsvorbereitung.

Wir möchten Ihnen zunächst vorstellen, wie die „Prüfungsvorbereitung aktuell – Mediengestalter/in Digital und Print" aufgebaut ist, und Ihnen dann Tipps und Anregungen geben, wie Sie mit dem Prüfungsbuch effektiv lernen und sich auf die Prüfung vorbereiten können.

Wie ist die „Prüfungsvorbereitung aktuell – Mediengestalter/in Digital und Print" aufgebaut?

Die Inhalte des Prüfungsbuchs folgen der **Ausbildungsordnung**, dem **Ausbildungsrahmenplan** und dem **KMK-Rahmenlehrplan** der Berufsschule sowie den Anforderungen der **betrieblichen Praxis** und der bereits erfolgten **Zwischen- und Abschlussprüfungen**.

Die Gliederung des Prüfungsbuchs orientiert sich an der **Prüfungsstruktur**. In der Prüfung werden in den beiden Prüfungsbereichen *Konzeption und Gestaltung* sowie *Medienproduktion* jeweils 12 Theoriefragen gestellt. Aufgaben mit derselben Aufgabennummer beziehen sich in den Prüfungen mit konzeptionell gestalterischer und produktionstechnischer Ausrichtung auf dasselbe Lernfeld. Im Prüfungsbuch sind die Aufgaben beider Bereiche im jeweiligen Lernfeldkapitel zusammengefasst. Ein Aufgabenteil mit Theoriefragen entspricht somit einem **Lernfeld**.

Jede Aufgabe ist mit einem **Stichwort** gekennzeichnet, das in kursiver Schrift unter der Aufgabenstellung steht. Alle Stichworte der Aufgaben stehen am Anfang eines Lernfeldkapitels. Sie bezeichnen die wesentlichen prüfungsrelevanten Inhalte des Lernfeldes.

Die **Lösungen** stehen nicht bei den Aufgaben, sondern in einem gesonderten Lösungsteil. Tragen Sie zunächst Ihre Lösung in das Buch ein. Die Anzahl der Leerzeilen gibt Ihnen einen Anhaltspunkt zum erwarteten Umfang der Antwort. Im nächsten Schritt vergleichen Sie Ihre Antwort mit der Antwort im **Lösungsteil**. Wichtig für den Lernerfolg: Beurteilen Sie Ihre Antworten und die Lösungsvorschläge des Prüfungsbuchs. Diskutieren Sie die Ergebnisse in Ihrer Lerngruppe.

Nach den lernfeldbezogenen Aufgaben gibt es Beispiele von **Zwischen- und Abschlussprüfungen** der Prüfungsbereiche *Konzeption und Gestaltung* sowie *Medienproduktion* für die Fachrichtungen *Konzeption und Visualisierung*, *Beratung und Planung* und *Gestaltung und Technik Print* sowie *Gestaltung und Technik Digital*. Der Prüfungsbereich *Kommunikation* ist für alle Prüflinge gleich.

Im letzten Teil des Prüfungsbuchs haben wir für die Fachrichtungen **praktische Prüfungen** als Beispielprüfungen zusammengestellt. Lösungshinweise zu den **Theorieprüfungen** und den praktischen Prüfungsbeispielen finden Sie im **Lösungsteil**.

Wie lerne ich mit der „Prüfungsvorbereitung aktuell – Mediengestalter/in Digital und Print"?

Der angebotene Prüfungsstoff umfasst alle Fachinhalte vom Beginn Ihrer Berufsausbildung an bis zur Zwischen- und Abschlussprüfung. Darin unterscheidet sich die Prüfungsvorbereitung vom Lernen auf eine Klassenarbeit. In der Prüfung müssen Sie unterschiedliche Inhalte auf Basis Ihrer fachlichen Kompetenz verknüpfen und in Handlungswissen umsetzen. Dies gelingt um so besser, je länger und intensiver Sie sich damit beschäftigen.

Setzen Sie sich Ziele.
- Setzen Sie sich realistische, erreichbare Ziele.
- Setzen Sie sich konkrete Arbeitsziele.
- Formulieren Sie, woran Sie erkennen, dass Sie ein Ziel erreicht haben.
- Unterscheiden Sie zwischen Muss- und Kann-Zielen.

Planen Sie Ihre Prüfungsvorbereitung.
- Beginnen Sie frühzeitig mit der Prüfungsvorbereitung.
- Erstellen Sie Ihren Lernplan.
- Teilen Sie die Strecke zum Ziel in Etappen ein.
- Verdoppeln Sie die geschätzte erforderliche Zeit für einen Arbeitsabschnitt in Ihrem Plan.
- Sammeln Sie fachliches Material, wie Unterrichtsmaterialien, Fachbücher, Internetquellen.
- Legen Sie Arbeitszeiten und Ihren Arbeitsrhythmus fest.
- Planen Sie Pausen und Erholung ein.
- Belohnen Sie sich für erfolgreich erreichte Etappenziele.

Lernen Sie das Richtige.
- Erstellen Sie eine Liste mit den wichtigsten Inhalten.
- Verknüpfen Sie Faktenwissen mit komplexen fachlichen Inhalten.
- Überprüfen Sie Ihr Wissen.
- Seien Sie bei der Beurteilung Ihres Lernerfolgs ehrlich zu sich.
- Bearbeiten Sie verstärkt Inhalte, die nicht zu Ihren Lieblingsthemen gehören.
- Beweisen Sie Mut zur Lücke, Sie können nicht alles in allen Details lernen.
- Wechseln Sie fachliche Themenbereiche beim Lernen ab.
- Übertragen Sie Gelerntes auf neue Fragestellungen.

Planen und üben Sie die Prüfung.
- Teilen Sie die Prüfungszeit in Bearbeitungsschritte pro Aufgabe ein.
- Nehmen Sie sich Zeit, um zunächst eine Überblick über die Aufgaben zu bekommen.
- Beginnen Sie mit der Aufgabe, die Ihnen einfach erscheint.
- Bearbeiten Sie Aufgaben nicht länger als geplant.
- Überspringen Sie Aufgaben, die Sie nicht direkt lösen können.
- Planen Sie einen Zeitpuffer ein, um später noch einmal zu einzelnen Aufgaben zurückzukommen.
- Überprüfen Sie Ihre Prüfungsplanung an einer Beispielprüfung.
- Stellen Sie sich eigene Beispielprüfungen aus den Lernfeldkapiteln zusammen und bearbeiten Sie diese unter Prüfungsbedingungen.

LF 1

1 Lern- und Prüfungsfragen nach Lernfeldern

1.1 Lernfeld 1: Den Medienbetrieb und seine Produkte präsentieren

Stichworte:
Unternehmensorganisation, Berufe der Medienbranche, Präsentationstechniken, Printmedien, Digitalmedien, Werbemittel, Kostenarten, Radio, TV, Werbemittel, Urheberrechte, Verwertungsrechte, Kostenarten, RIP, Zahlungsverkehr, Druckverfahren, Druckprozess

1.1 Erläutern Sie die Unterschiede zwischen einer Dualen Ausbildung und einem beruflichen vollschulischen Vollzeitbildungsgang. Nennen Sie jeweils Vorteile (+) und Nachteile (–).

Berufe der Medienbranche

Duale Ausbildung	Vollzeitausbildungsgang
(+) enger Praxisbezug	(–) geringere Praxisnähe
(+) Ausbildungsvergütung	(–) keine Ausbildungsvergütung
(+) Möglichkeit zu Spezialisierung einzelner Bereiche	(–) wenig Möglichkeit zur Vertiefung
(–) geringe Bandbreite durch Spezialisierung	(+) hohe Bandbreite
	(+) kurze Ausbildungszeit
(–) vergleichsweise lange Ausbildungszeit von 3 Jahren	(+) hoher Theorieanteil

1.2 Welche Tätigkeiten werden von folgenden Berufsbildern durchgeführt:
a) Grafikdesigner, b) Illustrator, c) Commercial Artist, d) Art Director.

Berufe der Medienbranche

a) Gestaltung grafischer Kommunikationsmittel, wie Plakate, Prospekte, Verpackungen und Anzeigen; Entwerfen und Programmierung digitaler Produkte, wie Webseiten und Apps; auf Grundlage von Kundenwünschen fertigen verschiedener Entwürfe mithilfe spezieller Software oder skizzieren Entwürfe per Hand; des Weiteren kalkulieren sie die Kosten für ihr Angebot.

b) Bebilderung von Büchern, Zeitschriften sowie anderer Druckerzeugnisse und digitaler Medienprodukte.

c) (Meist künstlerischer) Gestalter von Büchern, Plakaten, Zeitschriftencover, Verpackungen; erstellt im Prinzip Gebrauchsgrafiken.

d) (Künstlerischer) Leiter bzw. leitender Grafiker in einem Medienbetrieb; er leitet und begleitet alle kreativen Produktionsvorgänge von der Planung bis zur Umsetzung.

1.3 Erstellen Sie ein Organigramm für einen Druckbetrieb mit 20 Beschäftigten.

Unternehmensorganisation

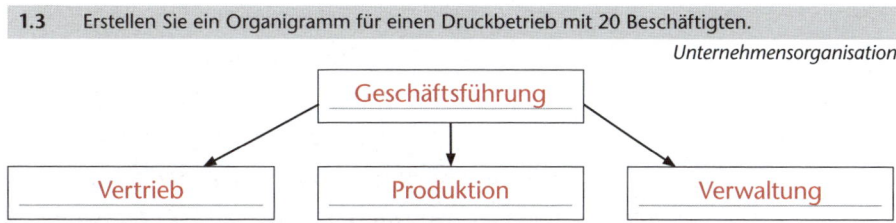

1.4 Bei der Unternehmensstruktur unterscheidet man zwischen Linien- und Stabsorganisation. Ordnen Sie die nachfolgenden Organigrammen der jeweiligen Organisation zu und beschreiben Sie diese.

Unternehmensorganisation

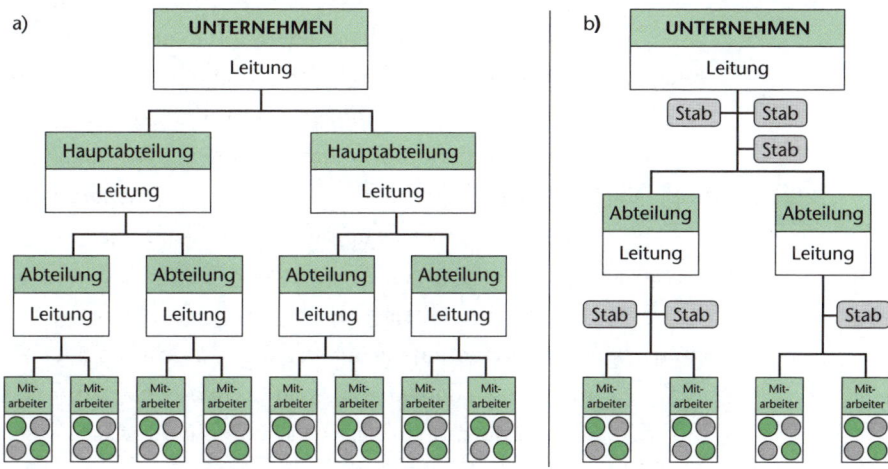

a) Linienorganisation: Anordnungen, Vorschläge und Mitteilungen sind linear gegliedert. Mitteilung der Unternehmensleitung zur Mitarbeitergruppe funktioniert nicht direkt, sondern nur über die Hauptabteilung und über die Abteilungsleitung zur Mitarbeitergruppe.

b) Stabsorganisation: Stabsstellen werden den jeweiligen Instanzen zugeordnet: z. B. Qualitätsabteilung, Umweltbeauftragte, Steuerabteilung, Rechtsabteilung, EDV usw. Stabstellen sind nicht weisungsberechtigt.

1.5 Nennen Sie mögliche Vorteile (+) und Nachteile (–) einer Linienorganisation.

Unternehmensorganisation

(+) Mitteilungen und Anordnungen werden nur vom direkten Vorgesetzten erteilt.

(+) Jeder Mitarbeiter hat nur einen direkten Vorgesetzten und Ansprechpartner.

(+) Straff gegliedertes System mit eindeutigen Anordnungsrechten und Pflichten.

(–) Mitteilungen und Anordnungen haben lange und umständliche Wege.

(–) Kein direkter Kontakt der Unternehmens- und Hauptabteilungsleitung zu den

einzelnen Mitarbeitern.

1.6 Die Matrixorganisation ist eine Sonderform der Linienorganisation. Beschreiben Sie das nachfolgende Schaubild.

Unternehmensorganisation

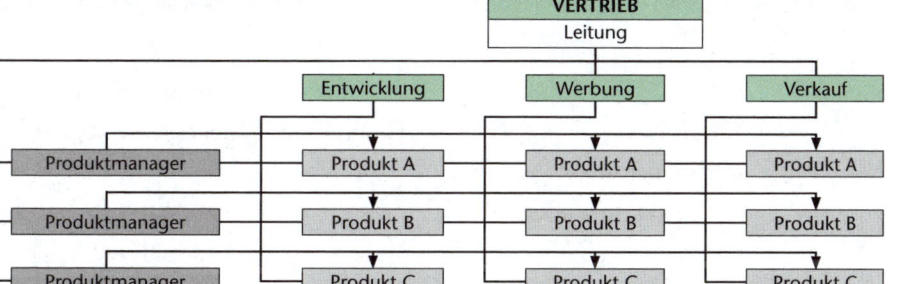

- Keine hierarchische Gliederung ist mehr vorhanden.
- Viele Anordnungen und Mitteilungen können von Abteilung zu Abteilung

  direkt übermittelt werden.
- Keine Umwege über die jeweilige Abteilungsleitung sind nötig.

1.7 Eine Stellenbeschreibung ist die Grundlage der Organisation eines Medienbetriebs.
   a) Definieren Sie den Begriff „Stellenbeschreibung".
   b) Geben Sie wesentliche Inhalte einer Stellenbeschreibung an.
   c) Welchen Nutzen zieht das Medienunternehmen aus exakten Stellenbeschreibungen aller Positionen im Unternehmen?

Unternehmensorganisation

a) Angabe der Ziele, Aufgaben und Verantwortungen der Position im

   Unternehmen sowie der erforderlichen Kompetenzen des Stelleninhabers

b) • Bezeichnung der Abteilung und Stelle

   • Namen des Stelleninhabers und dessen Stellvertreter

   • Ziele, Aufgaben und Verantwortungen der Stelle; Entscheidungsbefugnisse;

   • Informationsrechte und -pflichten

- Zeitpunkt der Prüfung der nächsten Stellenbeschreibung

c) Wichtiger Bestandteil des Organisationsplans und somit der Organisation

   des Unternehmens; kann für Stellenausschreibung und für neue Arbeitsverträge

   genutzt werden.

1.8 Stellen Sie den prinzipiellen Herstellungsweg eines Druckauftrages durch eine vollstufige Druckerei in Stichpunkten dar.

Unternehmensorganisation

1. Druckvorlagenbearbeitung: Textmanuskript, Bildvorlagen

2. Arbeitsvorbereitung Text: Manuskriptbearbeitung

3. Arbeitsvorbereitung Bild: Bildvorlagenbearbeitung

4. Texterfassung: Schreiben von Texten oder Datenübernahme

5. Bilderfassung: Scannen oder Datenübernahme

6. Textgestaltung, Seitenaufbau, Text-Bild-Integration: digitale Seitenmontage

7. Korrektur: Haus- und Autorenkorrektur

8. Datenausgabe zur Druckformherstellung oder zur Digitaldruckausgabe

   einschließlich Ausschießen: Anordnung der Seiten

9. Druck der geplanten Auflage

10. Druckverarbeitung: Falzen, Schneiden, Kleben, Heften, Binden

11. Konfektionierung: Versandverpackung

12. Versand

1.9 Welche Informationen sind auf einer Auftragstasche enthalten?

Unternehmensorganisation

- Auftragsnummer

- Kunde/Auftraggeber und Ansprechpartner beim Kunden

- Auftragsbearbeiter und betriebliche Ansprechpartner

- Liefertermin für das Fertigprodukt

- Auftragsbeschreibung

- Manuskript- und Bildlieferung

- Materialangaben (Bedruckstoffe)

- Angaben über: Text- und Bilderfassung, Grafikerstellung, Text-Bildintegration,

  Seitenmontage, Korrekturen, Druckformherstellung (Belichtung/Montage),

  Kontrolle, Druck und Druckweiterverarbeitung, Versand

- Angaben über notwendige Fremdarbeiten (Lieferung mit Terminvorgabe)

1.10 Welche Druckerzeugnisse werden in der Druckbranche hergestellt? Zählen Sie Produktgruppen auf.

Printmedien

Werbedrucksachen (Flyer, Prospekte, Plakate), Geschäftsausstattungen, Bücher,

Kataloge, Zeitschriften, Zeitungen, Etiketten, Kalender, Verpackungen,

sonstige Druckerzeugnisse

1.11 a) Nennen Sie die 4 klassischen Hauptdruckverfahren.
b) Welches moderne fünfte Hauptdruckverfahren kommt zunehmend zum Einsatz?

Druckverfahren

a) Hochdruck, Tiefdruck, Flachdruck, Durchdruck (Siebdruck)

b) Digitaldruck

1.12 Im Digitaldruck unterscheidet man prinzipiell 2 Verfahren. Nennen Sie diese.

Druckverfahren

- Toner basierte Verfahren wie z. B. Laserdruck

- Tinten basierte Drucktechniken (Ink-Jet-Druck)

1.13 a) Welches Druckverfahren wird in der nachstehenden Schemazeichnung dargestellt?
b) Bezeichnen Sie die Bauteile 1 bis 5.
c) Nennen Sie 3 typische Produkte für dieses Druckverfahren.

Druckverfahren

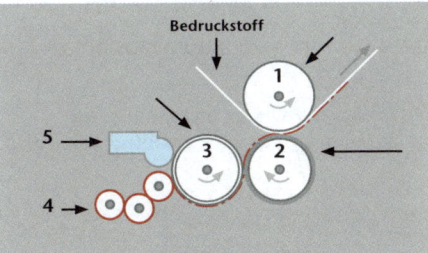

a) Offsetdruck

b) 1: Gegendruckzylinder;

2: Gummituchzylinder;

3: Druckformzylinder;

4: Farbwerk; 5: Feuchtwerk

c) Prospekte, Flyer, Zeitungen,

Zeitschriften

1.14 Beschreiben Sie das Prinzip des Offsetdrucks.

Druckverfahren

1. Druckende und nicht druckende Elemente der Druckform (Offsetplatte) liegen

auf einer Ebene.

2. Die Offsetplatte wird zuerst mit Wasser befeuchtet. An den nicht druckenden

Stellen bleibt ein Feuchtfilm zurück.

---

3. Danach wird die Platte mit Druckfarbe eingefärbt. An den druckenden Stellen

bleibt die Farbe haften, an den nicht druckenden Stellen verhindert der

Feuchtfilm, dass Farbe aufgenommen wird.

4. Das seitenrichtige Druckbild auf der Offsetplatte wird auf einen Gummizylinder

übertragen.

5. Ein Gegendruckzylinder presst den Bedruckstoff gegen den Gummizylinder

und ermöglicht somit die Informationsübertragung.

1.15 a) Welches Druckverfahren wird in der nachstehenden Schemazeichnung dargestellt?
b) Bezeichnen Sie die Bauteile 1 bis 5.
c) Nennen Sie wichtige Merkmale und typische Druckprodukte

Druckverfahren

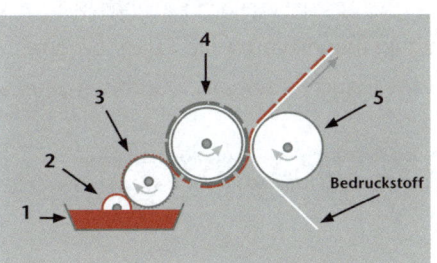

a) Flexodruck

b) 1: Farbwanne; 2: Tauchwalze;

3: Rasterwalze; 4: Druckformzylinder;

5: Gegendruckzylinder

c) Aufgrund der flexiblen Druckform

und der dünnflüssigen Farbe können

Substrate mit rauer Oberfläche, wie

z. B. Wellpappe, aber auch Glas oder

Kunststoff bedruckt werden.

1.16 a) Zu welchem Hauptdruckverfahren gehört der Flexodruck?
b) Beschreiben Sie das Druckprinzip des Flexodrucks.

Druckverfahren

a) Hochdruckverfahren

b) • Dünnflüssige Farbe in einer Farbwanne wird mittels einer Tauchwalze und

einer Rasterwalze auf spiegelverkehrte Druckform übertragen.

- Die Druckform besteht aus einem flexiblem, gummiartigen Kunststoff.

Die druckenden Stellen sind erhaben.

- Das Druckbild wird vom Druckformzylinder auf den Bedruckstoff übertragen.

- Ein Gegendruckzylinder erzeugt entsprechenden Andruck.

LF 1

1.17 a) Welches Druckverfahren wird in der nachstehenden Schemazeichnung dargestellt?
b) Nennen Sie mindestens 2 typische, auf diese Weise hergestellte Druckprodukte.

Druckverfahren

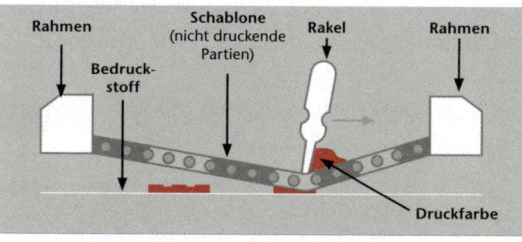

a) Siebdruck

b) Gläser, Kunstofffflaschen, Verpackungen, Plakate

1.18 Im Siebdruck können Substrate mit einer vergleichsweisen hohen Farbschicht bedruckt werden. Welche Vorteile ergeben sich daraus?

Druckverfahren

- Farbige sowie raue bzw. unebene Untergründe können vollständig abgedeckt werden.
- Hohe Lichtechtheit
- Farbauftrag kann ertastet werden (Informationshilfe für Blinde).

1.19 Erläutern Sie die 6 Schritte im Laserdruck anhand der nachfolgenden Schemazeichnung.

Druckverfahren

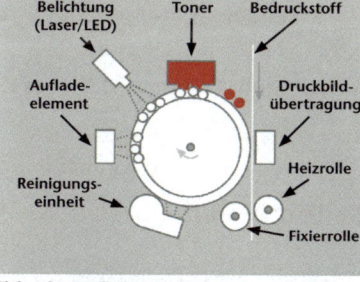

Elektrofotografisches Arbeitsprinzip

1. Ladung: Fotoleitertrommel wird mittels Hochspannung elektrisch geladen.

2. Belichtung: An den zu druckenden Stellen wird die Fotoleitertrommel mittels Laserstrahl belichtet. An den belichteten Stellen fließt die Ladung ab, es entsteht ein latentes Bild.

3. Entwicklerstation: Toner wird von den belichteten, entladenen Stellen angezogen. Das latente seitenverkehrte Bild wird nun sichtbar.

4. Übertragung: Eine Transfereinheit überträgt nun mittels hoher Spannung den Toner von der Fotoleitertrommel auf den Bedruckstoff.

5. Fixierung: Der noch lose auf dem Bedruckstoff liegende Toner wird mittels Hitze und Druck fixiert.

6. Entladung und Reinigung: Die Fotoleitertrommel wird entladen. Resttoner wird mechanisch entfernt.

1.20 Ordnen Sie die nachfolgenden Rasterweiten einem passenden Druckverfahren zu. Mehrfachnennungen sind möglich.
Rasterweiten: 24 L/cm; 60 L/cm; 80 L/cm; 175 LPI
Druckverfahren: Bogenoffsetdruck, Tiefdruck, Flexodruck, Digitaldruck

Druckverfahren

Bogenoffsetdruck: 60 L/cm; 80 L/cm; 175 LPI

Tiefdruck: 60 L/cm; 175 lpi

Flexodruck: 24 L/cm

Digitaldruck: 60 L/cm; 175 LPI

1.21 Beschreiben Sie die Unterschiede in der Anordnung der Belichterpunkte zwischen einem AM-Raster und einem FM-Raster bei der Ausgabe der Rasterzellen auf einem Plattenbelichter.

Druckprozess

- AM-Rasterung: Der Rasterpunkt wird von der Mitte aus aufgebaut. Der Abstand von der Mitte der Rasterpunkte bleibt gleich.
- FM-Rasterung: Gleiche Anzahl von Dots wird nach einem Zufallsprinzip verteilt. Der Tonwert des Rasterpunkts wird nicht durch die Flächendeckung in der Rasterzelle generiert, sondern durch den Abstand bzw. die Häufigkeit gleich großer Dots.

1.22 Weshalb werden Font- und Grafikdateien sowie Bilddateien bei der Ausgabe im RIP unterschiedliche verarbeitet?

Druckprozess, RIP

Font- und Grafikdaten sind vektororientiert. Sie müssen zuerst mittels Rendering in Bytemaps (Pixel) umgerechnet werden. Danach liegen die Font- sowie die Bilddaten als Bytemaps vor.

1.23 Berechnen Sie den Rastertonwert (in %) eines Pixels für ein AM-Raster mit dem Helligkeitswert 200, der im RIP generiert wird. Die Datentiefe beträgt 8 Bit.

Druckprozess, RIP

Bei 8 Bit sind 256 Abstufungen möglich.

100 %	: 256	= 0,390625
0,390625	· 200	= 78,125 %
100 %	− 78,125 %	= 21,875 % Rasterton

1.24 Halbtonbilder werden im Offsetdruck mittels periodischer Raster wiedergegeben.
a) Aus welchem Grund ist hierzu eine Rasterwinkelung notwendig?
b) Nennen Sie die üblichen Rasterwinkel nach DIN 16547.
c) Nennen Sie die Rasterwinkelung für den Druck einer einfarbigen Rasterfläche in Schwarz.

Druckprozess

a) Zur Wiedergabe von mehrfarbigen Halbtonbildern im Druck müssen die gerasterten Farbauszüge so gewinkelt werden, dass sich keine störenden Muster ergeben (Moiré).

b) Für den Vierfarbdruck wurden die Winkel 0°, 15°, 45° und 75° festgelegt. In der Regel wird die hellste Farbe, also Yellow, auf 0° gelegt, Schwarz auf 15°, Magenta auf 45°, Cyan auf 75°.

c) Bei einfarbigen Druckprodukten sollte die Rasterwinkelung so gewählt werden, dass die Rasterpunkte am wenigsten auffallen. Am optimalsten ist 45°.

1.25 Welche Produktgruppen werden im digitalen Medienbereich hergestellt?

Digitalmedien

Webseiten, Anzeigen für Webseiten (Banner), Animationen, E-Books, Datenbanken, Lernsoftware und Spiele sowie crossmediale Produkte wie, wie z. B. PDF und Apps.

1.26 Nennen Sie die 6 Phasen des Produkt-Lebenszyklus in der richtigen Reihenfolge

Medienprodukte

1. Entwicklung
2. Markteinführung
3. Wachstum
4. Reife
5. Rückgang
6. Auslaufen

1.27 Sie arbeiten an einem 27"-Monitor mit einer Auflösung von 2 560 x 1 440 Pixel.
a) Berechnen Sie die Monitorauflösung in ppi.
b) Mit welcher tatsächlichen Größe in Pixel wird ein Bild mit den Maßen 12 cm x 10 cm bei einer Wiedergabegröße von 100 % dargestellt, wenn die Bilddatei mit 300 ppi digitalisiert wurde?

Digitalmedien

a) Diagonale $= \sqrt{((2\,560\,px)^2 + (1\,440\,px)^2)}$

$\quad = \sqrt{(6\,553\,600\,px^2 + 2\,073\,600\,px^2)}$

$\quad = \sqrt{8\,627\,200\,px^2} \approx 2\,937\,px$ (abgerundet)

Monitorauflösung $= 2937\,px : 27\,inch = 108,77 \approx 109\,ppi$

b) Breite $= 300\,ppi : 2,54\,cm/inch \cdot 12\,cm \approx 1\,417\,px$ (abgerundet)

Höhe $= 300\,ppi : 2,54\,cm/inch \cdot 10\,cm \approx 1\,181\,px$ (abgerundet)

Bildgröße $= 1417\,px \times 1181\,px$

1.28 In der Produktpolitik werden häufig die Begriffe „Produktinnovation", „Produktvariation" und „Produktelimination" verwendet. Beschreiben Sie die 3 Begriffe.

Werbemittel/Medienprodukte

- Produktinnovation: Produkt, das für alle Marktteilnehmer völlig neu ist.
- Produktvariation: Modifikationen der Produkteigenschaften zur Anpassung an geänderte Anforderungen.
- Produktelimination: Produkt wird nicht mehr hergestellt oder vertrieben, da es den Erwartungen oder Vorschriften nicht mehr entspricht.

1.29 Erklären Sie die Begriffe „Rabatt" und „Skonto" im Zahlungsverkehr.

Kostenarten

- Rabatt: Preisnachlass aus verschiedenen Anlässen (z. B. größere Menge oder Treueaktionen)
- Skonto: Preisnachlass auf den Rechnungsbetrag bei Barzahlung oder Bezahlung innerhalb einer bestimmten Frist

LF 1

1.30 Erklären Sie die Begriffe „Vorauszahlung", „Anzahlung", „Zielkauf" und „Abzahlung" im Zahlungsverkehr.

Zahlungsverkehr

- Vorauszahlung: Kaufpreis ist vor Erhalt der Ware bzw. Dienstleistung zu entrichten.
- Anzahlung: Ein Teil des Kaufpreises ist vor Erhalt der Ware bzw. Dienstleistung zu entrichten.
- Zielkauf: Die Zahlung erfolgt zu einem vereinbarten Zeitpunkt, dem Zahlungsziel, nach Erhalt der Ware bzw. Dienstleistung.
- Abzahlung: Der Kaufpreis wird nach Erhalt der Ware bzw. Dienstleistung in aufeinanderfolgenden Raten entrichtet. Es folgen Teilzahlungen.

1.31 Ein Verlag versendet an einen Großhändler 2000 Fachbücher. Dem Kunden wird mit der Rechnungsstellung ein Zahlungsziel von 14 Tagen zugestanden. Erläutern Sie anhand des Beispiels die Begriffe „Eigentümer", „Besitzer" und „Eigentumsvorbehalt".

Zahlungsverkehr

- Der Großhändler ist bis zur Zahlung nur Besitzer der Fachbücher.
- Aufgrund des Eigentumsvorbehalts ist bis zur vollständigen Bezahlung der Ware der Verlag der Eigentümer der Fachbücher.
- Sobald die Zahlung vollständig beim Verlag eingegangen ist, ist der Großhändler Eigentümer der Ware.

1.32 Erklären Sie die 3 Produktbereiche „Gebrauchsgüter", „Verbrauchsgüter" und „Dienstleistungen" mit Hilfe eines Beispiels aus dem Druck- und Medienbereich.

Kostenarten

- Gebrauchsgüter: materielle Güter, die zu einem längeren Gebrauch vorgesehen sind, z. B. Druckmaschinen, Falzmaschinen, Computer, Schriften.
- Verbrauchsgüter: materielle Güter, die aufgrund ihrer Beschaffenheit nur einmal benutzt werden können oder in kurzen Abständen ersetzt werden müssen, da sie sich rasch verbrauchen, z. B. Toner, Druckfarbe, Papier, Druckplatten.
- Dienstleistungen: immaterielle Güter, z. B. Beratungen, Programmierungen, Übersetzungen.

1.33 Die allgemeinen Geschäftsbedingungen eines Papiergroßhändlers enthalten folgende Bedingungen:
1. Mindestauftragswert: ab 150 € (inkl. MWSt) frei Haus.
2. Rabattmenge: 10 000 Bogen; Rabattwert: 3 % auf den Listenpreis
3. Zahlungsbedingungen: 14 Tage mit 2 % Skonto, innerhalb von 30 Tagen ohne Abzug
Erläutern Sie diese drei Lieferbedingungen.

Zahlungsverkehr

- Frei Haus: Die Versandkosten trägt der Verkäufer, aber erst wenn ein Mindestauftragswert von 150 € erreicht wird.
- Rabattmenge: Bei einer Menge von 10 000 Bogen erhält der Kunde einen Rabatt von 3 %, dies wird als Mengenrabatt bezeichnet.
- Zahlungsbedingungen: Der Käufer kann bei Zahlung innerhalb von 14 Tagen den Rechnungsbetrag um 2 % kürzen, ansonsten hat er ein Zahlungsziel von 30 Tagen ohne Abzugsmöglichkeit.

1.34 Eine Druckerei kauft Druckpapier zu einem Listenpreis von 65 € (netto) pro 1 000 Bogen. Sie überweist 1 102,24 €. Berücksichtigt wurden die Mehrwertsteuer (19 %), Rabatt (3 %) und Skonto (2 %). Errechnen Sie die bestellte Bogenmenge unter Verwendung der Werte aus der Aufgabe 1.33.

Zahlungsverkehr

3 % Rabatt + 2 % Skonto = 5 % Nachlass gesamt

65 € + 19 % MWSt = 77,35 €/1 000 Bg − 5 % Nachlass gesamt = 73,4825 €/1 000 Bg

1 102,24 € : 73,4825 €/1 000 Bg = 15

Die Druckerei hat 15 000 Bogen gekauft.

1.35 Bei der Leistungserfassung in einer Druckerei werden die Begriffe „Fertigungszeiten", „Hilfszeiten" und „Ausfallzeiten" verwendet. Erklären Sie diese Begriffe anhand eines Beispiels aus der Medienbranche.

Kostenarten

- Fertigungszeiten: Können jedem Auftrag direkt zugeordnet werden. In diesem Zeitraum wird direkt der Auftrag erstellt. Beispiel: Rüsten und Drucken eines Auftrags oder Beschaffung von Urheberrechten für diesen Auftrag.
- Hilfszeiten: Können nicht direkt einem Auftrag zugeordnet werden. Sie fallen aber innerhalb der Produktion an, um die Betriebsbereitschaft aufrecht zu erhalten. Beispiel: Installation eines Updates oder Kalibrierung des Monitors.
- Ausfallzeiten: Bezahlte Zeiten, in denen jedoch nichts produziert wird. Beispiel: Berufsschultag des Auszubildenden, Teilnahme an einer Betriebsversammlung, Urlaub oder Krankheit.

1.36 Erklären Sie die Begriffe „mengenfixe" und „mengenvariable Kosten" und nennen Sie jeweils ein Beispiel aus der Medienbranche.

Kostenarten

- Mengenfixe Kosten sind unabhängig von der Auflagengröße oder von der Ausbringungsmenge. Beispiele: Kosten für das Anlegen einer Musterseite in einem Layoutprogramm unabhängig von der Seitenzahl des zu gestaltenden Printprodukts; Rüsten einer Druckmaschine.

- Mengenvariable Kosten sind abhängig von der Auflage, dem Arbeitsaufwand bzw. dem Umfang des Medienproduktes. Beispiel: Kosten für den Satz, Kosten für die Bildbearbeitung, Kosten für das Korrektur lesen, Kosten für den Fortdruck usw.

1.37 Erklären Sie die Begriffe „Einzelkosten" und „Gemeinkosten" und nennen Sie jeweils 2 Beispiele aus der Medienbranche.

Kostenarten

- Einzelkosten sind direkt einem Auftrag zuordnungsfähig. Beispiele: Kosten für Papier, Druckplatten, Fremdkosten.
- Gemeinkosten sind nicht einem Auftrag direkt zuordnungsfähig, die Zuordnung erfolgt indirekt über einen Verteilungsschlüssel. Beispiele: Gehälter/Grundlöhne, Miete/Pacht, Kommunikationskosten, allgemeine Energiekosten, Ver- und Entsorgungskosten.

1.38 Sie haben die Aufgabe, Ihre Entwürfe dem Kunden zu präsentieren. Zählen Sie die Schritte auf, die zur Organisation ihrer Präsentation erforderlich sind.

Präsentationstechnik

- Einladung der Teilnehmer und des Referenten
- Zeitliche und inhaltliche Ablaufplanung einschließlich der Pausen.
- Raumplanung, z. B. Größe, Anzahl der Sitzplätze, Beleuchtung, Möglichkeiten zur Verdunkelung
- Planung und Beschaffung der technischen Ausstattung des Raums sowie Prüfung der Funktionsfähigkeit der Geräte

1.39 a) Eine Präsentation besteht gewöhnlich aus 3 Teilen. Nennen Sie diese 3 Teile.
b) Wie sind diese 3 Teile einer Präsentation zeitlich gewichtet?

Präsentationstechnik

a) Eine Präsentation besteht prinzipiell aus einer Einleitung, einem Hauptteil und einem Fazit bzw. Ausblick.

b) Ca. 10 % der Gesamtzeit für die Einleitung, ca. 80 % für den Hauptteil und ca. 10 % für das Fazit.

1.40 In Medienbetrieben gibt es verschiedene Arten der Präsentation. Erläutern Sie die folgenden Präsentationsformen:
a) Agentur-Präsentation
b) Konkurrenz-Präsentation
c) Etat-Präsentation
d) Akquisitions-Präsentation

Präsentationstechnik

a) Agentur-Präsentation: Selbstdarstellung eines Medienbetriebs im Allgemeinen und zur Gewinnung neuer Kunden.
b) Konkurrenz-Präsentation: Mehrere Agenturen bewerben sich um einen Werbeetat bzw. Werbeauftrag meist im Anschluss an eine Ausschreibung oder einem Wettbewerb.
c) Etat-Präsentation: Bei einer bestehenden Geschäftsverbindung wird der Etat (Werbeetat) für das folgende Etatjahr festgelegt. Damit verbunden ist die Entwicklung einer Strategie für die Werbung und die Präsentation des Kunden. Ziel der Etatpräsentation ist es, die Geschäftsbeziehungen zwischen Kunden und Agentur auf eine neue tragfähige Basis zu stellen.
d) Akquisitions-Präsentation: Sie dient der Gewinnung von Neukunden. Sie wird in der Regel bei Firmen durchgeführt, zu denen keine Geschäftsbeziehung besteht.

1.2 Lernfeld 2: Medienprodukte typografisch gestalten

LF 2

Stichworte:
Entwicklung der Schrift, Schriftklassifikation, Mikrotypografie, Makrotypografie, Formate und Flächen, Gestaltungsraster, Lesbarkeit, Schriftanmutung, Scribble, Blickführung, Fontformate

2.1 Die nachfolgenden Abbildungen zeigen typische Bauwerke und Schriftmuster aus verschiedenen Epochen. Ordnen Sie den Bauwerken die richtigen Epochen zu und benennen Sie die in dieser Zeit entstandenen Schriften.

Entwicklung der Schrift

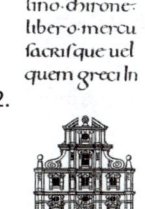

1.   2.   3.   4.

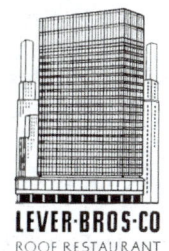

5.   6.   7.   8.

1. Griechische Epoche; griechische Winkelschrift

2. Romanische Epoche; Karolingische Minuskel

3. Klassizistische Epoche; Antiqua-Schriften, Kursivschriften

4. Gotische Epoche; Gebrochene Schriften, Textura

5. Moderne, Neue Sachlichkeit; Serifenlose Linear-Antiqua, Bildschirmschriften

6. Renaissance; Renaissance Antiqua

7. Barock, Barock-Antiqua; Schreibschriften, Kursivschriften

8. Römische Epoche; Römische-Versalschriften, Kapitalis Monumentalis

---

LF 2

2.2 Die nachfolgenden Schriften sind in der richtigen Reihenfolge in das Diagramm einzusetzen.
- Alphabet der Phönizier
- Bilder der Steinzeit
- Capitalis Rustica
- Jüngere römische Kursive
- Griechisches Alphabet
- Bildzeichen, Symbole, Piktogramm
- Capitalis Quadrata
- Unziale
- Halbunziale
- Ältere römische Kursive

Entwicklung der Schrift

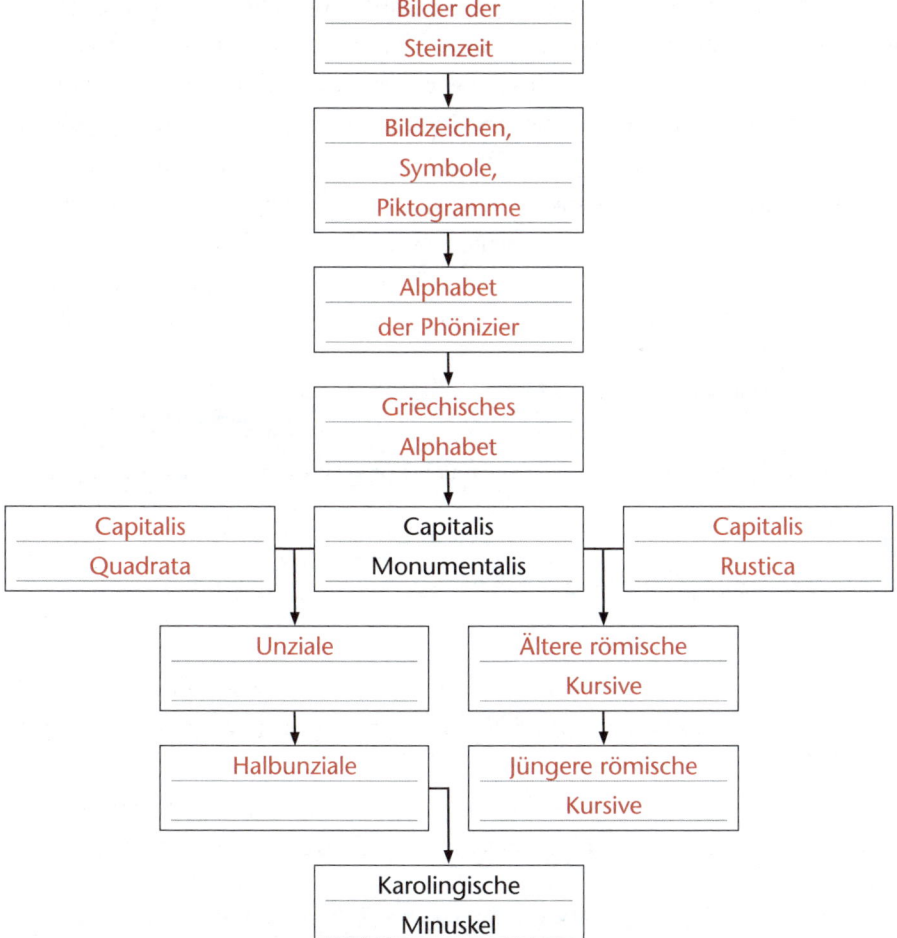

Bilder der Steinzeit

↓

Bildzeichen, Symbole, Piktogramme

↓

Alphabet der Phönizier

↓

Griechisches Alphabet

↓

Capitalis Quadrata — Capitalis Monumentalis — Capitalis Rustica

Unziale   Ältere römische Kursive

Halbunziale   Jüngere römische Kursive

Karolingische Minuskel

LF 2

2.3 Die nachfolgenden Begriffe zur Entwicklung der Schrift sind in der richtigen Reihenfolge in das Diagramm einzusetzen. Ordnen Sie den vorgegebenen Jahreszahlen die richtigen Begriffe zu:
Renaissance-Antiqua, Gotische Kursiv, Barock-Antiqua, Schwabacher, Klassizistische Antiqua, Fraktur, Italienne, Egyptienne, Serifenlose Linear-Antiqua, Kanzlei, Kurrent, Karolingische Minuskel, Frühgotisch, Textura.

Entwicklung der Schrift

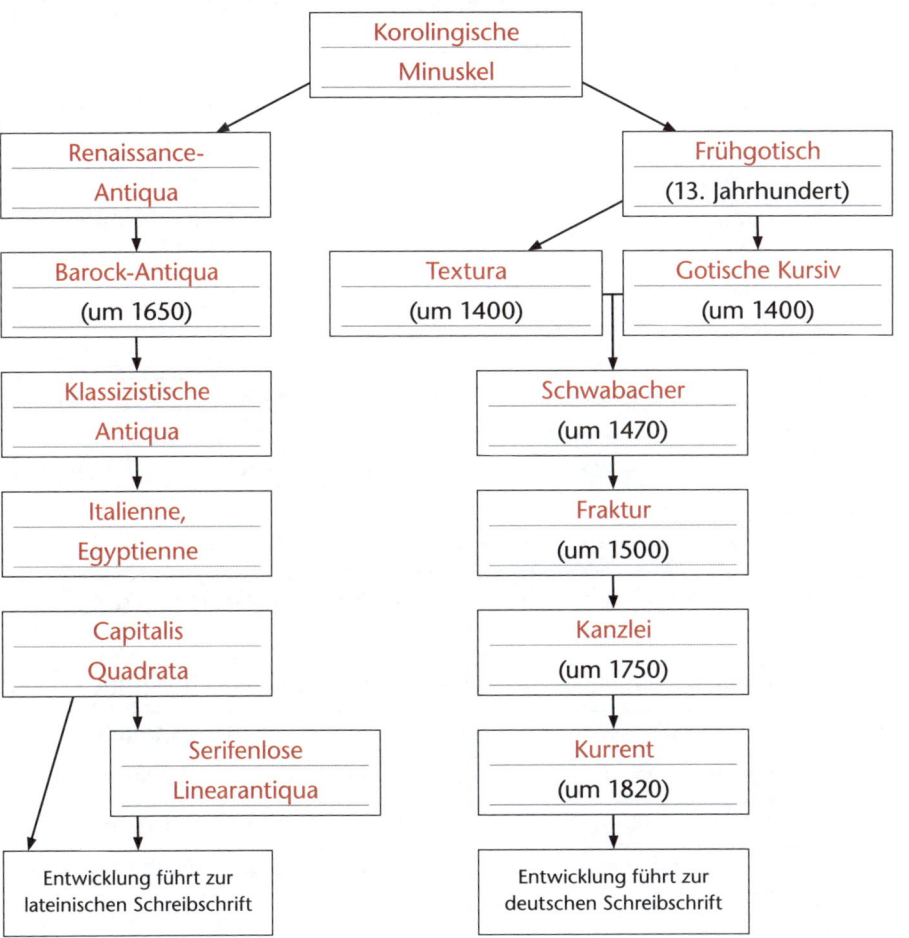

Korolingische Minuskel

Renaissance-Antiqua — Frühgotisch (13. Jahrhundert)

Barock-Antiqua (um 1650) — Textura (um 1400) — Gotische Kursiv (um 1400)

Klassizistische Antiqua

Schwabacher (um 1470)

Italienne, Egyptienne

Fraktur (um 1500)

Capitalis Quadrata

Kanzlei (um 1750)

Serifenlose Linearantiqua

Kurrent (um 1820)

Entwicklung führt zur lateinischen Schreibschrift

Entwicklung führt zur deutschen Schreibschrift

2.4 Welche DIN regelt die Schriftklassifikation?

Schriftklassifikation

DIN 16 518 – 1964 (11 Gruppen)

2.5 Abgebildet sind vier charakteristische Schriften unterschiedlicher Epochen.
a) Ordnen Sie die Schriftbeispiele in eine zeitliche Reihenfolge ihrer Entstehung.
b) Beschreiben Sie jeweils 2 individuelle Merkmale jeder Schrift.
c) Benennen Sie jeweils 2 Anwendungsbereiche oder typische Medienprodukte für jede Schrift.

Entwicklung der Schrift

1 Beispiel 2 Beispiel
3 Beispiel 4 Beispiel

a) 3, 1, 2, 4

b) 1: Renaissance Antiqua, Serifen, Strichstärkenunterschiede, Kehlung, Querstrich des kleinen „e"

   2: Serifenlose Linear Antiqua, gleiche Strichstärke, dicktengleich, „i" Punkt, Grotesk

   3: Fraktur gebrochene Schrift, Federzug

   4: Handschriftliche Antiqua

c) 1: Bücher, Tabellensatz, Flyer mit Mengentext

   2: Websites, Überschriften, Anleitungen

   3: Urkunden, Nostalgieverpackungen, Überschriften in Märchen

   4: Flyer, Einladungen, Produktnamen, weitere Lösungen sind möglich

2.6 Ordnen Sie den Schriftbeispielen die entsprechenden Schriftgruppe nach DIN 16 518 „Klassifikation der Schriften" zu.

Schriftklassifikation

	Schriftbeispiel	Schriftgruppe
a)	Hamburg	Schriftgruppe I; Venezianische Renaissance Antiqua
b)	Hamburg	Schriftgruppe II; Französische Renaissance Antiqua
c)	Hamburg	Schriftgruppe III; Barock Antiqua
d)	Hamburg	Schriftgruppe IV; Klassizistische Antiqua
e)	Hamburg	Schriftgruppe V; Serifenbetonte Linear-Antiqua

	Schriftbeispiel	Schriftgruppe
f)	Hamburg	Schriftgruppe VI; Serifenlose Linear-Antiqua
g)	**Hamburg**	Schriftgruppe VII; Antiqua-Varianten
h)	*Hamburg*	Schriftgruppe VIII; Schreibschriften
i)	Hamburg	Schriftgruppe IX; Handschriftliche Antiqua
j)	Hamburg	Schriftgruppe Xa; Gebrochene Schriften - Gotisch
k)	Hamburg	Schriftgruppe Xb; Gebrochene Schriften - Rundgotisch
l)	Hamburg	Schriftgruppe Xc; Gebrochene Schriften - Schwabacher
m)	Hamburg	Schriftgruppe Xd; Gebrochene Schriften - Fraktur
n)	Hamburg	Schriftgruppe Xe; Gebrochene Schriften - Fraktur-Varianten

2.7 Die DIN 16 518 gilt mittlerweile als veraltet. Ein Ersatzentwurf von 1998, der jedoch nicht für verbindlich erklärt wurde, sieht fünf Hauptgruppen mit jeweils 5 oder 6 Untergruppen vor. Ergänzen Sie die Schriften in der unten stehenden Tabelle.

Schriftklassifikation

Gruppe 1 Gebrochene Schriften	Gruppe 2 Römische Schriften	Gruppe 3 Lineare Schriften	Gruppe 4 Serifenbetonte Schriften	Gruppe 5 Geschriebene Schriften
1.1 Gotische	2.1 Renaissance Antiqua	3.1 Grotesk	4.1 Egyptienne	5.1 Flachfederschrift
1.2 Rundgotische	2.2 Barock Antiqua	3.2 Anglo Grotesk	4.2 Clarendon	5.2 Spitzfederschrift
1.3 Schwabacher	2.3 Klassizistische Antiqua	3.3 Konstruierte Grotesk	4.3 Italienne	5.3 Rundfederschrift
1.4 Fraktur	2.4 Varianten	3.4 Geschriebene Grotesk	4.4 Fraktur	5.4 Gebrochene Schriften
1.5 Varianten	2.5 Dekorative	3.5 Varianten	4.5 Varianten	5.5 Varianten
1.6 Dekorative		3.6 Dekorative	4.6 Dekorative	5.6 Dekorative

2.8 Als „Grotesk" bezeichnet man umgangssprachlich und geschichtlich eine Schriftgruppe. Welche ist damit gemeint?

Schriftklassifikation

Die Grotesk entspricht der Schriftgruppe serifenlose Linear Antiqua.

2.9 Die Begriffe Mikro- und Makrotypografie werden voneinander unterschieden. Erklären Sie die Begriffe.

Mikrotypografie

- Mikrotypografie: die Wahl der Schriften, der Schnitte, der Satzart, der Schriftzurichtung usw.
- Makrotypografie: die Großtypografie, die sich mit dem Format, der Größe, der Platzierung von Text und Abbildungen, der Organisation der Titelanordnung, Legenden usw. auseinandersetzt.

2.10 Die Gestalter sprechen bei der Mikrotypografie von der „quantité négliable". Was versteht man darunter?

Mikrotypografie

Der Bereich der Mikrotypografie unterliegt keiner kreativen Leistung. Das Ziel besteht vorrangig in der Lesbarkeit.

2.11 Wodurch unterscheiden sich Schriften hinsichtlich ihres Aussehens? Nennen Sie 5 wesentliche Merkmale.

Mikrotypografie

Serifen, Schriftschnitt, Schriftweite, Laufweite, Höhe der Mittellänge, Symmetrieachse, Strichstärke, Strichstärkenunterschiede bei Grund- und Haarstrich, Dachansatz

2.12 Erklären Sie die Begriffe
a) Grund- und Haarstrich,
b) Serife.

Mikrotypografie

a) Grundstriche: breite Striche (Linien) der einzelnen Schriftzeichen
Haarstriche: sehr dünne Striche (Linien) der einzelnen Schriftzeichen
b) Serifen: sind Schlussstriche bei Buchstabengrund- und Haarstrichen

LF 2

LF 2

2.13 Ordnen Sie die Begriffe A) Haarstrich, B) Serife, C) Anstrich, D) Endstrich, E) Kehlung, F) Dachansatz den nachfolgenden Buchstaben zu.

Mikrotypografie

2.14 Erklären Sie anhand einer Skizze mit den Buchstaben „Hnlhg" a) Versalhöhe, b) Schriftgröße, c) Zeilenabstand, d) Durchschuss, e) Mittellänge, f) Oberlänge, g) Unterlänge.

Mikrotypografie

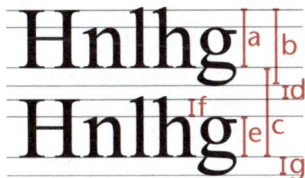

2.15 Eine Schriftfamilie besteht aus mehreren Schriftschnitten. Erklären Sie den Begriff „Schriftschnitt" und nennen Sie 5 Beispiele hierfür.

Mikrotypografie

Schriftschnitt: eine Variante der Schriftart, d. h. die Grundschrift wurde vom Schriftkünstler abgewandelt.

Beispiele: halbfett, fett, kursiv, schmal, breit, Buch mager, Kapitälchen.

2.16 Beim elektronischen Publizieren spricht man von einer echten Kursivschrift und einer unechten Kursivschrift. Erklären Sie den Unterschied.

Mikrotypografie

Echte Kursivschrift: vom Schriftkünstler erstellt, ästhetisch aufbereitet und als eigener Schriftfont verfügbar.

Unechte Kursivschrift: aus dem regulären Schriftschnitt elektronisch schräg gestellte Schrift.

2.17 In welcher Maßeinheit wird die Schriftgröße angegeben?

Mikrotypografie

In Point. 1 Point = 0,353 mm (exakt 0,3528 mm = 1/72 Zoll)

2.18 Worin unterscheiden sich die Begriffe Schriftgröße und Versalhöhe?

Mikrotypografie

Schriftgröße beinhaltet Ober-, Mittel- und Unterlänge.

Versalhöhe besteht nur aus Ober- und Mittellänge.

2.19 Die Form des Buchstaben a eignet sich häufig zur Bestimmung einer Schrift. Ordnen Sie der jeweiligen Schriftbezeichnung den passenden Buchstaben zu. Tragen Sie hierzu die jeweilige Nummer ein.

Mikrotypografie

1	2	3	4	5	6	7	8
a	a	a	a	a	a	a	a
Ari l			Nr. 4	Av ntG rde			Nr. 1
Futur			Nr. 3	Ch lkbo rd			Nr. 6
Gill S ns			Nr. 7	B skerville			Nr. 2
P l tino			Nr. 8	Zafino			Nr. 5

2.20 Sie erhalten die abgebildete Headline mit dem Auftrag, das Kerning zu optimieren.
a) Erläutern Sie den Begriff „Kerning".
b) Optimieren Sie das Kerning in der Abbildung mit den branchenüblichen Korrekturzeichen.
c) Erläutern Sie den Begriff „Dickte".

Mikrotypografie

a) Kerning ist der englische Begriff für das Verändern der Abständen zwischen Buchstaben innerhalb eines Wortes um diese optisch auszugleichen. In gut gestalteten Schriften gibt es Kerningtabellen, die für eine Vielzahl von Buchstabenkombinationen die Abstände festlegen. Layoutprogramme greifen auf die Kerningtabellen zu und ermöglichen eine bessere Satzästhetik. Hier kommt optisches oder metrisches Kerning zur Anwendung.

b)

c) Dickte: Breite eines Buchstabens einschließlich Vor- und Nachbreite.

2.21 Lesen Sie die unten stehenden Texte A und B. Sie werden feststellen: Text B ist besser lesbar als Text A. Erläutern Sie die Gründe für die bessere Lesbarkeit von Text B. Welche Schriftparameter sowie Satzformatierungen sind für die Lesbarkeit ausschlaggebend?

Mikrotypografie, Lesbarkeit

Text A Univers 10 pt

Das ist ein Blindtext in der Univers 45 light, wie er jederzeit auf Einladungskarten erscheinen kann. Man sollte diese Schrift nicht unterschätzen, denn im Morgengrauen und am Abend ist alles etwas anders zu sehen als bei strahlendem Sonnenschein. Da dichtet sich mancher was zusammen, was er glaubt zu sehen, obwohl es da nie etwas gab. Bedingt durch Sprache und Rhythmus ergibt sich viel Schönes und Neues. Also probieren wir es aus!

Text B Verdana 10 pt

Das ist ein Blindtext in der Verdana regular, wie er jederzeit auf Einladungskarten erscheinen kann. Man sollte diese Schrift nicht unterschätzen, denn im Morgengrauen und am Abend ist alles etwas anders zu sehen als bei strahlendem Sonnenschein. Da dichtet sich mancher was zusammen, was er glaubt zu sehen, obwohl es da nie etwas gab. Bedingt durch Sprache und Rhythmus ergibt sich viel Schönes und Neues. Also probieren wir es aus!

- Die Einzelzeichen der Verdana sind in ihrer Gestalt besser voneinander unterscheidbar als die Einzelzeichen der Univers.
- Die Buchstabendickten der Verdana sind individueller auf das Einzelzeichen abgestimmt als bei der Univers.
- Erkennbare Vor- und Nachlaufbreiten bei der Verdana trennen die einzelnen Buchstaben deutlicher voneinander als bei der Univers.
- Das Größenverhältnis von Oberlänge zu Mittellänge bei der Verdana ist nicht so extrem wie bei der Univers.
- Der Zeilenabstand im Text A erscheint größer als im Text B. Der Zeilensprung beim Lesen wird dadurch erschwert.

2.22 Wie viele Schriftschnitte sind bei der Anwendung von Grundtext sinnvoll?

Mikrotypografie

Maximal drei

2.23 Erklären Sie den Unterschied zwischen Normal- und Mediävalziffern.

Mikrotypografie

Normalziffern sind immer auf der Mittel- und Oberlänge.

Mediävalziffern sind teilweise auf Mittellängenhöhe (0, 1, 2), teilweise auf Mittel- und Unterlängenhöhe (3, 4, 5, 7), teilweise wie Normalziffern auf Mittel- und Oberlängenhöhe (6, 8, 9).

2.24 Was versteht man unter Halbgeviert-Ziffern? Wo werden sie eingesetzt?

Mikrotypografie

- Jede Ziffer ist gleich breit. Dies ist normalerweise nicht so: Die Ziffer 1 hat eine geringere Dickte als die Ziffer 2.
- Einsatz überall dort, wo Ziffern übereinander stehen müssen, z. B. in Tabellen, in Bilanzen usw.

2.25 Wie viele Zeichen sollte eine Zeile Grundtext im Druck bzw. an einem Desktop-Monitor bei guter Lesbarkeit enthalten?

Mikrotypografie

Im Druck: 55 bis 70 Zeichen pro Zeile.

Am Desktop-Monitor: 30 bis 40 Zeichen pro Zeile.

2.26 Man liest in „Leseschritten" sogenannten Fixationen. Wie viele Zeichen werden bei guter Lesbarkeit mit einer Fixation erfasst?

Mikrotypografie

Ca. 10 Zeichen, abhängig vom Schriftgrad

2.27 Im Zusammenhang mit Schriftgrößen verwendet man die Begriffe
a) Konsultationsgröße,
b) Schaugröße,
c) Plakat- bzw. Displayschriften.
Welche Schriftgröße verbergen sich hinter diesen Begriffen?

Mikrotypografie

a) Konsultationsgröße: kleiner als 8 pt

b) Schaugröße: 12 pt bis 48 pt

c) Plakat- und Displayschriften: größer als 48 pt

2.28 Nennen Sie 5 typografische Gestaltungsmittel.

Makrotypografie

Schrift, Punkt, Linie, Fläche, Weißraum, Kontrast

2.29 Zählen Sie 5 typografische Gestaltungsgrundsätze auf.

Makrotypografie

Kontrast, Proportionen, unterschiedliche Schriftcharaktere (Schriftgruppen), Harmonie, Rhythmus, deutliche Schriftgrößenunterschiede

2.30 Nennen Sie 3 bekannte klassische Konstruktionsarten für Satzspiegel.

Makrotypografie

- Villardsche Figur
- Neunerteilung
- Goldener Schnitt

2.31 Erklären Sie die nachfolgenden Begriffe:
a) Formsatz,   d) Auszeichnungen,
b) Konturensatz,   e) randabfallende Objekte.
c) Registerhaltigkeit,

Makrotypografie

a) Formsatz: Der gesetzte Satz ergibt eine geschlossene geometrische Figur.

b) Konturensatz: Der gesetzte Text folgt einer Bild- oder Formkontur.

c) Registerhaltigkeit: Im Schön- und Widerdruck liegen die gesetzten Seiten registergenau übereinander, so dass sich das Schriftbild bei durchscheinenden Seiten sich nicht gegenseitig stört.

d) Auszeichnung: Hervorhebungen im Text mittels unterschiedlicher Mittel, wie z.B. anderer Schriftschnitt, Kapitälchen, Spationieren, farbig Unterlegen usw. laute und leise Auszeichnungen werden unterschieden.

e) Randabfallende Objekte sind Bilder oder Farbflächen, die im fertigen Druckprodukt angeschnitten sind, also bis zum Rand gehen. Hierzu müssen diese Objekte im Layout ca. 3 mm über den Rand hinaus angelegt werden.

2.32 Visualisieren Sie die optische und die geometrische Mitte in den unten stehenden Flächen, indem Sie die Schriftzüge
a) „optische Mitte" und
b) „geometrische Mitte" scribbeln.
Erläutern Sie Ihre Ergebnisse.

Makrotypografie

optische Mitte	geometrische Mitte

Der Schriftzug „optische Mitte" liegt etwas höher als der Schriftzug „geometrische Mitte". In der Regel sind das ca. 3 %.

2.33 Der Text in einer Zeitschrift soll in 12 pt Schriftgröße in der Schrift Bernhard MT Condensed gesetzt werden. Die im ersten Entwurf vorgesehene Typografie ergibt nachfolgendes Bild. Erläutern Sie 3 typografische Mängel, die eine gute Lesbarkeit verhindern.

Lesbarkeit – Schriftanmutung

Mediengestalter/in Digital und Print ist nach wie vor ein beliebter Ausbildungsberuf. Viele junge Menschen möchten nach ihrer schulischen Ausbildung etwas mit Medien am Computer machen. Mediengestalter/in Digital und Print bringen Texte, Bilder und Grafiken oder auch Videos und Sounds für Print- oder Digitalmedien professionell in Form. Sie arbeiten in Werbe- und Multimedia-Agenturen, Verlagen, Softwarehäusern, Druck- und Medienvorstufenunternehmen oder Druckereien. Alles muss gestaltet werden: Anzeigen, Prospekte, Kataloge, Plakate, Messewände, Verpackungen, Zeitungen, Zeitschriften oder Internetseiten. Das Layout und die Designkonzeption muss optimal auf das verwendete Medium abgestimmt werden.

- Extrem hohe Mittellängen bei den Kleinbuchstaben
- Sehr enge Laufweite
- Extreme Strichstärkenunterschiede.

2.34 Analysieren Sie den untenstehenden Visitenkartenentwurf.
a) Welche Probleme weist der Entwurf auf?
b) Scribbeln Sie einen alternativen Entwurf, der die wesentlichen gestalterischen Regeln einhält.

Lesbarkeit – Schriftanmutung

a) • Schriftarten: zu viele Schriftarten, fehlende Abstimmung auf Beruf, schwer lesbare Schriftarten
- Schriftauszeichnungen: kursiv gesetzte Wörter schwer lesbar
- Schriftgröße: Berufsbezeichnung zu klein
- Satzfehler: fehlende Gliederung bei Telefonnummer und IBAN, zu großer Abstand vor Telefonnummer
- Gestaltung: Großes U (links oben) zu dominant, aufgrund der Serifen als

Hufeisen kaum erkennbar, rosa Balken zu dominant und farblich unpassend, Abstand rechts und links zum Rand unterschiedlich, Oval in der Mitte mit Slogan unpassend an dieser Position, keine optischen Achsen

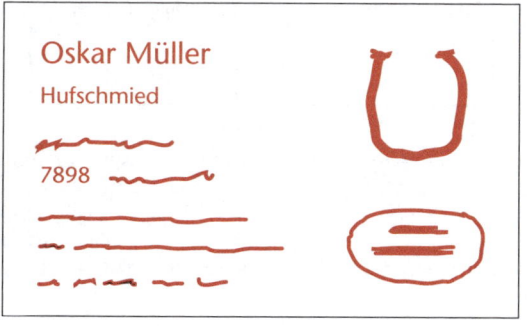

2.35 Für eine mehrseitige Publikation soll ein Grundlinienraster angelegt werden.
a) Nennen und erläutern Sie mindestens 2 wesentliche Vorteile, die durch die Verwendung eines Grundlinienrasters erzielt werden.
b) Berechnen Sie die maximale Anzahl der Zeilen des Grundlinienrasters für einen Gedichtband mit folgenden Angaben: Satzspiegelhöhe 250 mm, Versalhöhe 10 mm, Grundlinienraster 34 pt Zeilenabstand

Gestaltungsraster

a) • Das Grundlinienraster ordnet und harmonisiert das Satzbild spalten- und seitenübergreifend.

• Die Zeilen verspringen nicht zueinander und bleiben registerhaltig.

• Das Grundlinienraster ermöglicht die Erzeugung von Rasterzeilen für ein konsistentes Layout.

• Beim mehrseitigen Druck liegen die Schriftlinien auf der Vorder- als auch auf der Rückseite deckungsgleich übereinander und scheinen somit nicht durch.

b) Erste Zeile hat nach oben nur den Versalabstand, 250 mm – 10 mm = 240 mm für die restlichen Linien übrig;

34 pt · 0,353 mm/pt = 12 mm Höhe für eine Zeile;

240 mm : 12 mm = 20 Zeilen zuzüglich 1 Zeile (Versalhöhe)

= 21 Zeilen Grundlininienraster

2.36 Eine Anzeige soll auf der rechten Seite einer Zeitschrift erscheinen. Die Zeitschrift hat das Format 210 mm x 280 mm und ist 4-spaltig angelegt. Die Anzeige soll über eine halbe Seite Hochformat und 2-spaltig erscheinen. Die nachfolgenden Layouteinstellungen wurden verwendet.
a) Berechnen Sie die Größe des Satzspiegels.
b) Wie breit ist eine 1-spaltige, 2-spaltige bzw. 3-spaltige Anzeige?
c) Berechnen Sie die Größe der Anzeige.

Gestaltungsraster

a) Breite: 210 mm – 10 mm (innen) – 15 mm (außen) = 175 mm

Höhe: 280 mm – 10 mm (oben) – 15 mm (unten) = 255 mm

b) 175 mm – (3 · 5 mm) = 160 mm für 4 Spalten;

1 Spalte = 40 mm, 2 Spalten = 85 mm, 3 Spalten = 130 mm

c) Breite der Anzeige 85 mm, Höhe der Anzeige 255 : 2 = 127,5 mm

Größe der Anzeige 85 mm x 130 mm

LF 2

2.37 Berechnen Sie die Weißräume in Millimeter bei folgenden Vorgaben: Seitenformat DIN A5 (148 mm x 210 mm), Satzspiegel 96 mm x 132 mm. Die Weißräume vom Papierrand bis zur bedruckten Fläche sollen links 5 Teile, rechts 8 Teile, oben 5 Teile und unten 8 Teile betragen.

Formate und Flächen

Breite:

Papierbreite – Satzspiegelbreite = Weißraum (links und rechts)

148 mm – 96 mm = 52 mm

52 mm entsprechen 5 Teile (links) und 8 Teile (rechts) also insgesamt 13 Teile.

13 Teile = 52 mm, 1 Teil = 4 mm, 5 Teile = 20 mm (Weißraum links), 8 Teile = 32 mm (Weißraum rechts)

Höhe:

Papierhöhe – Satzspiegelhöhe = Weissraum (oben und unten)

210 mm – 132 mm = 78 mm für 13 Teile

1 Teil = 6 mm, 5 Teile = 30 mm (Weißraum oben), 8 Teile = 48 mm (Weißraum unten)

2.38 Die nachfolgende Anzeige erscheint im Rahmen einer Werbekampagne in verschiedenen Reisezeitschriften.
a) Analysieren Sie Blickfang und Blickführung der Anzeige.
b) Analysieren Sie die Schrift in der Anzeige hinsichtlich der möglichen Zielgruppe.

Blickführung

a) Blickrichtung wird durch den Baum in Richtung Horizont geführt. Der gelbe Schriftzug dient dabei als Blickfang.

b) Die Freihandschrift in Gelb kann Lockerheit, Freiheit und Einfachheit symbolisieren. Betrachter sollen zum Aufruf der Website animiert werden.

2.39 Für einen crossmedialen Auftritt eines Kunden erhalten Sie zu den entsprechenden Musterdokumenten einen Ordner mit unterschiedlichen Schriftformaten, die zwar alle die gleiche Bezeichnung tragen, jedoch unterschiedliche Dateiendungen aufweisen. Bestimmen Sie anhand der Dateiendungen, um welches Fontformat es sich handelt, und erläutern Sie kurz ein typisches Einsatzgebiet des jeweiligen Fontformats.
a) cooper.ttf   c) cooper.svg   e) cooper.otf
b) cooper.eot   d) cooper.woff

Fontformate

a) TrueType-Font: Outline-Schriftformat für die Darstellung von Schriften am Bildschirm und im Druck.

b) Embedded OpenType: Webfont, zur Darstellung in älteren Windows Internet-Explorern (Vers. 4-8).

c) Scalable Vector Graphics Fonts: zur Darstellung der Schrift in älteren Browsern auf Mobilgeräten.

d) Web Open Font Format: zur Darstellung von Schriften auf dem Internet-Explorer ab Version 9, Firefox ab Version 3.6, Chrome ab Version 6 usw. WOFF ist das wichtigste, Dateiformat für Webfonts.

e) Open Type: Outline-Schriftformat mit max. 65 000 Zeichen/Satzdatei (UNICODE). Eignet sich besonders für mehrsprachigen Satz.

2.40 a) Scribbeln Sie das Wort „Sonne" für eine Überschrift als klassizistische Antiqua und als serifenbetonte Linear-Antiqua.
b) Scribbeln Sie 15 Zeilen einer 10 pt Schrift auf einer Doppelseite mit Hilfe eines geeigneten Stiftes, einmal als Blocksatz mit Einzug der ersten Zeile, einmal als linksbündigen Rausatz.
c) Beschreiben Sie, wie der Blocksatz schnell und sicher skizziert werden kann.

Scribble

a)
Sonne
klassizistische Antiqua
Sonne
serifenbetonte Linear Antiqua

b)
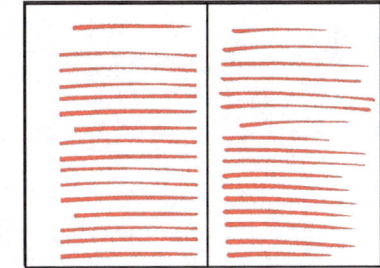

c) Zeilen länger skizzieren als notwendig, danach links und rechts mit Hilfe eines Abdeckpapiers überstehende Zeilen mit Radiergummi entfernen. Es entsteht eine Blocksatzkante.

LF 3

1.3 Lernfeld 3: Ausgabedateien druckverfahrensorientiert erstellen

Stichworte:
Druckverfahren, Dateiformat, Rasterung, Bildfehler im Druck, PDF, RIP, Papier, Papierberechnung, Ausschießen, Falzen, Heft- und Bindarten, Wendearten im Druck, Preflight, Druckveredelung, Densitometrie, PDF-Bearbeitung, Buchbinder-Hilfszeichen, Überfüllen

3.1 Nennen Sie die industriellen Hauptdruckverfahren.

Druckverfahren

Offset- oder Flachdruck, Hochdruck, Tiefdruck,

Siebdruck und Digitaldruck

3.2 Nach welchem Hauptkriterium werden die Druckverfahren unterschieden?

Druckverfahren

- Konventionelle Druckverfahren: Lage der druckenden und nichtdruckenden

  Elemente auf der Druckform

- Digitale Druckverfahren: Technologie der Bebilderung der Bedruckstoffe

3.3 Ordnen Sie den Hauptdruckverfahren jeweils 3 typische Druckprodukte zu.

Druckverfahren

- Offsetdruck: Zeitungen, Bücher, Werbedrucksachen
- Hochdruck: Verpackungen, Etiketten, Werbedrucksachen
- Tiefdruck: Kataloge, Verpackungen, Illustrierte
- Siebdruck: Klebeschilder, Etiketten, Beschriftungen an Glastüren
- Digitaldruck: Mailings, Individualisierte Verpackungen, Fotobücher

3.4 Das Dateiformat ist ein wichtiger Prozessparamter in der Medienproduktion.
  a) Erläutern Sie den Begriff Dateiformat.
  b) Unterscheiden Sie proprietäre und Austausch-Dateiformate.

Dateiformat

a) Das Dateiformat bestimmt die innere Struktur und den Datentyp, z.B.

  Bild, Grafik oder Text, einer Datei. Das Betriebssystem kann durch die

  Dateinamenerweiterung die Datei dem Anwenderprogramm zuordnen.

b) Die beiden Dateiformattypen unterscheiden sich nach der Softwarezu-

  ordnung.

- Proprietäre Dateiformate sind einer bestimmten Software zugehörig,

  z.B. *.psd Photoshop.

- Austausch-Dateiformate sind nicht einer bestimmten Software zugeordnet.

  Sie ermöglichen den Dateiaustausch zwischen verschiedenen Programmen

  und Plattformen, z.B. TIFF als Bilddatei-Austauschformat.

3.5 Nennen Sie jeweils 3 zugehörige Dateiformate zu:
  a) Bild,
  b) Vektorgrafik,
  c) Text.

Dateiformat

a) Bild: tiff, jpg, eps

b) Vektorgrafik: eps, ai, svg

c) Text: txt, doc, docx

3.6 Die Abbildungen zeigen die vergrößerten Ausschnitte zweier Drucke.
Mit welchem Druckverfahren sind die Drucke erstellt worden?
Begründen Sie Ihre Beurteilung.
a)   b)

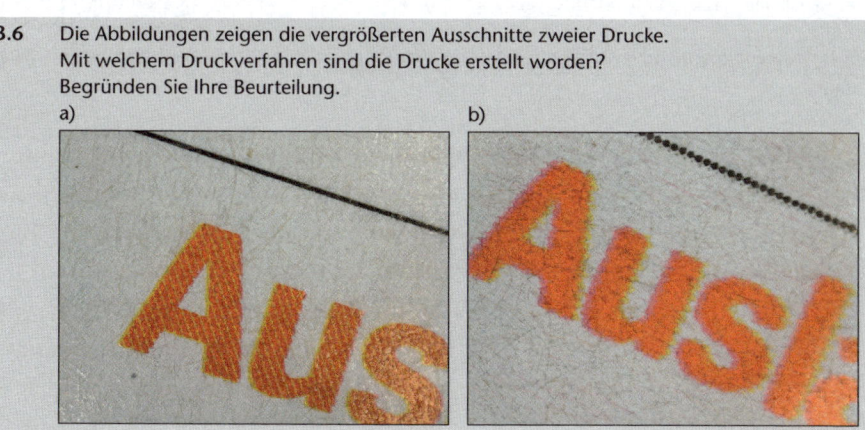

Druckverfahren

a) Offsetdruck. Begründung: durchgehende schwarze Linie, gerasterte farbige

  Schrift mit glattem Rand, kein Quetschrand wie im Hochdruck

b) Tiefdruck. Begründung: gerasterte schwarze Linie, gerasterte farbige Schrift

  mit gezacktem Rand, Sägezahneffekt, kein Quetschrand wie im Hochdruck

3.7 Nennen Sie die wesentlichen Kennzeichen der amplitudenmodulierten Rasterung.

Rasterung

- Mittelpunktabstände der Rasterpunkte

- Variation der Tonwerte durch die Rasterpunktfläche

- Einheitliche Farbschichtdicke in allen Tonwerten

- Rasterwinkelung im Mehrfarbendruck

LF 3

| **3.8** | Nennen Sie die wesentlichen Kennzeichen der frequenzmodulierten Rasterung. |

Rasterung

- Variable Mittelpunktabstände der Rasterelemente

- Variation der Tonwerte durch die Anzahl der Rasterelemente

- Einheitliche Farbschichtdicke in allen Tonwerten

- Einheitliche Flächengröße der Rasterelemente, keine Rasterwinkelung im Mehrfarbendruck

| **3.9** | Im Druck zeigt sich im Bild ein störendes Muster. |

Erläutern Sie mögliche Ursachen dieser Störung.

Bildfehler im Druck

Der Fachbegriff für diesen Bildfehler ist Moiré. Hier handelt es sich um ein sogenanntes Vorlagenmoiré. Es entsteht, wenn sich eine regelmäßige Struktur, z. B. die Dachziegel im Bild, mit der Rasterstruktur des Drucks überlagert.

3.10	Definieren Sie die 4 Kenngrößen der autotypischen Rasterung
	a) Rastertonwert,
	b) Rasterweite,
	c) Rasterpunktform,
	d) Rasterwinkelung.

Rasterung

a) Rastertonwert: Anteil der bedruckten Fläche in Prozent

b) Rasterweite: Anzahl der Rasterpunkte pro Streckeneinheit in Linien/cm oder lines/inch

c) Rasterpunktform: Form der Rasterlemente, Basisformen sind runde oder elliptische Punktformen

d) Rasterwinkelung: Lage der Rasterelemente zur Bildachse, Standardwerte einfarbig 45°, 4c Cyan 75°, Magenta 45°, Gelb 0° und Schwarz 15°.

LF 3

| **3.11** | Auf einem Druck sieht man an der Grenzlinie zweier Farbflächen einen dünnen weißen Streifen. Erläutern Sie eine möglich Ursache dieses Fehlers. |

Bildfehler im Druck

Der Fachbegriff für diesen Fehler ist Blitzer. Blitzer entstehen durch Passerdifferenzen im Druck.

| **3.12** | Erläutern Sie die Verfahrenstechnik der Druckvorstufe, mit der man Blitzer verhindern kann. |

Bildfehler im Druck

Um Blitzer zu vermeiden muss überfüllt werden. Dabei wird durch die Überfüllenfunktion der Software die hellere der beiden aneinandergrenzenden Flächen etwas vergrößert, wodurch sie leicht mit der dunklen Fläche überlappt.

3.13	Beschreiben Sie die 4 Schritte des RIP-Vorgangs:
	a) Interpretieren,
	b) Erstellen der Display-Liste,
	c) Rendern,
	d) Screening/Rastern.

RIP

a) Interpretieren: Analyse der PostScript-Datei auf Kontrollstrukturen. Angaben über Transparenzen oder Verläufe werden zu Anweisungen für die Erstellung der Display-Liste.

b) Erstellen der Displayliste: Die PostScript-Programmanweisungen werden in ein objektorientiertes Datenformat umgerechnet.

c) Rendern: Aus der Display-Liste wird eine Bytemap erstellt. Alle Objekte der Seite werden in Pixel umgewandelt. Dabei wird die Pixelgröße an die spätere Ausgabeauflösung angepasst.

d) Screening/Rastern: Die Bytemap wird in diesem letzten Schritt in eine Bitmap umgerechnet. Aus den Halbtonpixeln werden entsprechend der gewählten Rasterkonfiguration frequenz- oder amplitudenmodulierte Rasterpunkte.

LF 3

3.14 Beim PDF-Export aus InDesign müssen einige Einstellungen überprüft und vorgenommen werden.
Erläutern Sie die Einstellung „Farbbilder" des Dialogfensters „Komprimierung".

PDF

Mit der Option Farbbilder werden die Bilder im RGB- oder CMYK-Modus beim Export als PDF neu berechnet. Dabei erfolgt nur ein Downsampling (Herunterrechnen) hoch aufgelöster Bilder mit mehr als 450 ppi. Niedriger aufgelöste Bilder werden in ihrer Auflösung belassen. Die Bikubische Neuberechnung führt bei Halbtonbildern zum besten Ergebnis. Die Bilder werden als JPEG komprimiert.

3.15 Welche Dokumenteneigenschaften werden durch den Anschnitt-Rahmen bzw. die Bleed-Box definiert?

PDF

Der Anschnitt-Rahmen bzw. die Bleed-Box definiert bei angeschnittenen randabfallenden Elementen den Anschnitt. Alle Hilfszeichen, wie z. B. Passkreuze, liegen außerhalb des Anschnitt-Rahmens im Medien-Rahmen.

3.16 Druckpapiere bestehen im Wesentlichen aus Fasern, Wasser und Hilfsstoffen.
a) Nennen Sie die beiden wichtigsten Faserrohstoffe.
b) Nennen Sie 2 Hilfsstoffe.

Papier

a) Holz und Altpapier
b) Füllstoffe und Leim

3.17 Unterscheiden Sie holzhaltige und holzfreie Papiere hinsichtlich der Faseraufbereitung und der Lichtbeständigkeit.

Papier

- Holzhaltige Papiere haben als Faserrohstoff mechanisch aufgeschlossenen Holzschliff. Dieser enthält Harze und Lignin. Lignin vergilbt unter Lichteinfluss.
- Holzfreie Papiere haben als Faserrohstoff chemisch aufgeschlossenen Zellstoff. Sie enthalten keine Harze und Lignin. Holzfreie Papiere vergilben deshalb nicht.

3.18 Erläutern Sie die beiden Verfahren zur Papierveredelung:
a) Streichen und
b) Satinieren.

Papier

a) Der Strich ist die Farbannahme- bzw. Farbaufnahmeschicht des veredelten Papiers im Druck. Die Streichfarbe wird in speziellen Streichmaschinen auf das Rohpapier aufgetragen. Je nach Papiersorte und Druckverfahren unterscheidet sich die Zusammensetzung und Dicke des Strichs. Für hochwertige Papiere werden beide Seiten zweimal gestrichen. Auf das Rohpapier wird ein Vorstrich aufgebracht. Anschließend erfolgt darauf ein Deck- oder Topstrich. Kreide und Kaolin werden als Pigmente in der Streichfarbe eingesetzt. Man unterscheidet glänzende, halbmatte und mattgestriche Papiere.
b) Beim Satinieren im Kalander erhalten die Papiere ihre endgültige Oberflächeneigenschaft. Kalander sind Maschinen mit mehreren nacheinander angeordneten Stahl-, Papier- oder Strukturwalzen, zwischen denen die Papierbahn hindurchgeführt wird. Im Walzenspalt zwischen den Walzen wird die Papieroberfläche der Bahn durch Reibung, Hitze und Druck geglättet. Eine matte oder halbmatte Oberfläche wird durch geringere Friktion und den Einsatz feinstrukturierter Walzen erreicht.

3.19 Erläutern Sie die beiden Anforderungsprofile zur Bewertung der Papierqualität:
a) Verdruckbarkeit (Runability),
b) Bedruckbarkeit (Printability).

Papier

a) Die Verdruckbarkeit (Runability) beschreibt das Verhalten bei der Verarbeitung.
b) Die Bedruckbarkeit (Printability) bezieht sich auf die Wechselwirkung zwischen Druckfarbe und Papier im Druckprozess.

LF 3

3.20 Berechnen Sie die Dicke des Buchblocks auf Basis folgender Angaben:
- 220 Seiten,
- 100 g/m²,
- 1,2-faches Volumen.

Papierberechnung

Blattdicke = Papiervolumen · Flächenmasse / 1000

Buchblockdicke = Anzahl der Blätter · Blattdicke

Blattdicke = 1,2 m³/g · 100 g/m² / 1000 = 0,12 mm

Buchblockdicke = 110 · 0,12 mm = 13,2 mm

3.21 Erklären Sie den Begriff Ausschießen.

Ausschießen

Die Anordnung der Druckseiten auf einer Druckform bzw. einem Druckbogen.

Dabei ist zu beachten, dass der Stand und die Abfolge der Seitenzahlen auf die

Falzfolge abgestimmt sein müssen.

3.22 Erklären Sie die Begriffe Schön- und Widerdruck.

Ausschießen

Schön- und Widerdruck nennt man das beidseitige Bedrucken in zwei Druck-

gängen. Der Schöndruck ist der erste Druckgang, der Widerdruck der zweite

Druckgang.

3.23 Beim Ausschießen eines beidseitig bedruckten Bogens wird zwischen innerer und äußerer Form unterschieden.
a) Erklären Sie die Begriffe innere und äußere Form.
b) Stellen Sie die Seitenzahlen der beiden Formen für einen 16-Seiter schematisch dar.

Ausschießen

a) Die innere Form entspricht dem Widerdruck. Auf ihr steht immer die zweite

und die vorletzte Seitenzahl des Bogens. Die äußere Form entspricht dem

Schöndruck. Auf ihr steht immer die erste und die letzte Seitenzahl.

b) 1	2	3	4	
5	6	7	8	— innere Form
9	10	11	12	
13	14	15	16	

3.24 Erklären Sie die Begriffe:
a) Parallelfalz,
b) Kreuzfalz,
c) Kombinationsfalz.

Falzen

a) Aufeinanderfolgende Falze verlaufen parallel in einer Richtung,

z. B. Zickzackfalz, Wickelfalz und Fensterfalz.

b) Aufeinanderfolgende Falze stehen jeweils rechtwinklig zueinander.

c) Ein Falzprodukt hat Parallel- und Kreuzfalze.

3.25 Ein Druckprodukt wird mit der Rückstichheftung gebunden. Müssen die Lagen dazu gesammelt oder zusammengetragen werden?

Heft- und Bindarten

Die Lagen werden bei der Rückstichheftung durch den Bund geheftet.

Sie müssen deshalb gesammelt, d. h. jeweils ineinander gesteckt werden.

3.26 Unterschieden Sie die beiden Wendearten:
a) Umschlagen,
b) Umstülpen.

Wendearten im Druck

a) Umschlagen: Der Druckbogen wird nach dem ersten Druck über seine seitliche

Kante gewendet, die Vordermarke bleibt, die Seitenmarke wechselt.

b) Umstülpen: Der Druckbogen wird nach dem ersten Druck über seine Vorder-

kante gewendet, dabei wechseln die Vordermarken, die Seitenmarke bleibt.

3.27 Das Preflightfenster in InDesign zeigt einen Fehler an. Erklären Sie die Begriffe:
a) Preflight und
b) Übersatztext.

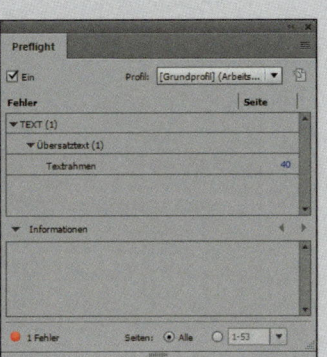

Preflight

LF 3

LF 3

a) Mit Preflight wird die Qualitätskontrolle in der Druckvorstufe bezeichnet. Die Preflightfunktion der Software zeigt Warnungen bei Abweichung vom Produktionsstandard an.

b) Die Textmenge ist größer als der im Textfeld angezeigte Text. Der nicht mehr darstellbare Text wird als Übersatztext bezeichnet.

3.28 Nennen Sie 4 Techniken zur Druckveredelung.

Druckveredelung

Lackierung, Folienkaschierung, Folienprägung, Stanzung

3.29 Unterscheiden Sie hinsichtlich der Verarbeitungstechnik:
a) Dispersionlack,
b) UV-Lack.

Druckveredelung

a) Dispersionslacke sind meist wasserbasiert. Der Auftrag erfolgt in der Druckmaschine in einem Lackwerk. Die Trocknung erfolgt physikalisch durch Wegschlagen und/oder Verdunsten.

b) UV-Lacke enthalten keine Lösemittel. Der Auftrag erfolgt in der Druckmaschine in einem Lackwerk. Die Trocknung erfolgt chemisch durch Polymerisation unter UV-Strahlung.

3.30 Beschreiben Sie schrittweise die Anlage einer Lackform in InDesign.

Druckveredelung

1. Erstellen einer neuen Ebene
2. Erstellen oder Platzieren der Lackelementflächen
3. Anlegen eines Farbfeldes: Vollton, 100 % Flächendeckung
4. Einfärben der Lackelementflächen
5. „Fläche überdrucken" einstellen
6. Kontrolle im Druckfarben-Manager. Dort muss jetzt der Lack als fünfter Farbkanal angezeigt werden.

3.31 Erklären Sie den Begriff Spotlack.

Druckveredelung

Mit dem Begriff Spotlack wird die partielle Lackierung eines Drucks bezeichnet.

3.32 Der Druckfarben-Manager zeigt in InDesign als fünfte Farbe eine Lackform.

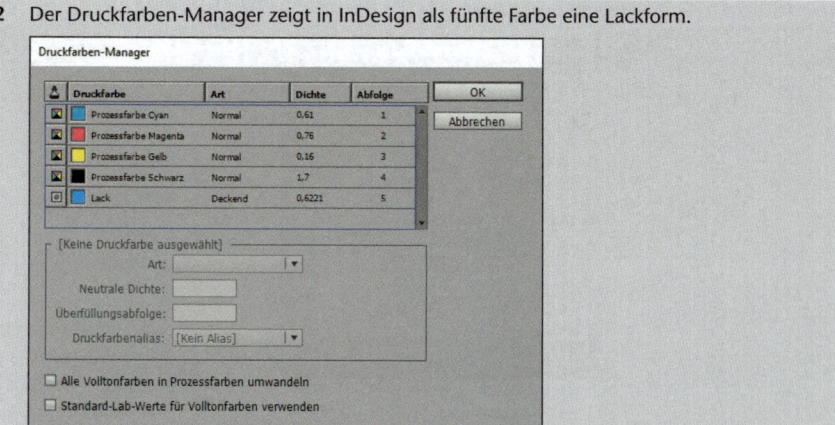

Muss für die Ausgabe die Option „Alle Volltonfarben in Prozessfarben umwandeln" angewählt werden? Begründen Sie Ihre Aussage.

Druckveredelung

Die Option darf nicht angewählt werden, da sonst die Lackform den vier Prozessfarben CMYK zugerechnet und nicht als Extraform ausgegeben wird.

3.33 Definieren Sie die folgenden densitometrischen Messgrößen und geben Sie das Formelzeichen sowie die Formel zur Berechnung der jeweiligen Messgröße an.
a) Opazität,
b) Transparenz,
c) Remission,
d) Dichte.

Densitometrie

a) Opazität: Lichtundurchlässigkeit. Zeichen: O. Berechnung: $O = I_0 / I_1$
b) Transparenz: Lichtdurchlässigkeit. Zeichen: T. Berechnung: $T = I_1 / I_0$
c) Remission: diffuses Zurückstrahlen von Licht. Zeichen: R. Berechnung: $R = I_0 / I_1$
d) Dichte: Zehnerlogarithmus der Opazität O. Zeichen: D. Berechnung: $D = \lg O$

3.34 Begründen Sie die Notwendigkeit der Berechnung des Flächendeckungsgrads bei Aufsichtmessungen nach der Murray-Davies-Formel.

Densitometrie

Bei der Auflichtmessung von Drucken sind die geometrische und die optisch wirksame Flächendeckung nicht gleich. Durch die diffuse Streuung des auftreffenden Lichts am

Rand der Rasterelemente erscheint der Rastertonwert dunkler. Man nennt diesen Effekt Lichtfang. Dieser Effekt wird in der Murray-Davies-Formel berücksichtigt. Sie dient der Berechnung der wirksamen Flächendeckung im Druck.

3.35 Berechnen Sie die maximale Anzahl der Nutzen im Format 13 cm x 18 cm, die aus einem Druckbogen 61 cm x 86 cm geschnitten werden können.

Papierberechnung

61 cm x 86 cm	61 cm x 86 cm
13 cm x 18 cm	18 cm x 13 cm
4 · 4 = 16 Nutzen	3 · 6 = 18 Nutzen

Die maximale Nutzenzahl beträgt 18 Nutzen.

3.36 Nennen Sie 3 Buchbinder-Hilfszeichen.

Buchbinder-Hilfszeichen

Falzmarken, Schnittmarken, Flattermarken

3.37 Den Druckfarben wird im Druckfarben-Manager jeweils ein Dichtewert zugeordnet.

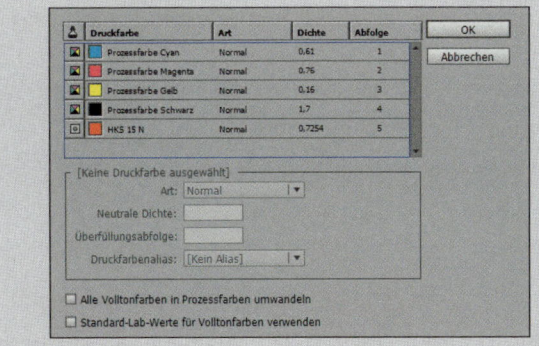

Erklären Sie die Bedeutung des Dichtewerts hinsichtlich der Überfüllung gedruckter Flächen.

Überfüllen

Die Überfüllung der gedruckten Flächen erfolgt nach dem Grundsatz „hell unter dunkel". Die Farbfläche mit der höheren Dichte wird von der angrenzenden Farbfläche mit der geringeren Dichte überfüllt.

1.4 Lernfeld 4: Computerarbeitsplatz und Netzwerke nutzen, pflegen und konfigurieren

Stichworte:
Binäres Zahlensystem, MAC-Adresse, IPv4, IPv6, Subnetzmaske, DNS, Gateway, Netzwerkausdehnung, VPN, Netzwerktopologie, Verbindungskonzepte, Kabeltypen, Netzwerkgeräte, DHCP, WLAN, Datenübertragungsraten, Netzwerkprotokolle, Netzwerksicherheit, BIOS/UEFI, Datenspeicherung, RAID, Netzwerkkarte, Computerschnittstellen, Grafikkarte, Prozessor, Arbeitsspeicher, Monitor, Datensicherung, Dateisysteme, Software.

4.1 Eine IP-Adresse wird von Computern in Binärform verarbeitet. Geben Sie für die folgende IP-Adresse die dezimale Notation an:
11000000.10101000.11111110.10000001

Binäres Zahlensystem

192.168.254.129

4.2 Beschreiben Sie, was man bei einem Netzwerkadapter unter der MAC-Adresse versteht.

MAC-Adresse

Die MAC-Adresse (Media-Access-Control-Adresse) ist die Hardware-Adresse des Netzwerkadapters. Sie dient als eindeutige Identifikation des Geräts in einem Rechnernetz.

4.3 Unterscheiden Sie eine MAC- und eine IP-Adresse anhand ihrer Notation. Geben Sie jeweils ein Beispiel an.

MAC-Adresse

Eine Mac-Adresse wird hexadezimal notiert: 00-80-41-ae-fd-7e

Eine IP-Adresse wird dezimal notiert: 10.6.16.1

4.4 Der Nachfolger des Internet Protokolls Version 4 (IPv4) ist das Internet Protokoll Version 6 (IPv6). Nennen Sie 2 Vorteile von IPv6-Adressen im Vergleich zu IPv4-Adressen.

IPv4, IPv6

- IPv6 schafft einen größeren Adressraum. Die Adressknappheit des IPv4 Standards wird gelöst.
- Keine Network Adress Translation (NAT) wird mehr benötigt. Dann existieren keine privaten und öffentlichen IP-Adressen mehr.

4.5 IPv6-Adressen können zur leichteren Verwendung abgekürzt werden. Kürzen Sie die folgenden IPv6-Adressen regelgerecht ab:
a) 2002:0db6:0000:08d3:0000:8a2e:0070:7122
b) 2002:0db6:0:0:0:0:1328:57ab

IPv6

a) Führende Nullen innerhalb eines Blockes dürfen ausgelassen werden:
2002:0db6:0:8d3:0:8a2e:70:7122

b) Aufeinander folgende Blöcke, deren Wert 0 (bzw. 0000) beträgt, dürfen ausgelassen werden: 2002:db6::1328:57ab

4.6 In den Einstellungen einer Netzwerkkarte liegt die folgende Konfiguration vor:
IP-Adresse: 192.168.1.2, Subnetzmaske: 255.255.255.0
a) Erklären Sie den Begriff Subnetzmaske.
b) Erläutern Sie die Gesamtanzahl der möglichen Hosts in diesem Netzwerk.

Subnetzmaske

a) Die Subnetzmaske ist eine Bitmaske, die im Netzprotokoll IPv4 angibt, welcher Teil der IP-Adresse für Netz- bzw. Host-Anteils genutzt werden soll.

b) Die Gesamtzahl der Hosts in diesem Netzwerk beträgt 254.

4.7 In der Netzwerkkonfiguration Ihres Routers sollen beide DNS-Einträge geändert werden.
a) Beschreiben Sie die Hauptaufgabe von DNS.
b) Erläutern Sie, warum es sinnvoll ist, zwei DNS-Einträge vorzunehmen.

DNS

a) Die Hauptaufgabe ist die Beantwortung von Anfragen zur Namensauflösung. Eine Domain wird auf Anfrage in die zugehörige IP-Adresse umgewandelt.

b) Zwei DNS Einträge dienen der Redundanz. Fällt ein Server aus, wird der Nächste verwendet.

4.8 Erläutern Sie, was man im Zusammenhang mit einer Netzwerkkonfiguration eines Rechners unter dem Begriff „Gateway" versteht.

Gateway

Der Gateway ist ein aktiver Netzknoten, der von beiden Seiten aus adressiert werden kann. In der Netzwerkkonfiguration eines Rechners dient er der LAN-WAN-Kopplung.

4.9 Beschreiben Sie die Akronyme der folgenden Netzwerktypen hinsichtlich ihrer Ausdehnung.
a) PAN,
b) LAN,
c) WAN.

Netzwerkausdehnung

a) PAN (Personal Area Network): ein Netz, das aus Kleingeräten, PDAs oder Mobiltelefonen besteht.

b) LAN (Local Area Network): ein Rechnerverbund z. B. in Heimnetzen oder Unternehmen.

c) WAN (Wide Area Network): ein Rechnernetz, das sich über einen sehr großen geografischen Bereich erstreckt.

4.10 Erläutern Sie den Begriff „Virtual Private Network" (VPN).

VPN

VPN ist ein virtuelles, privates und geschlossenes Kommunikationsnetz. Es hat keine eigene physische Verbindung, sondern benutzt ein bestehendes Kommunikationsnetz, das als Transportmedium verwendet wird.

4.11 Skizzieren Sie die folgenden Netzwerktopologien mit jeweils 6 Knoten:
a) Stern Topologie,
b) Ring Topologie,
c) Bus Topologie.

Netzwerktopologie

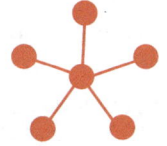
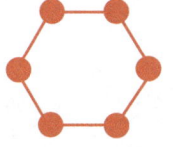
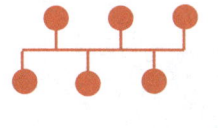

a)   b)   c)

4.12 Erläutern Sie den Unterschied zwischen Peer-to-Peer- und Client-Server-Verbindungskonzepten.

Verbindungskonzepte

In einem Peer-to-Peer-Netzwerk sind alle Rechner z. B. logisch oder physisch direkt miteinander verbunden. Sie fungieren gleichberechtigt im Austausch von Diensten. In einem Client-Server-Netzwerk existiert ein zentraler Server, welcher ausschließlich die Dienste für die Clients im Netzwerk bereitstellt.

4.13 In der Netzwerktechnik kommen Twisted-Pair-Kupferkabel und Glasfaserkabel zum Einsatz.
  a) Erläutern Sie den Begriff Twisted-Pair-Kabel.
  b) Beschreiben Sie 2 Vorteile von Glasfaserkabeln gegenüber Twisted-Pair-Kupferkabeln.

Kabeltypen

a) Als Twisted-Pair-Kabel bezeichnet man in der Netzwerktechnik Kabeltypen, in denen Kupferadern paarweise miteinander verdrillt sind.

b) Hohe Übertragungsraten, sehr große Reichweiten durch geringe Dämpfung, leichter als Kupferkabel, keine Brandauslösung durch elektrischen Strom, hohe Abhörsicherheit.

4.14 Ordnen Sie den Netzwerkgeräten Switch, Router, Access Point und Proxy die jeweilige Aufgabe zu:
  a) Verbindet Computer im Netz an zentraler Stelle und leitet Datenpakete weiter.
  b) Ein Vermittler, der auf der einen Seite Anfragen entgegennimmt, um dann über seine eigene Adresse eine Verbindung zur anderen Seite herzustellen.
  c) Leitet Datenpakete zwischen mehreren Rechnernetzen mittels logischer Adressen weiter.
  d) Stellt eine Schnittstelle für kabellose Kommunikationsgeräte bereit.

Netzwerkgeräte

a) Switch, b) Proxy, c) Router, d) Access Point

4.15 Erklären Sie die Funktion des Dynamic Host Configuration Protocol (DHCP).

DHCP

DHCP ist ein Protokoll, um IP-Konfigurationen in einem Netzwerk zu verwalten und Einstellungen an anfragende Hosts zu verteilen. Durch DHCP ist jeder Host in der Lage, sich selber automatisch zu konfigurieren.

4.16 Beschreiben Sie 6 Maßnahmen, die Sie treffen können, um ein kabelloses Netzwerk abzusichern.

WLAN

- Standard-Passwort ändern
- Remotezugriff und SSID des Access Points deaktivieren
- Verschlüsselung mit WPA2
- MAC-Filterung aktivieren
- Regelmäßige Firmware-Updates durchführen
- Sendeleistung des Access Points reduzieren
- WLAN-Zugang bei Nichtgebrauch deaktivieren

4.17 Beschreiben Sie, was bei Drahtlosnetzwerken die Angaben „Ad-hoc" und „Infrastructure" bedeuten.

WLAN

In einem Ad-hoc-Netzwerk kommunizieren die Geräte direkt miteinander. Ein zentraler Access-Point ist nicht notwendig. In einem Infrastructure-Netzwerk wird die Kommunikation über zentrale Access-Points geleitet, an denen sich alle Geräte zuvor anmelden.

4.18 Berechnen Sie, wie lange der Download einer 360 MiB großen Datei dauert, wenn die erreichte Übertragungsgeschwindigkeit um 50 % geringer ist als die angegebene Übertragungsrate von 16 Mbit/s.

Datenübertragungsraten

$16\,\text{Mbit/s} \cdot 1\,000\,000\,\text{bit/Mbit} \cdot (100\,\% - 50\,\%) : 100\,\% = 8\,000\,000\,\text{bit/s}$

$360\,\text{MiB} \cdot 1024^2\,\text{Byte/MiB} \cdot 8\,\text{bit/Byte} : 8\,000\,000\,\text{bit/s} \approx 377,4\,\text{s} = 6\,\text{min}\,17\,\text{s}$

4.19 Berechnen Sie in kbit/s, wie hoch die erreichte Datenübertragungsrate ist, wenn der Download einer 120 MiB großen Datei 6 Minuten dauert?

Datenübertragungsraten

$120\,\text{MiB} \cdot 1024^2\,\text{Byte/MiB} \cdot 8\,\text{bit/Byte} : (6\,\text{min} \cdot 60\,\text{s/min} \cdot 1\,000\,\text{bit/kbit}) \approx$
$2\,796,2\,\text{kbit/s}$

4.20 Beschreiben Sie die Funktionen der jeweiligen Netzwerkprotokolle.
  a) FTP,
  b) SMTP,
  c) IMAP.

Netzwerkprotokolle

a) FTP wird benutzt, um Dateien vom Server zum Client herunterzuladen oder vom Client zum Server hochzuladen. Mit FTP können Verzeichnisse angelegt sowie Verzeichnisse und Dateien umbenannt oder gelöscht werden.

b) SMTP wird zum Senden und Weiterleiten von E-Mails verwendet.

c) IMAP ist ein Netzwerkdateisystem für den Zugriff auf E-Mail Postfächer.

4.21 Im OSI-Referenzmodell für Netzwerkprotokolle werden 7 aufeinander folgende Schichten definiert. Gliedern Sie die Schichten jeweils mit Fachbegriff in Reihenfolge der Datenkommunikation.

Netzwerkprotokolle

Bitübertragungsschicht, Sicherungsschicht, Vermittlungsschicht, Transportschicht, Sitzungsschicht, Darstellungsschicht, Anwendungsschicht. (Umgekehrte Reihenfolge möglich)

LF 4

4.22 Das Internetprotokoll (IP) vereint bestimmte Funktionen der paketbasierten Datenkommunikation. Beschreiben Sie 3 Funktionen.

Netzwerkprotokolle

- Adressierung und Übermittlung der Datenpakete von der Transportebene zur Netzwerkschicht.
- Routing von Datenpaketen durch das Netz.
- Fragmentierung und Zusammensetzen von Datenpaketen.

4.23 Erläutern Sie einen wesentlichen Unterschied der Netzwerkprotokolle UDP und TCP.

Netzwerkprotokolle

UDP sendet Datenpakete, ohne sich um den Verbleib zu kümmern. Es bietet zwar eine Checksummen-Funktion, bei fehlerhaften Checksummen wird allerdings nichts unternommen.

TCP stellt sicher, dass der Client die Datenpakete korrekt und unbeschädigt erhalten hat, und dass sie in der richtigen Reihenfolge ankommen.

4.24 Bei der Datenkommunikation im World Wide Web kommt HTTPS zum Einsatz.
a) Erläutern Sie die Hauptaufgabe von HTTPS.
b) Geben Sie ein Beispiel für die Verwendung von HTTPS.

Netzwerksicherheit

a) HTTPS wird zur Herstellung von Vertraulichkeit in der Kommunikation zwischen Webserver und Webbrowser im Internet verwendet. Dies wird durch Verschlüsselung und gegenseitige Authentifizierung erreicht.

b) Durch die Verwendung von https soll verhindert werden, dass Datenkommunikation mit sensiblen Inhalten von Dritten mitgelesen werden kann.

Beispiele: Internetbanking, Webshops (Kaufabwicklung), Kontaktformulare.

4.25 Beschreiben Sie, was man unter einem Man-in-the-Middle-Angriff versteht.

Netzwerksicherheit

Bei einem Man-in-the Middle-Angriff steht der Angreifer physisch oder logisch zwischen den beiden Kommunikationspartnern. Er hat vollständige Kontrolle über den Datenverkehr und kann die Kommunikation einsehen und manipulieren.

LF 4

4.26 Als Nachfolger des BIOS wurde das UEFI eingeführt.
a) Beschreiben Sie die grundlegende Aufgabe eines BIOS bzw. UEFI.
b) Erläutern Sie 4 Vorteile des UEFI gegenüber einem BIOS.

BIOS/UEFI

a) Die Aufgabe ist es, den Computer in einen betriebsbereiten Zustand zu versetzen. Dazu werden die einzelnen Komponenten des Computers initialisiert und die Funktionstüchtigkeit geprüft.

b)
- UEFI ist per Maus bedienbar.
- Es verfügt zudem über einen Standardtreiber für die Netzwerkkarte.
- Updates lassen sich direkt laden und installieren.
- Mit UEFI sind bis zu 128 Partitionen möglich.
- Treiber lassen sich als Modul nachladen.
- UEFI erleichtert die parallele Installation mehrerer Betriebssysteme.
- Die Funktion Secure Boot startet nur signierte Bootloader.

4.27 In der Datenspeicherung kommen magnetische, optische und elektronische Speichermedien zum Einsatz.
a) Geben Sie für jedes Speichermedium ein Beispiel an.
b) Beschreiben Sie, für welches Speichermedium die schnellste bzw. langsamste Schreibgeschwindigkeit zu erwarten ist.

Datenspeicherung

a) Magnetische Speichermedien: rotierende HDD, Bandlaufwerk, Karten

Optische Speichermedien: CD, DVD, BD

Elektronische Speichermedien: USB-Speichersticks, DRAM, SSD

b) Langsamste Schreibgeschwindigkeit: optisch

Schnellste Schreibgeschwindigkeit: elektronisch

4.28 Vergleichen Sie eine Solid-State-Drive-Festplatte (SSD) mit einer Hard-Disk-Drive-Festplatte (HDD) anhand folgender Punkte. Nennen Sie einen Vor- bzw- Nachteile hinsichtlich:
a) Geschwindigkeit   c) Lebensdauer
b) Lautstärke   d) Speicherplatz/Preis

Datenspeicherung

a) Eine SSD hat eine höhere Schreib- bzw. Lesegeschwindigkeit als eine HDD.

b) Eine SSD ist im Volllastbetrieb leiser als eine herkömmliche HDD.

c) Die Lebensdauer einer HDD ist in Abhängigkeit der Schreibzyklen höher.

d) Der Preis in € pro Gigabyte ist bei einer herkömmlichen HDD niedriger.

4.29 In der Datenverarbeitung werden verschiedene RAID-Systeme verwendet. Erläutern Sie die folgenden RAID-Level:
a) RAID-Level 0
b) RAID-Level 1

RAID

a) RAID-Level 0: Striping ermöglicht hohe Transferraten, indem die beteiligten Festplatten in zusammenhängenden Blöcken gleicher Größe aufgeteilt werden. Es fehlt die Redundanz.

b) RAID-Level 1: Mirroring speichert auf allen Festplatten die gleichen Daten und gewährleistet somit volle Redundanz (Spiegelung).

4.30 Beschreiben Sie den Unterschied zwischen einer Halb-Duplex- und einer Voll-Duplex-Datenkommunikation.

Netzwerkkarte

Halb-Duplex ist eine Kommunikation, bei der nur eine Seite zu einer gegebenen Zeit senden kann. Sobald eine Seite mit der Übertragung der Daten fertig ist, kann die andere entsprechend antworten. Gleichzeitige Kommunikation führt zu Kollisionen. Voll-Duplex ist eine Kommunikation, bei der beide Seiten gleichzeitig Daten versenden und empfangen können. Keine Gefahr von Kollisionen, die Datenübertragung ist wesentlich schneller.

4.31 Erläutern Sie, was in einer Netzwerkumgebung die Angabe „100/1 000Base-T" bedeutet.

Netzwerkkarte

Die Angabe 100/1 000Base-T bedeutet, dass die Umgebung sowohl Fast-Ethernet mit 100 MBit/s als auch Gigabit-Ethernet mit 1 000 MBit/s unterstützt.

4.32 Benennen Sie die Computerschnittstellen 1 bis 8 mit ihren Fachbezeichnungen.

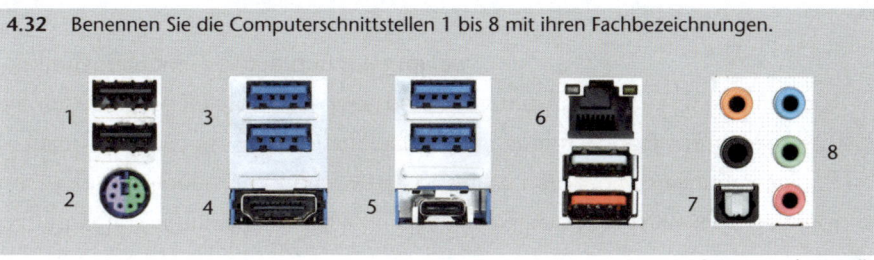

Computerschnittstellen

1. USB 2.0   2. PS/2 (Combination Port)
3. USB 3.0   4. HDMI
5. USB Typ C
6. Ethernet (RJ45)
7. SPDIF (Optical)   8. Stereo Ausgang

4.33 Ordnen Sie die folgenden Schnittstellen gemäß der maximalen Übertragungsgeschwindigkeit beginnend mit der langsamsten Schnittstelle: USB 3.0, USB 2.0, eSATA, Thunderbolt.

Computerschnittstellen

USB 2.0, eSATA, USB 3.0, Thunderbolt

4.34 Die Grafikkarte und GPU sind wesentliche Bestandteile eines Computers.
a) Beschreiben Sie die Funktion der Grafikkarte in einem Computersystem.
b) Nennen Sie 3 Möglichkeiten, wo der Grafikprozessor GPU in einem Computersystem platziert werden kann.

Grafikkarte

a) Die Grafikkarte steuert die Grafikausgabe und übernimmt rechenintensive Aufgaben der 2D- und 3D-Computergrafik.

b) Auf einer Erweiterungskarte, „onboard" im Chipsatz auf der Hauptplatine und als Bestandteil des Hauptprozessors.

4.35 Beschreiben Sie, was man unter OpenGL und DirectX versteht.

Grafikkarte

OpenGL ist neben der proprietären Schnittstelle DirectX von Microsoft eine der Standard-Programmierschnittstellen für die Definition von 2D- und 3D-Grafiken.

4.36 Ein wichtiger Kennwert einer CPU ist die Taktfrquenz.
a) Erklären Sie die Bedeutung der Taktfrequenz und geben Sie die Messgröße an.
b) Erläutern Sie, was man in diesem Zusammenhang unter „Übertaktung" versteht.

Prozessor

a) Die Taktfrequenz gibt die Geschwindigkeit an, mit der Daten verarbeitet werden den können. Sie wird in Hertz (Hz) angegeben. Der Vorsatz, wie Giga (GHz) für Milliarden, wird zur Abkürzung verwendet. Beispiel: 2,7 GHz.

b) Als Übertakten wird das Betreiben von CPUs mit einer höheren Taktfrequenz oberhalb der nominellen Hersteller-Spezifikation bezeichnet. Ziel ist es, eine höhere Rechenleistung zu erzielen.

4.37 Für Datenverarbeitungsprozesse benötigt ein Computer bestimmte Zwischenspeicher.
a) Beschreiben Sie die Funktion des RAM.
b) Erläutern Sie die Aufgabe des CPU Cache.

Arbeitsspeicher

a) Der Arbeitsspeicher ist das Bindeglied zwischen Festplatte und CPU. Er enthält Daten, die gerade vom Prozessor verarbeitet wurden oder lädt sie als Zwischenspeicher von der Festplatte, wenn sie in Kürze verarbeitet werden sollen.

b) Multicore-Prozessoren verwenden in der Regel einen internen Cache. Der Cache ist ein spezieller Puffer-Speicher, der zwischen dem RAM und der CPU sitzt. Damit die CPU nicht jeden Befehl einzeln aus dem langsamen RAM holen muss, wird gleich ein ganzer Befehlsblock vom RAM in den Cache geladen.

4.38 TFT-LCD Monitore gelten derzeit als Standard in der Informationstechnik.
a) Erläutern Sie das Funktionsprinzip eines TFT-LCD-Displays.
b) Beschreiben Sie die Bedeutung der Bildwiederholungsfrequenz.

Monitor

a) Organische Materialien (Flüssigkristalle) werden durch Anlegen eines elektrischen Feldes in ihrer Lage verändert, sie werden dabei lichtdurchlässig. Durch Farbfilter lassen sich die drei Grundfarben Rot, Grün und Blau erzeugen.

b) Die Bildwiederholfrequenz gibt an, wieviel Bilder in einer Zeiteinheit dargestellt werden. Je höher die Bildfrequenz, desto weniger wird ein Flimmern des Bildschirms wahrgenommen. LCD-Displays können auch bei niedrigeren Wiederholraten flimmerfreie Bilder darstellen, da die einzelnen Farbpixel solange ihre Farbe beibehalten, bis eine Änderung im Bild auftritt.

4.39 Erklären Sie den Unterschied zwischen einem OLED- und einem LED-LCD-Display.

Monitor

Ein OLED ist ein selbstleuchtendes Display. Es hat eine einfache Struktur mit einem oder mehreren organischen Filmen zwischen zwei Elektroden. Jeder Bildpunkt leuchtet selbst. Bei transmissiven LCD-Modulen ist eine Hintergrundbeleuchtung, meist LED Schienen, unumgänglich.

4.40 Unterscheiden Sie die logische Auflösung und die physikalische Auflösung eines Monitors.

Monitor

Die logische Auflösung gibt die Anzahl der Bildpunkte in horizontaler und vertikaler Richtung an, z. B. 1 920 x 1 800 Pixel. Die physikalische Auflösung gibt die Anzahl der Bildpunkte bezogen auf die Längeneinheit an, z. B. in Inch, 72 ppi.

4.41 In der professionellen Bildbearbeitung wird bei Monitoren die Anpassungsgröße 8 Bit True-Color und 10 Bit Deep-Color angegeben.
a) Erklären Sie den Unterschied zwischen True-Color und Deep-Color.
b) Beschreiben Sie einen Vorteil, der sich aus der Verwendung von Deep-Color ergibt.

Monitor

a) Während True-Color bei einer Farbtiefe von 24 Bit 16,7 Mio. Farbnuancen darstellen kann, bringt es Deep-Color mit einer Farbtiefe von 30 Bit auf eine wesentlich höhere Farbauflösung von $1,07 \times 10^9$.

b) Die höhere Farbauflösung vermeidet die unerwünschte Darstellung von Farbabstufungen, das sogenannte Banding.

4.42 Beschreiben Sie, was man unter dem Begriff Monitorkalibrierung versteht.

Monitor

Für farbkritische Anwendungen wird eine verlässliche Farbdarstellung benötigt. Die Monitorkalibrierung ist das exakte Einstellen der Farbdarstellung eines Monitors mit Hilfe des Farbmanagements. Man unterscheidet Farbraumemulation, die Anpassung der Farben an einen bestimmten Arbeitsfarbraum und die farbraumunabhängige Kalibrierung mit Profilen.

4.43 In der Datensicherung kommen verschiedene Backup Strategien um Einsatz. Erläutern Sie jeweils die Backuparten:
a) inkrementelles Backup,
b) differentielles Backup,
c) Vollbackup.

Datensicherung

a) Beim inkrementellen Backup werden immer nur die Dateien gesichert, die seit der letzten inkrementellen Sicherung geändert wurden oder neu hinzugekommen sind.

b) Beim differenziellen Backup werden alle Dateien gesichert, die seit der letzten Komplettsicherung geändert wurden oder neu hinzugekommen sind.

c) Bei einem vollen Backup wird immer der komplette Datenbestand gespeichert.

4.44 Auf verschiedenen Betriebssystemen werden je nach Hersteller bestimmte Dateisysteme verwendet. Ordnen Sie den Betriebssystemen die einsetzbaren Dateisysteme zu: FAT32, NTFS, ext4, ReiserFS, HFS+.
a) Apple macOS
b) Ubuntu Linux
c) Microsoft Windows

Dateisysteme

a) Apple macOS: HFS+

b) Ubuntu Linux: ext4, ReiserFS

c) Microsoft Windows: FAT32, NTFS

4.45 Erläutern Sie den Unterschied zwischen Open-Source-Software und proprietärer Software. Geben Sie dabei jeweils ein Beispiel an.

Software

- Proprietäre Software bezeichnet Software, deren Quellcode nicht an Dritte weitergegeben oder durch Dritte verändert werden darf.
  Beispiel: Windows Betriebssysteme.
- Open-Source-Software bezeichnet Software, deren Quellcode durch Dritte einsehbar und veränderbar ist. Abhängig vom Lizenenzmodell kann der Code veröffentlich und vervielfältigt werden.
  Beispiel: diverse Linux Distributionen.

1.5 Lernfeld 5: Eine Website gestalten und realisieren

Stichworte:
Dateinamenskonvention, Blickführung, Usability, User Experience, Gestaltungsraster, Layoutraster, Wireframe, HTML, Farbkodierung, Hexadezimal, RGB, HSL, Transparenz, Interaktion, Grundbegriffe, Navigationsstrukturen, CSS, Internet, Sitemap, Webtechnologien, Ajax, Benutzererlebnis, Benutzerführung, Framework, Rapid Prototyping, Responsive Workflow, visuelle Konzeption, Style-Tile, Interface, Konzeption, Zielgruppe, Barrierefreiheit, Responsive Webdesign, fluides Layout, adaptives Layout, Viewport, Datenschutz, CMS, Webserver, Navigation

5.1 Nennen Sie 3 Vorgaben für die Benennung von Dateien für eine Website.

Dateinamenskonvention

- Keine Umlaute, keine Sonderzeichen
- Groß- und Kleinschreibung beachten
- Keine Leerzeichen

5.2 Erklären Sie im Zusammenhang mit der Gestaltung einer Website die Ziele eines erfolgreichen Benutzererlebnisses.

Blickführung, Usability, User Experience

Verständliche Organisation durch übersichtliche Strukturierung der Inhalte, ansprechende und motivierende Gestaltung, intuitive Benutzerführung durch das Thema.

5.3 Geben Sie eine übliche Breite und die Anzahl der Spalten eines Gestaltungsrasters für Websites an.

Gestaltungsraster

12 Spalten bei einer Breite von 960 Pixel

5.4 Erklären Sie die wesentliche Aufgabe von Wireframes.

Gestaltungsraster, Layoutraster, Wireframe

Ein Wireframe ist ein Drahtmodell einer Webseiten-Ansicht. Da die Gestaltung nicht berücksichtigt wird, ist ein Wireframe ein ideales Werkzeug bei der visuellen Konzeption, mit dem man vergleichsweise schnell und mit wenig Aufwand verschiedene Layoutvarianten entwickeln kann.

5.5 Nennen Sie wesentliche HTML-Tags für die semantische Struktur einer Webseite.

HTML

<header>, <section>, <nav>, <footer>, <main>, <article>, <aside>

5.6 Erklären Sie die hexadezimale Darstellung von RGB-Farben.

Farbkodierung, Hexadezimal, RGB

Eine hexadezimale Zahl umfasst 16 Werte (0 bis F). Der maximale RGB-Wert 255 kann auch mit FF (16 x 16) beschrieben werden. Somit wird für die Darstellung dieser Zahl eine Ziffer weniger benötigt.

5.7 Erläutern Sie den Einsatz der Farbmodelle RGB und HSL in Cascading Stylesheets.

Farbkodierung, RGB, HSL

Das Farbmodell RGB beruht auf der additiven Farbmischung Rot, Grün und Blau und umfasst 8 Bit Farbtiefe pro Kanal. Das entspricht einen Wert von 0 bis 255. Das Farbmodell HSL stellt einen Doppelkegel dar und beschreibt die Farbe mit den Parametern Hue, Saturation und Luminanz. Für Hue ist die Angabe eines Winkels notwendig (0 bis 360), für Sättigung und Helligkeit sind Prozentangaben von 0 bis 100 % gültig.

5.8 Nennen Sie die Farbwerte von Schwarz, Weiß und einem leuchtenden Rot in den Farbmodellen RGB und HSL.

Farbkodierung, RGB, HSL

- Weiß: rgb (255, 255, 255), hsl (0, 100 %, 100 %)
- Schwarz: rgb (0, 0, 0), hsl (0, 0 %, 0 %)
- Rot: rgb (255, 0, 0), hsl (120, 100 %, 50 %)

5.9 Nennen Sie die beiden Farbräume, welche Sie in CSS mit Angaben zur Transparenz ergänzen können.

Farbkodierung, RGB, HSL, Transparenz

RGB, zum Beispiel 50 % Weiß: rgba (255, 255, 255, 0.5)
HSL, zum Beispiel 50 % Weiß: hsla (0, 100 %, 100 %, 0.5)
Das „a" steht für Alphakanal.

5.10 Nennen Sie mindestens drei Interaktionsmöglichkeiten, welche auf Websites angeboten werden können.

Interaktion

- Formular (E-mail, Bestellung, Registrierung usw.)
- Bewertung (5 Sterne usw.)
- Kommentare
- Beiträge (Forum, Gästebuch usw.)
- Dialog (Chat)

5.11 Erklären Sie den Unterschied zwischen einer Webseite und einer Website.

Grundbegriffe

Eine Webseite ist eine einzelne HTML-Datei, die mit einem Browser dargestellt wird. Die Gesamtzahl aller Webseiten, die zu einer Adresse gehören, bilden eine Website.

5.12 Erläutern Sie 3 Navigationsstrukturen und nennen Sie jeweils ein Anwendungsbeispiel

Navigationsstrukturen

- Lineare Strukturen erlauben nur ein Vor oder Zurück. Sie kommen auf einzelnen Seiten bei Bestellformularen, Einzelansicht von Bildern oder One-Page-Designs mit Scrolling zum Einsatz.
- Hierarchische Strukturen erlauben eine gute Übersicht über die Inhalte einer Website, wie zum Beispiel bei einer Firmenpräsentation.
- Bei netzartigen Strukturen sind die Webseiten einer Website alle auf einer Ebene miteinander verlinkt. Aus diesem Grund ist eine Suchfunktion unerlässlich. Bekanntes Beispiel für eine netzartige Struktur ist Wikipedia.

5.13 Erklären Sie das kaskadierende Prinzip von CSS.

CSS

Damit ist gemeint, dass eine vom Browser gelesene CSS-Formatierung eine bereits vorgehende Formatierung überstimmen kann. Somit können zum Beispiel Standardformatierungen, die in einem globalen Stylesheet definiert wurden, bei Bedarf von einem Page- oder Elementstyle überstimmt werden.

5.14 Erkären Sie, was ein Domainname ist.

Internet

Ein Domainname ist der Name einer Webadresse, der unterhalb einer Top-Level-Domain vergeben wird. Die Webadresse ist grundsätzlich weltweit einmalig vergeben.
So setzt sich zum Beispiel die Webadresse „mediengestalter.de" aus dem Domainnamen „mediengestalter" und der Top-Level-Domain „de" zusammen.

5.15 Erklären Sie den Begriff Sitemap.

Sitemap

Eine Sitemap ist ein digitales Inhaltsverzeichnis einer Website.

5.16 Erklären Sie die Aufgaben der beiden Organisationen DENIC und ICANN

Internet

Die DENIC ist in Deutschland zuständig für die Vergabe von Internetadressen.
Für die weltweite Adressvergabe ist die ICANN verantwortlich.

5.17 Erklären Sie das Akronym URL.

Internet

Die URL (Uniform Resource Locator) bezeichnet im Internet die Adresse eines jeden
Dokuments eindeutig. Der allgemeine Aufbau einer URL ist „protokoll://Server.
Domain/Ordner/Dokument". Z. B.: „http://www.europa-lehrmittel.de"

5.18 Beschreiben Sie die 3 Möglichkeiten, CSS-Formatierungen in ein HTML-Dokument einzubinden.

CSS

- Als Global Stylesheet in Form einer Verknüpfung im Bereich <head> zu einer
  externen CSS-Datei
- Als Pagestyle im Bereich <style> innerhalb des HTML-Bereichs <head>
- Als Elementstyle direkt im HTML-Element, zum Beispiel <p style=„color:red;">
  Text</p>

5.19 Erläutern Sie die 3 am häufigsten verwendeten Dienste des Internets.

Internet

- WWW: World Wide Web. Hypertext, für dessen grafische Anzeige ein Browser
  notwendig ist
- E-Mail: elektronische Post. Austausch von Texten und Dateien; gleichzeitiger
  Versand an mehrere Empfänger möglich
- FTP: File Transfer Protocol. Down- und Uploaden von Dateien zwischen eige-
  nem Rechner und Internetserver

5.20 Beschreiben Sie die wesentlichen Aufgabe der Webtechnologien HTML, CSS, PHP und
Javascript.

Webtechnologien

- HTML: Skriptsprache zur Darstellung und Strukturierung der Inhalte
- CSS: Cascading Stylesheets. Formatierung und Layouten der Inhalte
- PHP: Skriptsprache, die auf dem Server ausgeführt wird. Wichtig für die
  Umsetzung dynamischer Websites
- Javascript: Skriptsprache, die im Browser (Client-seitig) ausgeführt wird

5.21 Erklären Sie das Prinzip des minimalen Datenverkehrs bei Ajax-Anwendungen.

Webtechnologien, Ajax

Die komplette Seite wird beim ersten Seitenaufruf geladen. Danach werden nur
die Seitenelemente über die Ajax-Engine geladen, die durch das Nutzerverhalten
angesprochen werden. Damit wird der Datenverkehr zwischen Server und Client
minimiert.

5.22 Erklären Sie die Impressumspflicht.

Internet

Kommerziell betriebene Websites müssen in Deutschland ein Impressum enthalten,
bei privat betriebenen Seiten ist ein Impressum nicht verpflichtend.

5.23 a) Erläutern Sie synchrone und asynchrone Kommunikation im Internet.
       b) Erläutern Sie synchrone und asynchrone Kommunikation anhand eines Beispiels.

Internet

a) Synchrone Kommunikation findet gleichzeitig statt. Beispiele sind Chat,
   Videotelefonie, Internettelefonie. Die beteiligten Teilnehmer müssen alle online
   sein. Asynchrone Kommunikation findet zeitlich versetzt statt. Beispiele sind
   E-Mail, Forum. Von den beteiligten Teilnehmern müssen nicht alle gleichzeitig
   online sein.
b) Messenger-Dienste, wie zum Beispiel WhatsApp, Threema oder iMessage
   erlauben beide Kommunikationsformen. Wenn beide Teilnehmer gleichzeitig
   online sind, ist eine synchrone Kommunikation möglich. Die Kommunikation
   ist asynchron, wenn nur ein Teilnehmer online ist und eine Nachricht ver-
   schickt.

5.24 Erläutern Sie den Begriff „User Experience".

Benutzererlebnis, Benutzerführung

User Experience ist das Erlebnis eines Nutzers, wenn er eine Digitale Anwendung
benutzt. Das Erlebnis wird von der Gestaltung, der Funktionalität und den Leis-
tungsmerkmalen einer digitalen Anwendung beeinflusst.

5.25 Nennen Sie 2 weit verbreitete Frameworks.

Framework, Rapid Prototyping

Bootstrap, Foundation

LF 5

5.26 Erklären Sie die Aufgaben eines Style-Tiles.

Resposnive Workflow, visuelle Konzeption, Style-Tile

Mit einem Style-Tile wird das visuelle Konzept einer Website veranschaulicht, indem wesentliche Bausteine grafisch ausgearbeitet und dargestellt werden.

5.27 Erläutern Sie den Begriff Interface im Zusammenhang mit digitalen Medien.

Interface

Mit Interface wird die Benutzerschnittstelle eines digitalen Mediums beschrieben. Der Nutzer des Mediums soll auf einfache und intuitive Art das mediale Angebot benutzen können. Das Interface stellt sich bei digitalen Medien oft als grafische Oberfläche dar.

5.28 Skizzieren Sie eine See-and-Point-Struktur.

Navigationsstrukturen

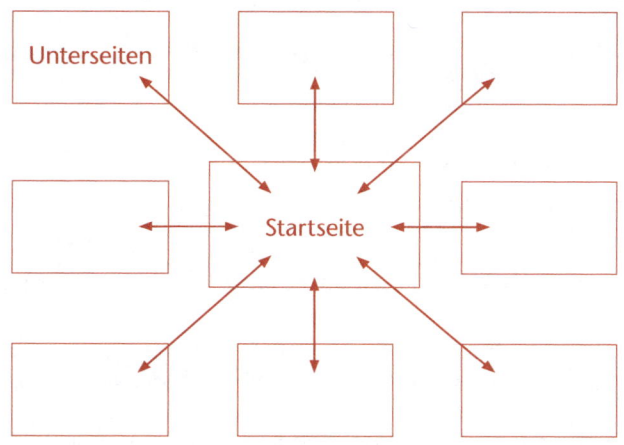

5.29 Formulieren Sie mindestens 5 Fragen, die eine mögliche Zielgruppe genauer eingrenzen und definieren.

Konzeption, Zielgruppe

• Welches durchschnittliche Lebensalter hat die Zielgruppe?
• Über welches Durchschnittseinkommen verfügt die Zielgruppe?
• Welchen Bildungsstandard kann man bei der Zielgruppe voraussetzen?
• Welche Berufe sind in der Zielgruppe vertreten?
• Welche Freizeitgewohnheiten hat die Zielgruppe?

5.30 Nennen Sie 5 Kriterien, die bei der Erstellung einer barrierefreien Website beachtet werden müssen.

Konzeption, Barrierefreiheit

• Keine Layouttabellen
• Navigation auch über die Tastatur
• Trennung von strukturierten Inhalt (HTML) und Formatierung (CSS)
• Aussagekräftige Alternativtexte bei Bildern
• Möglichkeit der Nutzung ohne Farben

5.31 Erklären Sie den Begriff „responsive Layout".

Responsive Webdesign, fluides Layout, adaptives Layout

Ein responsives Layout ist eine Kombination aus fluiden bzw. elastischem Layout und adaptivem Layout. Dabei geht es darum, dass sich die Ansicht einer Website der Displaygröße eines Endgerätes anpasst. Ein fluides Layout wird mit Prozentangaben umgesetzt. Für die Adaption eines Layouts an bestimmte Displaygrößen kommen Media Queries zum Einsatz.

5.32 Erläutern Sie das Boxmodell.

HTML, CSS, Responsive Webdesign

Das Boxmodell geht der Frage nach, wie die Größe einer Box berechnet wird. Dabei geht es darum, ob die Angaben zu Margin, Border und Padding dem angegebenen Größenwert hinzugerechnet oder abgezogen werden. Das Boxmodell kann mit der CSS-Eigenschaft „box-style" bestimmt werden.
Als Standard gilt das klassische Boxmodell, bei dem die Angabe einer Breite (width) die Breite des Inhaltsbereichs angibt. Größenangaben bei Padding, Border und Margin machen die Box größer.
Alternativ kann eine Box mit der CSS-Deklaration box-sizing: border-box zu einem anderen Verhalten geändert werden, bei dem die Angabe einer Breite der tatsächlichen späteren Breite entspricht. Größenangaben für Padding, Border und Margin verkleinern den Inhaltsbereich.

5.33 Erläutern Sie den Begriff „visueller Viewport".

Responsive Webdesign, Viewport

Der visuelle Viewport ist der für den Anwender sichtbare Bereich eines Ausgabemediums. Bei Smartphones ist das die gesamte Bildschirmfläche, bei Desktops der innere Bereich des Browserfensters.

LF 5

5.34   Erläutern Sie die CSS-Größenangaben em und rem.

HTML, CSS, Responsive Webdesign

- em ist eine relative Größenangabe. Bezugspunkt ist das jeweilige Elternelement.
  1 em entspricht 100 % der Größenangabe des Elternelements.

- rem ist eine relative Größenangabe. Bezugspunkt ist das Wurzelelement des
  Browsers. In der Regel sind das 16 Pixel. 1 rem entspricht 100 % der Größenangabe des Wurzelelements.

5.35   Beschreiben Sie die wesentlichen Inhalte der Datenschutzerklärung einer Website.

Datenschutz

- Absender mit Name, Anschrift und Erreichbarkeit

- personenbezogenen Daten, die gesammelt und zu einem bestimmten Zweck
  verarbeitet werden. Zum Beispiel IP-Adressen für die statistische Auswertung,
  Kontaktdaten und Kontoinformationen zur Bearbeitung von Bestellungen und
  zur Kommunikation mit den Kunden.

- Verwendung von Cookies

- Verhalten eingebetteter Inhalte anderer Websites bzw. Dienstleister bzgl.
  Datenverarbeitung. Zum Beispiel Google Maps, Google Fonts, Facebook u. a.

- Auflistung dritter

- Dienstleister, die Daten über die Website erhalten

- Informationen zu den Rechten, die der Benutzer an seinen Daten hat
  (zum Beispiel Löschung der Daten)

- Angaben zum Schutz der Daten. Zum Beispiel verschlüsselte Übertragung
  per SSL

- Nennung eines Datenschutzbeauftragten bei Betrieben ab einer Größe von
  10 Mitarbeitern

5.36   Erklären Sie die Attribute des folgenden Links:
           <a href=„http://www.europa-lehrmittel.de" class=„externerlink" target=„_blank">

HTML

- href bezeichnet das Ziel, zu dem der Link führt. Angabe als URL

- class ist ein Name, der in CSS referenziert und formatiert werden kann.

- target ist das Fenster, in dem das Ziel geöffnet wird. In diesem Fall in einem
  neuen Tab bzw. Register.

5.37   Nennen Sie eine alternative Möglichkeiten im responsive Layout für die Darstellung von
           nebeneinander liegenden Block-Elementen.

CSS, Responsive Webdesign

Flexbox

5.38   Nennen Sie 3 weit verbreitete Content-Management-Systeme (CMS).

CMS, Responsive Webdesign

Wordpress, Typo3, Drupal

5.39   Erklären Sie die Bedeutung des Ordners „htdocs".

Webserver

Im Ordner htdocs liegen die Dateien der Website. Die Startdatei wird immer
„index.html" genannt.

5.40   Erklären Sie die Funktionsweise des abgebildeten Toggle-Menüs.

Responsive Webdesign, Navigation

Das Toggle-Menü ist ein Menü, das durch Fingertip oder Mausklick auf einem
Symbol erscheint oder wieder verschwindet. Es kommt vorwiegend auf respon-
siven Websites bei der Smartphoneansicht zum Einsatz, wenn der zur Verfügung
stehende Platz vergleichsweise klein ist. In der Regel besteht das Symbol für
ein Toggle Menü aus drei waagrechten Strichen (geschlossen) und einem X
(geöffnet).
Die Grafik erinnert an ein Sandwich, weshalb es auch „Hamburger-Menü"
genannt wird.

5.41   Erklären Sie das Akronym WYSIWYG.

Webtechnologien

WYSIWYG steht für „What you see is what you get". Das bedeutet, dass ein
Programm die fertige Ansicht simultan während der Entwicklung anzeigt.

5.42   Nennen Sie ein Werkzeug, um eine lokale Entwicklungsumgebung einzurichten.

Webtechnologien

- MAMP (macOS)

- XAMPP (Windows)

1.6 Lernfeld 6: Bilder gestalten, erfassen und bearbeiten

Stichworte:

Bildgestaltung, Bilddatenerfassung, Bildverarbeitung, Bilddateiformate, Bildberechnung, Urheberrecht, Scanner, Licht als Gestaltungsmittel, Histogramm, Freistellen, HDR, RAW-Format, Schärfentiefe, Digitales Bild, Moiré, Aufnahmebildformate, Digitalkamera, Technische Bildparameter, Auflösung, Medienrecht

6.1 Nennen Sie 2 Dimensionen der kommunikativen Basis der Bildgestaltung.

Bildgestaltung

Die Kommunikationsziele und der Aussagewunsch sind die kommunikative Basis der Bildgestaltung.

6.2 Nennen Sie 3 Hauptkomponenten der Bildkomposition.

Bildgestaltung

Hauptmotiv, Hintergrund und Vordergrund

6.3 Erläutern Sie den Begriff Bildführungslinien.

Bildgestaltung

Bildführungslinien sind Bildelemente, die den Betrachter durch das Bild führen, z. B. Straßen oder Feldränder in Landschaftsaufnahmen.

6.4 Beschreiben Sie Aufbau und Wirkung der beiden Bilder unter Berücksichtigung der Bildkomposition.

a)   b)

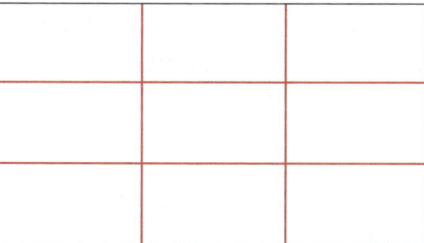

Bildgestaltung

a) Das Bild zeigt in Großaufnahme ein repräsentatives Bauwerk (Reichstag in Berlin). Der Bildausschnitt verbindet die Geschichte mit der Moderne. Die Linienführung im Vordergrund steht für Aufbruch und Dynamik.

b) Das Bild zeigt in der Totalen einen repräsentativen Gebäudekomplex (Regierungsviertel in Berlin). Der Blick vom Schiff im Vordergrund schafft Distanz des Beobachters zum Gebäude. Die Linienführung schafft Bewegung.

6.5 Beschreiben Sie das Prinzip des Bildaufbaus nach der Drittelregel.

Bildgestaltung

Das Bildformat wird nach der Drittelregel in neun gleich große Felder aufgeteilt. Das Hauptmotiv wird im Bereich eines Schnittpunkts zweier Linien positioniert.

6.6 Teilen Sie die Fläche nach der Drittelregel.

Bildgestaltung

6.7 Zeichnen Sie in das Bild einen Bildausschnitt mit dem Seitenverhältnis 4:3 ein. Das Hauptmotiv soll nach der Drittelregel positioniert sein.

Bildgestaltung

6.8 Nennen Sie drei Bildparameter, die Sie bei der Bilddatenübernahme überprüfen müssen.

Bilddatenerfassung

Bildauflösung, Farbmodus, Farbprofil, Dateiformat

6.9 Erläutern Sie die Begriffe:
a) Tonwert,
b) Tonwertumfang.

Bildverarbeitung

a) Tonwerte sind die Abstufungen zwischen hellster und dunkelster Bildstelle.

b) Der Tonwertumfang beschreibt alle Tonwerte zwischen dem hellsten und dem dunkelsten Tonwert eines Bildes.

6.10 Berechnen Sie die Rasterweite (in Linien/cm), die erreicht werden kann, wenn ein Bild 300 dpi Auflösung hat? (Qualitätsfaktor QF = 2 d/l. Rechnen Sie mit gerundeten Werten: 2,5 cm = 1 inch).

Bildberechnung

Rasterweite = Bildauflösung/QF

Rasterweite = 300 dpi / 2 dpl = 150 lpi / 2,5 cm/inch = 60 l/cm

6.11 Erläutern Sie den Unterschied zwischen
a) immateriellem Urheberrechtschutz und
b) materiellem Rechtsschutz.
Geben Sie jeweils ein Beispiel an.

Urheberrecht

a) Immaterieller Rechtschutz schützt die Idee, z. B. eine Gestaltungkonzeption.

b) Materieller Rechtschutz schützt eine Sache, z. B. ein Druckprodukt.

6.12 Nennen Sie 4 Werkarten, die durch das Urheberrecht geschützt sind.

Urheberrecht

Musikwerke, Lichtbildwerke, technische Darstellungen, Datenbanken

6.13 Berechnen Sie die notwendige Auflösung einer Bilddatei, wenn sie mit einer Rasterweite von 60 l/cm gedruckt wird.

Bildberechnung

60 l/cm · 2 px/l = 120 px/cm oder 300 ppi

(vereinfacht gerechnet: 1 inch = 25 mm)

6.14 Ein Flachbettscanner mit Durchlichteinrichtung zur Bilddatenerfassung von Vorlagen hat eine Auflösung von 4 800 dpi und eine maximale Dichte von 2.3.
a) Erläutern Sie die Bedeutung dieser beiden Kenngrößen für die Bilddatenerfassung.
b) Welcher maximale Vergrößerungsfaktor ist möglich, wenn der Druck der Datei im 60er-Raster erfolgt.
c) Ist dieser Scanner für die Digitalisierung von Durchsichtsvorlagen geeignet? Begründen Sie Ihre Aussage.

Scanner

a) Die Auflösung von 4 800 dpi gibt die maximale Anzahl der Pixel pro Inch an, die der Scanner erfassen kann. Ton- und Farbwerte, die über der maximalen Dichte von 2.3 liegen, können von diesem Scanner nicht mehr als unterscheidbare Werte digitalisiert werden.

b) Die Rasterweite von 60 l/cm braucht eine Auflösung von 300 dpi. Dies bedeutet eine maximale Vergrößerung um den Faktor 4 800 dpi / 300 dpi = 16.

c) Der Scanner hat zwar eine Durchlichteinheit, er ist aber zur Digitalisierung von Diapositiven nicht geeignet, da diese eine deutlich höhere Dichte in den Tiefen aufweisen.

6.15 Beschreiben Sie die Raumwirkung der beiden Bilder.
a)   b)

Bildgestaltung

Das linke Bild (a) hat eine stärkere Raumwirkung. Die Wirkung wird vor allem durch die Einbeziehung des Bildvordergrunds erzielt.

6.16 Erklären Sie die Bedeutung der Abkürzung HDR.

HDR

HDR steht für High Dynamic Range. HDR-Bilder umfassen einen höheren Dynamik- bzw. Dichteumfang als herkömmliche Fotografien.

6.17 In der Fotografie unterscheidet man zwischen
a) Beleuchtung und
b) Ausleuchtung.
Erklären Sie die beiden Begriffe.

Licht als Gestaltungsmittel

a) Beleuchtung bezeichnet das gesamte Licht, das auf ein Aufnahmemotiv
einstrahlt.

b) Ausleuchtung nennt man die speziell und gezielt eingesetzte Beleuchtung,
um eine bestimmte Bildwirkung zu erzielen.

6.18 Die Beleuchtung des Motivs ist in der Fotografie auch Gestaltungsmittel. Beschreiben Sie
die Wirkung der beiden Beleuchtungsrichtungen auf die Bildgestaltung:
a) Frontlicht,
b) Seitenlicht.

Licht als Gestaltungsmittel

a) Frontlicht oder Vorderlicht strahlt in der Achse der Kamera auf das Motiv.
Das frontal auftreffende Licht wirft wenige oder keine Schatten, das Motiv
wirkt dadurch flach.

b) Die Beleuchtung des Aufnahmeobjekts von der Seite ist die klassische Aus-
leuchtungsmethode. Der seitliche Lichteinfall bewirkt ausgeprägte Licht- und
Schattenbereiche. Dadurch ergibt sich eine Verbesserung der Raumwirkung
und Körperlichkeit des Aufnahmegegenstands.

6.19 Ein digitales Bild hat die Pixelmaße von 4 000 Pixel x 3 000 Pixel. Berechnen Sie die maximal
mögliche Bildgröße im Druck bei einer Rasterweite von 70 Linien/cm.

Bildberechnung

$70 \, L/cm \cdot 2 \, px/L = 140 \, px/cm$

$4 000 \, px / 140 \, px/cm = 28,5 \, cm$

$3 000 \, px / 140 \, px/cm = 21,4 \, cm$

Bildgröße: 28,5 cm x 21,4 cm

6.20 Welche Bildeigenschaft wird durch ein Histogramm visualisiert?

Histogramm

Durch das Histogramm wird die statistische Verteilung der Tonwerte eines Bildes
vom Licht bis zu den Tiefen visualisiert.

6.21 Berechnen Sie die Speichergröße einer Bilddatei in Megabyte mit folgenden technischen
Kenngrößen:
• Breite: 4 000 Pixel
• Höhe: 3 000 Pixel
• Farbtiefe: 24 Bit
• Komprimierungsfaktor: 12

Bildberechnung

$(4 000 \, px \cdot 3 000 \, px \cdot 24 \, Bit) / 12 = 24 000 000 \, Bit = 2,86 \, MB$

6.22 Erklären Sie die prinzipielle Funktion von:
a) Scharfzeichnen,
b) Weichzeichnen.

Bildverarbeitung

a) Scharfzeichnen: Der Kontrast benachbarter Pixel wird erhöht.

b) Weichzeichnen: Der Kontrast benachbarter Pixel wird verringert.

6.23 Freistellen ist eine Basistechnik der Bildbearbeitung.
a) Erläutern Sie den Begriff Freistellen.
b) Nennen Sie drei Methoden zum Freistellen.

Bildverarbeitung

a) Freistellen bedeutet, einen Bildbereich auszuwählen und die übrigen Bildbereiche zu entfernen. Anwendungen sind z. B. die figürliche Freistellung
von Gegenständen für Kataloge bzw. Online-Shops oder das Composing
(Bildmontage).

b) Methoden:
• pixelorientiertes Freistellen, z. B. mit dem Lasso
• Freistellen nach Farbbereichen
• vektororientiertes Freistellen mit einem Beschneidungspfad

6.24 Erklären Sie den Begriff Schärfentiefe.

Schärfentiefe

Mit Schärfentiefe oder Tiefenschärfe wird der Bereich einer Aufnahme bezeichnet,
der vom Betrachter vor und hinter der scharfgestellten Einstellungsebene noch
als scharf wahrgenommen wird. Die Schärfentiefe einer Aufnahme ist von der
Blende, der Brennweite und der Entfernung zum Aufnahmeobjekt abhängig.

6.25 In welchen Dateiformaten können in Photoshop Beschneidungspfade abspeichern werden?

Freistellen

Beschneidungspfade können in Bilddateien in den Formaten TIFF, EPS oder PSD abgespeichert werden.

6.26 RAW ist ein Dateiformat zur Speicherung von Bildern.
a) Erläutern Sie die Buchstabenfolge RAW.
b) In welcher Art werden die Bilddaten gespeichert?

RAW-Format

a) RAW ist keine Abkürzung, sondern steht für roh und unbearbeitet (engl. raw: roh).

b) RAW-Dateien speichern unbearbeitet die Aufnahme-Rohdaten, so wie sie vom Kamerasensor erfasst werden.

6.27 Beschreiben Sie das Prinzip der RAW-Entwicklung.

RAW-Format

Die RAW-Entwicklung ist ganzheitlich von der Ton- und Farbwertkorrektur über Bildschärfe bis hin zur Korrektur von Objektivfehlern. Während des Entwicklungsprozesses werden lediglich die Einstellungswerte gespeichert, diese sind jederzeit bis zur abschließenden Berechnung korrigierbar.

6.28 In welcher Weise beeinflussen die folgenden Einstellungen die Schärfentiefe einer Aufnahme:
a) Blende,
b) Brennweite und
c) Aufnahmeabstand?

Schärfentiefe

a) Blende: Je kleiner die Blendenöffnung ist, d.h. je größer die Blendenzahl ist, desto größer ist die Schärfentiefe.

b) Brennweite: Je kürzer die Brennweite ist, desto größer ist die Schärfentiefe.

c) Aufnahmeabstand: Je kürzer der Aufnahmeabstand ist, desto geringer ist die Schärfentiefe.

6.29 Der Weißabgleich ist eine Basiseinstellung in der digitalen Fotografie.
a) Erklären Sie das Prinzip des Weißabgleichs.
b) Nennen Sie zwei Stationen, in denen der Weißabgleich durchgeführt werden kann.

Weißabgleich

a) Beim Weißabgleich werden die drei Teilfarbenanteile Rot, Grün und Blau so aufeinander abgestimmt, dass sie ein neutrales Weiß ergeben.

b) Kameraeinstellungen und Bildverarbeitungssoftware

6.30 Erklären Sie den Begriff Pixelmaß.

Digitalkamera

Mit dem Pixelmaß wird die Breite und Höhe eines digitalen Bildes in Pixel angegeben. Das Pixelmaß und die geometrische Größe eines Pixels sind von der Auflösung unabhängig. Die Anzahl der Pixel eines Bildes ist das Produkt aus Breite mal Höhe. Sie wird in Megapixel angegeben.

6.31 In einem digital aufgenommen Foto ist ein Moiré sichtbar. Welche Ursache kann dies haben?

Moiré

Ein Moiré bildet sich immer dann, wenn sich regelmäßige Strukturen in einem bestimmten Winkel überlagern. In der Digitalfotografie entsteht ein Moiré durch die Interferenz zwischen einer Motivstruktur und der Anordnungsstruktur der Elemente des Bildsensors.

6.32 Worin unterscheiden sich Bilder dieser unterschiedlichen Formate
a) JPEG-Format,
b) RAW-Format?
Nennen Sie zwei wesentliche Unterschiede.

Bilddateiformate

a) JPEG-Bilder sind im RGB-Modus.
JPEG-Bilder sind verlustbehaftet komprimiert.

b) RAW-Bilder enthalten die reinen Sensorfarbdaten.
RAW-Bilder verlustfrei komprimiert.

6.33 Nennen Sie 4 Digitalkameratypen.

Digitalkamera

- Kompaktkamera
- Bridgekamera
- Spiegelreflexkamera
- Systemkamera

6.34 Erläutern Sie die Live-View-Funktion in Digitalkameras.

Digitalkamera

Durch Aktivierung der Live-View-Funktion wird das vom Kamerasensor erfasste Bild vor der eigentlichen Aufnahme auf dem Display der Kamera angezeigt.

6.35 Erläutern Sie die Bedeutung der Auslöseverzögerung einer Digitalkamera.

Digitalkamera

Die Signalverarbeitung zur Darstellung auf dem Display dauert einige Zeit.
Dementsprechend verzögert sich die Aufnahme. Die Aufnahme sich bewegender
Objekte wird dadurch erschwert.

6.36 Definieren Sie folgende Begriffe
    a) Tonwert,
    b) Kontrast,
    c) Gradation,
    d) Farbwert.

Technische Bildparameter

a) Tonwert: Helligkeitswert im Bild

b) Kontrast: visuelle Differenz zwischen hellen und dunklen Bildstellen

c) Gradation: Tonwertabstufung und Bildcharakteristik

d) Farbwert: Farbigkeit einer Bildstelle, definiert als Anteile der Prozessfarben

6.37 Erklären Sie folgende Begriffe:
    a) optische Auflösung,
    b) interpolierte Auflösung.

Auflösung

a) Mit dem Begriff optische Auflösung wird beschrieben, dass jede Bildstelle
von einem Fotoelement des Scanners erfasst und einem Pixel zugeordnet
wird.

b) Die interpolierte Auflösung ist das Ergebnis einer zusätzlichen Bildberechnung
nach der Bilddatenerfassung durch die Fotoelemente. Die Bildinformation
eines Pixels ist eine berechnete Größe und kein Ergebnis der optischen
Bilderfassung.

6.38 In welchem Gesetz ist das Recht am eigenen Bild geregelt?

Medienrecht

Kunsturhebergesetz (KuG)

6.39 In welchen Dateiformaten können Pixelbilder für Webseiten gespeichert werden?

Dateiformate

JPEG, GIF, PNG8 und PNG24

6.40 Nennen Sie 2 Bildtypen, auf denen auch ohne Einwilligung der abgebildeten Person deren
Bild verbreitet und gezeigt werden darf.

Medienrecht

- Bilder mit Personen der Zeitgeschichte
- Bilder, auf denen die Personen nur als Beiwerk erscheinen

6.41 Das Dialogfenster „Tonwertkorrektur" zeigt das Histogramm eines digitalen Bildes.
    a) Erläutern Sie die Funktion eines Histogramms in der Bildbearbeitung.
    b) Ordnen Sie das Histogramm einem der beiden Bilder zu. Begründen Sie Ihre Wahl.

Histogramm

a) Ein Histogramm in der Bildbearbeitung zeigt grafisch die Häufigkeitsverteilung
der Tonwerte im Bild. Der Tonwertverlauf geht von den Tiefen, links, über die
Mitteltöne bis zu den Lichtern, rechts angeordnet. Je höher die Linie im Tonwertverlauf im Histogramm ist, desto häufiger ist dieser Tonwert im Bild vertreten.

b) Das Histogramm zeigt die Tonwertverteilung im oberen Bild. Es gibt dort
deutlich mehr mittlere und helle Tonwerte als im unteren Bild.

6.42 Durch Gradationskorrekur sollen die Mitteltöne in einem RGB-Bild aufgehellt werden.
Beschreiben Sie den Verlauf der Korrekturkurve.

Gradation

Die geradlinig mit 45° Steigung verlaufende Gradationskurve wird im mittleren
Tonwertbereich nach oben gezogen. Die Licht- und Tiefenpunkte bleiben unverändert.

1.7 Lernfeld 7: Daten für verschiedene Ausgabeprozesse aufbereiten

Stichworte:
Dateiformat, PDF-X, Bildbearbeitung, Preflight, Arbeitsfarbraum, Schrifttechnologie, Schriftverwaltung, Auflösung, XML, BITV, Ausgabefarbraum, Sound, Videogestaltung, Videotechnik, HTML5, CSS3

7.1 Nennen Sie jeweils 3 programmunabhängige Bildateiformate zur Ausgabe von Bilddateien in
   a) Printmedien,
   b) Digitalmedien.

Dateiformat

a) TIFF, JPEG, EPS

b) JPEG, PNG, GIF

7.2 Eine InDesign-Datei enthält Farbflächen mit Transparenzen. Die Datei soll als PDF/X-3 exportiert werden.
Erläutern Sie unter Berücksichtigung der Transparenzen die Vorgehensweise beim Export.

PDF-X

Da PDF/X-3 keine Transparenzen erlaubt, müssen diese beim Export bereits

flachgerechnet werden.

1. Menüoption Datei > Exportieren... auswählen.

2. Adobe PDF-Vorgabe PDF/X-3 wählen.

3. In der Registerkarte Erweitert die Transparenzreduzierung wählen.

4. Exportieren.

7.3 Ein Bildmotiv soll im Druck kreisrund freigestellt werden. Beschreiben Sie einen Verfahrensweg in der Bildbearbeitung.

Bildbearbeitung

1. Kreisrundes Vektorobjekt erstellen und positionieren.

2. Fläche und Kontur transparent setzen.

3. Pfad als Beschneidungspfad sichern.

4. Datei mit Vektorobjekt als EPS speichern.

5. Datei im Layoutprogramm platzieren.

7.4 Ein Bildmotiv soll auf einer Internetseite kreisrund freigestellt werden. Beschreiben Sie einen Verfahrensweg in der Bildbearbeitung.

Bildbearbeitung

1. Kreisrundes Vektorobjekt erstellen und positionieren.

2. Fläche und Kontur transparent setzen.

3. Objekt in Auswahlpfad umwandeln.

4. Auswahl umkehren.

5. Bildinhalt aus dem Auswahlbereich löschen.

6. Auswahl speichern.

7. Datei mit Transparenz als PNG24 speichern.

8. Datei im HTML-Code verknüpfen.

7.5 Der Bildausschnitt soll kreisförmig für eine Internetseite freigestellt werden. Der Rand ist als Verlauf anzulegen. Die Hintergrundfarbe (#dda327) wird in einer externen CSS-Datei definiert.

a) Beschreiben Sie einen Verfahrensweg in der Bildbearbeitung.
b) Schreiben Sie den HTML-Code.
c) Geben Sie den CSS-Code an.

Bildbearbeitung

a) Bildbearbeitung:

- Kreisförmige Auswahl anlegen.

- Auswahl umkehren.

- Weiche Auswahlkante festlegen.

- Hintergrundebene duplizieren und ausblenden.

- Auswahlbereich entfernen.

- Datei mit Transparenz als PNG24 speichern (bild.png).

b) HTML-Code (verlauf.html):

```
<!doctype html>
<html>
<head>
<meta charset="utf-8">
<title>Verlauf</title>
<link href="verlauf.css" rel="stylesheet" type="text/css">
</head>
<body>
<img src="bild.png" width="768" height="591" alt="hochfelln-seilbahn"/>
</body>
</html>
```

c) CSS-Code (verlauf.css)

```
@charset "utf-8";
body {background-color: #dda327};
```

7.6 Nennen Sie jeweils ein Standarddateiformat (Abkürzung und Namen) für Vektorgrafiken in
a) Printmedien,
b) Digitalmedien.

Dateiformat

a) EPS, Encapsulated Postscript

b) SVG, Scalable Vector Graphics

7.7 Nennen Sie 3 Vorteile, die die Nutzung einer Schriftverwaltungssoftware bietet.

Schriftverwaltung

- Nutzerorientierte Freischaltung
- Pflege der Schriften hinsichtlich doppelter oder beschädigter Fonts
- Katalogisierung und Vorschau von Schriftmustern

7.8 Die Datei *bild.tif* aus einer Printproduktion soll für einen Webauftritt genutzt werden.
a) Nennen Sie 4 Parameter, die Sie bei der Datenübernahme überprüfen.
b) Kann das Dateiformat beibehalten werden?

Preflight

a) Auflösung, Farbmodus, Ebenen, Kanäle

b) Das Dateiformat kann nicht beibehalten werden, da TIFF von Browsern nicht

dargestellt werden kann. Mögliche Dateiformate sind in JPEG oder PNG24.

7.9 Eine Vektorgrafik im CMYK-Modus soll als SVG abgespeichert werden. Erläutern Sie, ob dies möglich ist und welche Parameter sich ggf. verändern.

Arbeitsfarbraum

Die Datei kann als *svg gespeichert werden. Der Dokumentfarbmodus wird dabei nach RGB konvertiert. Basis sind dabei die in der Farbeinstellungen der Software festgelegten Arbeitsfarbräume und Farbmanagement-Richtlinien. Durch die Konvertierung kann sich mit den Farbwerten auch die Farbdarstellung der Grafik verändern.

7.10 Eine vom Kunden für eine Drucksache vorgeschlagene Schrift hat kein Hinting. Argumentieren Sie, diese Schrift nicht zu verwenden.

Schrifttechnologie

Hinting ist notwendig, um eine ausgeglichene Schrift mit gleichmäßigen Strichstärken darzustellen. Eine Schrift ohne Hinting wirkt schlampig, billig und damit unprofessionell. Die Wertigkeit der Schrift korrespondiert mit der Wertigkeit der Drucksache und deren Inhalt.

7.11 Erläutern Sie, welche der beiden Zeichencodierungen, ASCII oder Unicode, für internationale Texte besser geeignet ist?

Schrifttechnologie

Unicode ist besser geeignet. Begründung: ASCII hat einen maximalen Zeichenvorrat von 256 Zeichen, Unicode enthält über 65 000 Zeichen. Bei Unicode können die Zeichen verschiedener Alphabete in einem Zeichensatz enthalten sein.

7.12 Begründen Sie, welches Fontformat Sie für eine internationale Katalogproduktion wählen.

Schrifttechnologie

Die Wahl fällt auf einen OpenType-Font, da dieser in Unicode codiert ist und dadurch alle internationalen Zeichen enthält.

7.13 Erläutern Sie die unterschiedliche Definition des Begriffs Auflösung hinsichtlich Bilddatei und Monitor.

Auflösung

Beim digitalen Bild ist die Auflösung definiert als Pixel pro Streckeneinheit (in ppi oder ppcm). Die Monitorauflösung bezeichnet die Anzahl der Pixel in horizontaler und in vertikaler Richtung.

7.14 Ein Kunde liefert Bilddateien. Er sagt, die Bilder seien schon separiert, man müsste nichts mehr dran machen. Nehmen Sie zu dieser Aussage Stellung.

Preflight

Separiert bedeutet, dass die Bilder vermutlich in 4c vorliegen. Die Aussage enthält keine Angaben zu einem Farbprofil, keine Aussage über den Bildaufbau und keine Aussage über evtl. vorhandene Sonderfarben. Die Bilddateien müssen vor der Verarbeitung auf ihre Farbeinstellungen überprüft und ggf. an die Prozessparameter des Ausgabeprozesses angepasst werden.

7.15 Eine auf dem Monitor magentafarbene Farbfläche auf einem gelben Hintergrund erscheint im Druck rot.
Erläutern Sie, welche Ursache dieser Effekt haben kann.

Preflight

Die magentafarbene Fläche ist in der Datei auf Überdrucken gestellt. Dadurch wird sie in der Gelbform nicht ausgespart und ergibt im Übereinanderdruck eine rote Fläche.

7.16 In der Medienproduktion werden unterschiedliche Dateiformate genutzt.
a) Unterscheiden Sie proprietäre Dateiformate und Austauschdateiformate.
b) Nennen Sie jeweils ein Beispiel für Text, Bild und Grafik.

Dateiformat

a) Proprietäre Dateiformate sind programmspezifische Dateiformate. Dateien in diesen Dateiformaten lassen sich häufig nicht mit anderen Programmen verarbeiten. Programmunabhängige Austauschformate beziehen sich auf einen Datentyp, z. B. Bilder, und nicht auf ein bestimmtes Programm. Sie sind deshalb zum Dateiaustausch zwischen Programmen geeignet.

b) Text: *.docx (proprietär), *.txt (Austausch)

Bild: *.psd (proprietär), *.tif (Austausch)

Grafik: *.ai (proprietär), *.eps (Austausch)

7.17 Ist es möglich, Dateien mit unterschiedlichen Farbprofilen in einer Layoutdatei zu platzieren?

Dateiformat

Ja, es ist möglich, z. B. in einer InDesign-Datei Bilder und Grafiken mit unterschiedlichen Farbprofilen zu platzieren.

7.18 XML hat in der datenbankgestützten Medienproduktion große Bedeutung.
a) Erläutern Sie die Buchstabenfolge XML.
b) Erläutern Sie die Aufgabe von XML in der Medienproduktion.

XML

a) XML steht für Extensible Markup Language.

b) XML ist eine Metasprache. Mit XML werden Dokumente medien- und ausgabeunabhängig beschrieben.

7.19 Unterscheiden Sie in einem XML-Dokument:
a) Elemente und
b) Attribute.

XML

a) Elemente: Ein XML-Dokument hat immer eine Baumstruktur mit ineinander verschachtelten Elementen. Das erste Element nach dem Prolog ist das Wurzelelement. Mit ihm wird das XML-Dokument auch wieder geschlossen. Alle anderen Elemente sind Kindelemente des Wurzelelements.

b) Attribute: Durch die Festlegung von Attributen im Starttag eines Elements werden dem Inhalt des Elements zusätzliche Informationen zugeordnet.

7.20 Erläutern Sie die Aufgabe einer DTD in XML.

XML

Mit der DTD, Dokumenttyp-Definition, werden das Vokabular und die Grammatik eines XML-Dokuments definiert:
- Elementtyp-Deklarationen
- Attributlistendeklarationen
- Entitätsdeklarationen
- Notationsdeklarationen

7.21 Erklären Sie die Begriffe
a) wohlgeformt und
b) gültig.

XML

a) Wohlgeformt: Die syntaktischen XML-Regeln sind eingehalten.

b) Gültig: Das Dokument entspricht den Festlegungen im DTD oder XML-Schema.

7.22 XSL und XSLT werden in der Medienproduktion eingesetzt.
a) Erläutern Sie die Akronyme XSL und XSLT.
b) Erläutern Sie die Aufgabe von XSLT in der Medienproduktion.

XML

a) XSL, Extensible Stylesheet Language. XSLT, Extensible Stylesheet Language Transformation

b) XSLT ist als Teil von XSL eine Metasprache zur Transformation der XML-Datei in das jeweilige Ausgabeformat des Ausgabemediums.

7.23 Beschreiben Sie die Vorgehensweise bei der Ausgabe einer XML-Datei im Browser.

XML

Zur Darstellung eines XML-Dokuments als HTML-Dokument im Browser muss ein XSL-Stylesheet mit CSS-Anweisungen erstellt werden. Der XSLT-Prozessor im Browser transformiert anhand der Prozessanweisungen des Stylesheets das XML-Dokument in eine HTML-Datei zur Anzeige im Browser.

7.24 Nennen Sie 2 Anforderungen der Barrierefreien Informationstechnik-Verordnung (BITV) hinsichtlich der Verwendung von Bildern, Sound und Video in Digitalmedien.

BITV

• Für Bilder, Sounds und Videos müssen äquivalente Alternativen zur Verfügung gestellt werden, z. B. Alternativtexte für Bilder, Untertitel bei Sound und Video.

• Die Medien müssen weitgehend browserunabhängig nutzbar sein, also ohne Plug-ins, JavaScript, Applets usw.

7.25 Erklären Sie, weshalb sich die Farbdarstellung am Monitor von der Farbdarstellung im Druck unterscheidet.

Ausgabefarbraum

Ursache der sich unterscheidenden Farbdarstellung ist die unterschiedliche Art, wie Farbe entsteht: Additive Farbmischung am Monitor, subtraktive Farbmischung im Druck. Die Farbräume, RGB am Monitor und CMYK im Druck, sind nicht identisch, somit unterschiedet sich auch deren Farbdarstellung.

7.26 Nennen Sie 3 Videodateiformate zum Abspielen von Videodateien im Browser.

Videotechnik

MP4, OGV, WebM

7.27 Bei der Digitalisierung von Sound spielen die Kennwerte Abtastfrequenz (Samplingrate) und Abtasttiefe (Auflösung) eine zentrale Rolle.
a) Definieren Sie den Begriff Abtastfrequenz.
b) Nennen Sie den Mindestwert der Abtastfrequenz nach dem Shannon-Theorem.
c) Definieren Sie den Begriff Abtasttiefe.

Sound

a) Die Abtastfrequenz gibt die Anzahl der Messwerte an, die pro Sekunde ermittelt werden. Sie wird in Hertz (Hz bzw. kHz) angegeben.

b) Die Abtastfequenz muss nach dem Shannon-Theorem doppelt so hoch sein wie die höchste Signalfrequenz.

c) Die Abtasttiefe gibt die Anzahl der Stufen, denen die (analogen) Abtastwerte zugeordnet werden. Sie wird in der Speichereinheit Bit angegeben.

7.28 Zur Speicherung von Audiodaten werden unterschiedliche Dateiformate genutzt. Nennen Sie jeweils zwei Audioformate zur Speicherung von Sound:
a) ohne Qualitätsverlust und
b) mit Qualitätsverlust.

Sound

a) WAV, AIF(F)
b) MP3, AAC

7.29 Erklären Sie die folgende Techniken der Soundbearbeitung:
a) Normalisieren,
b) Schneiden,
c) Loopen,
d) Faden,
e) Pitching.

Sound

a) Normalisieren: Anhebung aller Pegel, so dass der höchste Pegel gerade die Aussteuergrenze erreicht. Die Dynamik des Sounds wird hierdurch verbessert.

b) Schneiden: Länge (Dauer) eines Sounds zu verändern.

c) Loopen: Anfang und Ende des Sounds aneinander anzupassen, so dass ein Abspielen als Schleife (Loop) möglich wird.

d) Faden: Anfang bzw. das Ende eines Sounds ein- bzw. auszublenden.

e) Pitching: Veränderung der Tonhöhe.

7.30 Bringen Sie die Tätigkeiten beim Videoschnitt in die richtige Reihenfolge:
- Film rendern
- Aufnahmen von Kamera in Computer überspielen
- Film nachvertonen
- Szenenfolge festlegen (Grobschnitt)
- Film auf Datenträger überspielen
- Titel, Vor- und Abspann ergänzen
- Feinschnitt vornehmen
- Überblendungen / Effekte hinzufügen

Videogestaltung

1. Aufnahmen von Kamera in PC überspielen
2. Szenenfolge festlegen (Grobschnitt)
3. Feinschnitt vornehmen
4. Überblendungen / Effekte hinzufügen
5. Titel, Vor- und Abspann ergänzen
6. Film nachvertonen
7. Film rendern
8. Film auf Datenträger überspielen

7.31 Eine analoge Musikaufnahme wird mit folgenden Einstellungen digitalisiert:
- Abtastfrequenz: 44,1 kHz
- Auflösung: 16 Bit
- Kanalzahl: 2 (Stereo)

Berechnen Sie die Datenmenge in Megabyte einer 30-minütigen Aufnahme.

Sound

Datenmenge $= 2\,\text{Byte} \cdot 44\,100\,\text{s}^{-1} \cdot 2 \cdot 30\,\text{min} \cdot 60\,\text{s}/\text{min}$

$= 317\,520\,000\,\text{Byte} = 302,8\,\text{MB}$

7.32 Erläutern Sie folgenden Fachbegriffe:
a) Video-Codec,
b) Framerate,
c) Color-Subsampling,
d) Datenstrom (Bitrate),
e) Containerformat.

Videotechnik

a) Video-Codec: Kompressionsalgorithmus zur Reduktion der Datenmenge, z. B. MPEG-2, Sorenson, Motion-JPEG

b) Framerate (Bildwiederholfrequenz): Anzahl an Einzelbildern pro Sekunde, z. B. 25 Vollbilder bei PAL

c) Color-Subsampling: Reduktion der Farbinformation des Videosignals

d) Datenstrom (Bitrate): Datenmenge, die pro Sekunde Video anfällt. Einheit kBit / s, MBit / s

e) Containerformat: Dateiformat, das neben den Videodaten auch Audiodaten und weitere Informationen (z. B. Untertitel) speichert.

7.33 Erklären Sie den Unterschied zwischen:
a) Streaming und
b) Progressive Download.

Videotechnik

a) Streaming:
Streaming überträgt Daten in Echtzeit. somit kann das Video bereits während der Übertragung angeschaut werden. Die Datenrate des Internetzugangs muss höher sein als der Datenstrom des Videos.

b) Progressive Download:
Bei diesem Verfahren liegen die Videodaten bereits komplett vor, werden also nicht live erzeugt. Das Abspielen der Daten ist bereits während der Übertragung möglich. Der Nutzer kann an jede beliebige Stelle des Videos springen.

7.34 Erläutern Sie die Bedeutung der folgenden Dokumente bei der Konzeption eines Films:
a) Exposé,
b) Treatment,
c) Storyboard.

Videogestaltung

a) Exposé ist die erste schriftliche Ausarbeitung einer Filmidee, Ideenskizze.

b) Das Treatment wird im Wesentlichen durch den Inhalt des Films bestimmt. Personen, Ort, Zeit und Handlung sind präzise festgelegt. Die filmische Umsetzung steht noch im Hintergrund.

c) Im Storyboard sind die einzelnen Einstellungen des Films zeichnerisch umgesetzt. Bildaufbau und -ausschnitte für den späteren Dreh werden präzisiert und geben eine Vorstellung von den geplanten Bildübergängen, was für die spätere Montage wichtig ist.

7.35 Erläutern Sie den Begriff Achsensprung bei der Videogestaltung.

Videogestaltung

Ein Achsensprung ist ein für den Betrachter unmotiviertes Überschreiten der Bildachse oder Handlungsachse. Die Wahrnehmung und Interpretation einer

Bewegung vor der Kamera orientiert sich für den Betrachter immer an der Bild- bzw. Handlungsachse. Sie ist eine gedachte Linie, an der sich die Handlung oder auch nur die Blickrichtung entlang bewegt. Die Bewegung des Objekts muss für den Zuschauer immer logisch und nachvollziehbar sein.

7.36 Erklären Sie die Schnittform Parallelmontage anhand eines Beispiels.

Videogestaltung

Zwei Handlungsstränge laufen parallel nebeneinander her und werden ständig wechselnd geschnitten, z. B. eine Verfolgungsjagd. Die Handlungsstränge werden am Ende zusammengeführt. Bei Verfolgungsjagden wissen die Protagonisten beider Stränge meist von Anfang an voneinander.

7.37 In HTML5 gibt es spezielle Tags zur Einbindung von Sound- und Videodateien. Nennen Sie die HTML5-Tags mit denen sich
a) eine Sounddatei und
b) eine Videodatei einbinden lässt.

HTML5

a) <audio>...</audio>

b) <video>...</video>

7.38 Eine RGB-Bilddatei soll zur weiteren Bearbeitung in den CMYK-Modus mit dem Farbprofil ISO Coated v2 300 % (ECI) konvertiert werden. Erläutern Sie den Text des Dialogfeldes.

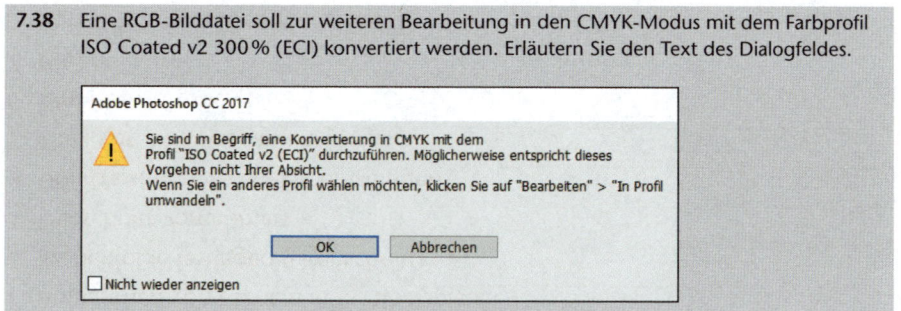

Arbeitsfarbraum

In den Farbeinstellungen von Photoshop sind die RGB- und CMYK-Arbeitsfarbräume, hier ISO Coated v2 (ECI), eingestellt. Die Konvertierungsoptionen sind dort ebenfalls festgelegt. Zur gewünschen Konvertierung in ISO Coated v2 300 % (ECI) muss hier abgebrochen werden und entweder in den Farbeinstellungen der andere Arbeitsfarbraum ausgewählt werden oder mit der Option „In Profil umwandeln" konvertiert werden.

7.39 Schreiben Sie den HTML- und CSS3-Code zur Einbindung eines Webfonts über einen externen Server.

Schrifttechnologie

```
<head>
<link href="Adresse des Schriftservers" rel="stylesheet" type="text/css">
<style>
p {font-family: "Schriftname"};
</style>
</head>
```

7.40 Berechnen Sie den Datenstrom in kBit/s des unkomprimierten Videos (k = 1 000):
- Format: 360 x 288 Pixel
- Bildrate: 25 Bilder
- Farbtiefe: 16 Pixel

Videotechnik

Datenstrom in kBit/s = (Format in Pixel · Bildrate in Bilder/s · Farbtiefe in Bit/Pixel) : 1 000 Bit/kBit

(360 · 288 Pixel · 25 Bilder/s · 16 Bit/Pixel) : 1 000 Bit/kBit = 41 472 kBit/s

---

7.41 Typografie ist ein wesentliches Gestaltungmittel einer Internetseite.
a) Erklären Sie den Begriff Webfont.
b) Nennen Sie 2 Webfont-Formate.

CSS3

a) Zeichensätze bzw. Schriften, die mit CSS3 in eine HTML5-Datei eingebunden werden können heißen Webfonts. Die Schriftdateien können lokal auf dem Webserver liegen, oder von externen Servern verlinkt werden.

b) OT (OpenType Format), WOFF (Web Open Font Format 1.0)

1.8 Lernfeld 8: Medien datenbankgestützt erstellen

Stichworte:
Relationale Datenbank, Datentabelle, Datenbank, Tupel, Template, Dateibenennung, Crossmedia, Medienproduktion, Redundanzfreiheit, Datenschutz, Datenintegrität, Datenbanksystem, Datenerfassung, Index, Normalform, XML-Datei, XML, XSLT, XML-Schema, DTD, XSD, wohlgeformt, gültig, Validierung, Datentypen, SQL, SQL-Befehl, Webserver, ER-Modell, Referenzielle Integrität, variabler Datendruck, Database Publishing, PDF, Datenausgabe, Datenbankverwaltung

8.1 Erläutern Sie das Grundprinzip relationaler Datenbanken.

Relationale Datenbank

Relationale Datenbanken sind eine besondere Form von Datenbanken, in denen eine oder mehrere Tabellen mit Hilfe eines Schlüssels miteinander in Beziehung (Relation) stehen. Mit dem Schlüssel ist jede Datenbank und damit jeder Datensatz eindeutig identifizierbar.

8.2 Beschreiben Sie die Elemente einer zweidimensionalen Tabelle, die für relationale Datenbanken verwendet werden.

Datentabelle, Datenbank, Tupel

Die Tabellenzeilen (auch: Tupel) stellen die Datensätze dar. Die Tabellenspalten enthalten die Attribute.

8.3 Ordnen Sie die Begriffe Tabellenzeile, Tabellenspalte und Tabellenzelle den Elementen einer Datenbank zu.

Datentabelle, Datenbank

Tabellenzeile   => Datensatz

Tabellenspalte => Attribut

Tabellenzelle   => Datenfeld

8.4 Bestimmen Sie 3 Richtlinien für die Vergabe von Dateinamen.

Dateibenennung

1. keine Umlaute

2. einheitlicher Umgang mit Groß- und Kleinschreibung

3. keine Sonderzeichen

8.5 Erklären Sie die Grundlagen crossmedialer Publikationen.

Datenbank, Tabelle, Crossmedia

In crossmedialen Publikationen werden dieselben Inhalte aus einer Datenbank mit unterschiedlichen Medien veröffentlicht. So kann zum Beispiel die Beschreibung eines Produktes sowohl in einer Broschüre als auch auf einer Webseite verwendet werden. Für jedes Medium muss dafür ein Template erstellt werden, das Platzhalter für die Inhalte aus der Datenbank bereit stellt.

8.6 Nennen Sie 3 Produkte, die sich für eine datenbankgestützte Medienproduktion eignen.

Datenbank, Medienproduktion

Verzeichnisse, Kataloge, Broschüren, Prospekte

8.7 Erklären Sie die Bedeutung der Redundanzfreiheit bei Datenbanken.

Redundanzfreiheit, Datenbank

Redundanzfreiheit bedeutet, dass jeder Datensatz nur einmal vorkommt. So sollte zum Beispiel bei einer Adressdatenbank die Änderung einer Kundenanschrift nicht zu einem neuen Datensatz führen, sondern der bestehende Datensatz geändert werden.

8.8 Erläutern Sie die grundlegende Aufgabe des Datenschutzes.

Datenschutz

Unter Datenschutz versteht man den Schutz personenbezogener Daten vor etwaigem Missbrauch durch Dritte.

8.9 Erklären Sie den Begriff „Integrität von Daten".

Datenintegrität

Die Integrität von Daten bezeichnet deren Korrektheit bzw. Unversehrtheit.

8.10 Erklären Sie die Grundfunktionen einer Datenbank.

Datenbank, Datenbanksysteme

Speichern, bearbeiten und löschen strukturierter Daten.

8.11 Erläutern Sie den Index einer Datenbank.

Index

Der Index ist eine sortierte Liste von Begriffen, mit deren Hilfe man sehr schnell und direkt auf bestimmte Informationen zugreifen kann.

8.12 Nennen Sie 2 Möglichkeiten, um strukturierte Daten zu erfassen.

Datenerfassung

Formular, Dateneingabe, Sensoren.

8.13 Nennen Sie die Anzahl der Normalformen von Tabellen.

Normalform

Es gibt fünf Normalformen.

8.14 Nennen Sie die Normalformen, die für die Datenbanknormalisierung in der Praxis von Bedeutung sind.

Normalform

Die Normalformen eins, zwei und drei.

8.15 Nennen Sie die Regel der 1. Normalform.

Normalform

Eine Tabelle befindet sich in der 1. Normalform, wenn jedes Datenfeld nur einen Eintrag enthält.

8.16 Nennen Sie die Regel der 2. Normalform.

Normalform

Eine Tabelle befindet sich in der 2. Normalform, wenn sie sich in der 1. Normalform befindet und alle Datenfelder von einem (zusammengesetzten) Schlüssel funktional abhängig sind.

8.17 Nennen Sie die Regel der 3. Normalform.

Normalform

Eine Tabelle befindet sich in der 3. Normalform, wenn sie sich in der 2. Normalform befindet und alle Datenfelder, die keine Schlüssel sind, nicht funktional abhängig sind.

8.18 Erklären Sie in Grundzügen den Aufbau einer XML-Datei.

XML - Datei

Eine XML-Datei beginnt immer mit einem Prolog, in dem die Version, die Codierung und Verweise auf externe Dokumente und Dateien definiert sind. Im weiteren Verlauf sind die Daten hierarchisch als Elemente strukturiert. Dabei wird jedes Element mit einem Start-Tag geöffnet und mit einem End-Tag geschlossen.

8.19 Erklären Sie für was „XML" steht.

XML

Extensible Markup Language (deutsch: erweiterbare Auszeichnungssprache).

8.20 Erklären Sie die Aufgaben eines XSLT Prozessors.

XML, XSLT

Umwandlung eines XML-Dokuments in ein darstellbares Zieldokument. Dafür verbindet der XSLT-Prozessor das XML-Dokument mit einem XSL-Stylesheet.

8.21 Erklären Sie die Aufgabe eines XML-Schemas.

XML-Schema, XML

Bestimmung von Vokabeln und Grammatiken eines XML-Dokumentes. Damit kann überprüft werden, ob die Inhalte der XML-Elemente den Vorgaben entsprechen.

8.22 Erklären Sie die Abkürzungen DTD und XSD.

DTD, XSD, XML

- DTD: Dokumententyp-Definition. Damit wird das Vokabular und die Grammatik eines XML-Dokuments bestimmt.
- XSD: XML-Schema-Definition. Die Beschreibung einer XML-Struktur in Form von XML, wobei eine große Anzahl von Datentypen unterstützt wird.

8.23 Erklären Sie, wann eine wohlgeformte und gültige XML-Datei vorliegt.

wohlgeformt, gültig, Validierung, XML-Datei

Wenn die syntaktischen Regeln eingehalten sind spricht man von einer wohlgeformten XML-Datei. Eine gültige XML-Datei liegt vor, wenn die Datei den Festlegungen der DTD oder im XML-Schema entspricht.

8.24 Erklären Sie, was bei der Validierung einer XML-Datei überprüft wird.

XML-Datei, Validierung

Es wird geprüft, ob die Datei wohlgeformt und gültig ist.

8.25 Beschreiben Sie die Funktionsweise eines Datenbanksystems (DBS).

Datenbanksystem

Ein DBS dient der Erstellung, Bearbeitung und Verwaltung von einer oder mehreren Datenbanken. Es gibt kostenlose DBS, wie zum Beispiel MySQL oder OpenOffice Base.

8.26 Nennen und erklären Sie mindestens 4 Datentypen.

Datentypen

1. PCDATA (String z. B. Text, Zeichenkette)

2. Integer (z. B. ganze Zahlen)

3. Char (z. B. Zeichen)

4. Boolean (z. B. True oder False, 1 oder 0)

5. Dezimal (z. B. Festkommazahlen)

8.27 Erklären Sie das Grundprinzip von SQL.

SQL

SQL (Structured Query Language bzw. Standard Query Language) ist eine standardisierte Sprache, um relationale Datenbanken zu verwalten. Dazu gehörten das Abfragen von Daten nach gewünschten Kriterien, das Eingeben, Löschen und Ändern von Datensätzen sowie das Erstellen und Löschen von Datenbanken und Tabellen.

8.28 Erklären Sie den SQL-Befehl zum Erstellen von Datenbanken und Tabellen.

SQL, SQL-Befehl, Datenbank, Datentabelle

Mit „CREATE DATABASE Kundenkartei" wird die Datenbank „Kundenkartei" erstellt. Der Befehl „CREATE TABLE Anschrift" erstellt die Tabelle „Anschrift".

8.29 Erklären Sie den SQL-Befehl, um Datensätze abzufragen.

SQL, SQL-Befehl

Mit SELECT … FROM werden Datensätze aus einer Tabelle abgefragt. Aufgeführte Kriterien schränken das Ergebnis ein. Zum Beispiel ergibt der folgende Befehl alle Namen der Tabelle „Anschrift" wieder, die den Ort „Berlin" haben:

SELECT Name FROM Anschrift WHERE Ort LIKE Berlin.

8.30 Beschreiben Sie die SQL-Befehle, um Datensätze einzugeben und zu bearbeiten.

SQL, SQL-Befehl

Der Befehl „INSERT INTO Anschrift" leitet die Erstellung eines Datensatzes in der Tabelle „Anschrift" ein.

Der Befehl UPDATE Anschrift … WHERE … leitet die Änderung eines Datensatzes in der Tabelle „Anschrift" ein. Wichtig ist dabei die Angabe des Primärschlüssels, um den gewünschten Datensatz eindeutig zu identifizieren.

8.31 Erläutern Sie die Vorteile von Client-Server-Systemen.

Webserver

Client-Server-Systeme, wie MySQL, Oracle oder Microsoft SQL-Server, ermöglichen eine serverseitige Abarbeitung der SQL-Befehle. Damit ist eine deutlich bessere Performance bei mehreren Benutzern erreichbar.

8.32 Beschreiben Sie das ER-Modell und seine Funktion.

ER-Modell, Datentabelle

Mit dem ER-Modell werden die Datentabellen und ihre Beziehungen zueinander beschrieben. Bei der „Chen-Notation" wird zwischen Entitätstyp (Objekte, denen eine Information zugeordnet werden kann), Beziehungstyp und Eigenschaft unterschieden.

8.33 Beschreiben Sie die Verknüpfung einer 1-n-Beziehung.

ER-Modell, Datentabelle

Bei einer 1-n-Beziehung ist ein Datensatz einer Tabellen mit beliebig vielen Datensätzen einer anderen Tabellen verknüpft.

8.34 Beschreiben Sie die Verknüpfung einer 1-1-Beziehung.

ER-Modell, Datentabelle

Bei einer 1-1-Beziehung ist ein Datensatz einer Tabelle mit genau einem Datensatz einer anderen Tabelle verknüpft.

8.35 Erläutern Sie die Problematik und Lösung einer Verknüpfung nach einer n-n-Beziehung.

ER-Modell, Datentabelle

Aufgrund der mehrfachen Verknüpfungen (beliebig viele Datensätze sind mit beliebig vielen Datensätzen einer anderen Tabelle verknüpft) kann keine eindeutige Zuordnung erstellt werden. Eine zusätzliche Tabelle mit 1-n-kann dieses Problem lösen.

8.36 Erklären Sie den Begriff der referenziellen Integrität.

Referenzielle Integrität, Datentabelle

Referenzielle Integrität bedeutet, dass die Beziehung zwischen zwei Tabellen widerspruchsfrei (konsistenz) sein muss.

8.37 Erklären Sie das Prinzip des variablen Datendrucks.

variabler Datendruck

Beim variablen Datendruck wird ein Masterdokument, das immer vorkommende Objekte enthält, durch individuelle Teile ergänzt und vervollständigt.

8.38 Erklären Sie den Begriff Database-Publishing an einem Beispiel.

Database Publishing

Die Produktion von Print- und Nonprintmedien, die sich auf Inhalte einer Datenbank stützt, nennt man Database-Publishing. Beim Database-Publishing werden aus einer Datenbank variable Daten geladen und in die Produktion eingefügt, wie zum Beispiel die Preise in einem Prospekt, Last-Minute Angebote auf einer Website, aktuelle Wetterdaten auf einem Infodisplay u. a.

8.39 Nennen Sie mindestens 3 Beispiele für personalisierten, variablen Datendruck.

variabler Datendruck

Visitenkarten, Einladungsschreiben, Dialogmarketing, persönliche Anschreiben

8.40 Nennen Sie 2 Ausgabeformate, welche nur statische Inhalte beschreiben können.

PDF, Datenausgabe

PDF, Postscript

8.41 Nennen Sie 4 Ausgabeformate, die für die Beschreibung dynamischer Inhalte (variabler Datendruck) geeignet sind.

variabler Datendruck, Database Publishing

1. AFP (Advanced Funktion Printing von IBM)
2. VPS (Variable PostScript von Creo)
3. VIPP (Variable Data Intelligent PostScript-Printware von Xerox)
4. JLYT (J-Layout von HP Indigo)

8.42 Nennen Sie ein weit verbreitetes Tool für die Verwaltung von webbasierten Datenbanken.

Datenbankverwaltung

PHPMyAdmin

8.43 Nennen Sie das Standardformat, das für die Vereinheitlichung des variablen Datendruckes entwickelt wurde.

variabler Datendruck, Database Publishing

PPML (Personalized Print Markup Language).

1.9 Lernfeld 9: Logos entwickeln und Corporate Design umsetzen

Stichworte:
Corporate Design, Corporate Identity, Informationsmodell, Kommunikationsmodell, Zeichenkategorien, Gestaltgesetze, Zeichenarten, kombinierte Zeichen, Kreativitätstechnik, Styleguide, Geschäftsausstattung, Layout, Dateiformat, Markenrecht, Urheberrecht, Zeichengestaltung, Zeichen bewerten, Semiotik

9.1 Das Corporate Design hat eine große Bedeutung bei der Gestaltung von Digital- und Printmedien.
a) Erläutern Sie den Begriff Corporate Design.
b) Nennen Sie 3 Beispiele für gestalterische Aspekte im Rahmen des Corporate Designs eines Unternehmens.

Corporate Design

c) Corporate Design beschreibt das Erscheinungsbild eines Unternehmens oder einer Organisation. Das Corporate Design umfasst alle gestalterischen Bereich und damit auch die visuelle und auditive Gestaltung der Print- und Digitalmedien eines Unternehmens.
d) Logo, Typografie, Hausfarbe

9.2 „Corporate Identity ist mehr als Corporate Design."
a) Erläutern Sie diese Aussage.
b) Nennen Sie 3 Bereiche der Corporate Identity und deren jeweiligen Schwerpunkt.

Corporate Identity

a) Corporate Identity umfasst alle Bereiche der Unternehmensidentität, das Selbstverständnis und das Erscheinungsbild nach innen und nach außen.
b) Bereiche der Corporate Identity sind:
  • Corporate Design – die Visualisierung
  • Corporate Communications – die Botschaft
  • Corporate Behaviour – das Verhalten

9.3 Nennen Sie 2 Zielsetzungen des Corporate Designs.

Corporate Design

• Steigerung des Wiedererkennungswerts
• Verbesserung der Firmenkommunikation

9.4 Visualisieren Sie die Informationsübertragung der 3 Medientypen nach dem Kommunikationsmodell von Pross:
a) primäre Medien,
b) sekundäre Medien,
c) tertiäre Medien.

Informationsmodell

Der Übertragungskanal ist ein primäres Medium:

Sender → Empfänger

Der Übertragungskanal ist ein sekundäres Medium:

Sender → Medium → Empfänger

Der Übertragungskanal ist ein tertiäres Medium:

Sender → Medium → Medium → Empfänger

9.5 Erläutern Sie die 3 Bereiche der menschlichen Kommunikation nach Watzlawick:
a) Syntaktik,
b) Semantik,
c) Pragmatik.

Kommunikationsmodell

a) Die Syntaktik befasst sich mit den technischen Problemen der Nachrichtenübertragung.

b) Die Semantik befasst sich mit der Bedeutung der verwendeten Zeichen und Symbole.

c) Die Pragmatik beschreibt das Verhalten der am Kommunikationsprozess beteiligten Personen.

9.6 Erklären Sie die 3 Begriffe:
a) Ikone,
b) Index,
c) Symbol.

Zeichenkategorien

a) Ikone ist ein Zeichen, das dem dargestellten Objekt ähnelt.

b) Der Index ist als Zeichen direkt mit dem Objekt verknüpft.

c) Symbolen fehlt der direkte Bezug zwischen Zeichen, Objekt und Bedeutung. Die Bedeutung eines Symbols ist als Teil einer Konvention dem Zeichen zugeordnet.

9.7 Definieren Sie den Begriff Semiotik.

Kommunikationsmodell

Die Lehre von der Bedeutung der Zeichen.

9.8 Begründen Sie, auf welchem Gestaltgesetz die Entwicklung von Icons zur Navigation einer Website im Wesentlichen beruhen sollte.

Gestaltgesetze

Ein einheitliches und durchgehendes Erscheinungsbild der Navigationselemente ist wichtig. Deshalb ist das Gestaltgesetz der Konstanz eine grundlegende Richtlinie zur Gestaltung von von Icons für eine Website.

9.9 Unterscheiden Sie die 3 grafischen Zeichenarten hinsichtlich ihrer ursprünglichen und heutigen Bedeutung. Nennen Sie jeweils ein Beispiel:
a) Logo,
b) Signet,
c) Piktogramm.

Zeichenarten

a) Logo kommt ursprünglich von dem Begriff Logotype, einer großen Bleiletter mit einem Schriftzug. Heute steht Logo im allgemeinen Sprachgebrauch für jede Art von grafischem Zeichen, z.B. Firmenzeichen.

b) Signet ist ein bildhaftes grafisches Zeichen. Ursprünglich waren es nur Buch- und Verlegerzeichen. Heute werden mit dem Begriff Signet alle grafischen Markenzeichen in allen Branchen bezeichnet, z.B. Firmenzeichen.

c) Piktogramme sind Bildsymbole, die beim Betrachter eindeutige Assoziationen auslösen. Sie finden sich heute in allen Bereichen. Verbreitete Anwendungsbeispiele sind Piktogramme einzelner Sportarten in Medien und im öffentlichen Raum sowie Orientierungshilfen in Gebäuden, z.B. Sportpiktogramme.

9.10 Ordnen Sie die Zeichen einer Zeichenkategorie zu.

a) b) c)  d) 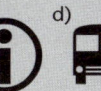 e)  f)

Zeichenkategorie

a) Symbol   c) Symbol   e) Index

b) Index   d) Ikon   f) Symbol

9.11 Unterscheiden Sie
a) Wortmarken und
b) Bildmarken.

Logo

a) Wortmarken, gesprochenes Wort oder Name. Die visuelle Erscheinung spielt dabei keine Rolle.

b) Bildmarken, Bildzeichen oder Signets sind meist aus geometrischen Grundformen aufgebaut.

9.12 Definieren Sie den Begriff Zielgruppe.

Zielgruppe

Eine Zielgruppe ist eine Gruppe von Menschen mit vergleichbaren Merkmalen, die gezielt auf etwas angesprochen oder mit einer Information oder einem Produkt erreicht werden soll.

9.13 Die Zielgruppe kann über verschiedene Merkmale definiert werden. Nennen Sie 5 Bevölkerungsmerkmale zur Zielgruppenbestimmung.

Zielgruppe

Alter, Geschlecht, Familienstand, Beruf, soziale Schicht

9.14 Beschreiben Sie den Aufbau kombinierter Zeichen nach folgenden Prinzipien:
a) Lok-Prinzip,
b) Schub-Prinzip,
c) Triebwagen-Prinzip,
d) Star-Prinzip,
e) Anker-Prinzip.

kombinierte Zeichen

a) Lok-Prinzip: Das Bildzeichen steht vor dem Wortzeichen. So zieht das Bildzeichen das Wortzeichen wie eine Lokomotive.

b) Schub-Prinzip: Das Bildzeichen steht hinter dem Wortzeichen. Das Bildzeichen schiebt das Wortzeichen.

c) Triebwagen-Prinzip: Das Bildzeichen steht innerhalb des Wortzeichens.

d) Star-Prinzip: Das Bildzeichen leuchtet wie ein Stern (meist zentriert) über dem Wortzeichen.

e) Anker-Prinzip: Das Bildzeichen hängt (meist zentriert) unter dem Wortzeichen.

9.15 Kreativität ist eine wichtige Voraussetzung für den Designprozess.
a) Erläutern Sie den Begriff Kreativitätstechnik.
b) Nennen Sie 3 Kreativitätstechniken.

Kreativitätstechnik

a) Kreativitätstechniken sind Methoden zur Ideenfindung. Sie sind grundsätzlich ergebnisoffen. Lösungsstrukturen werden im Prozess entwickelt.

b) Brainstorming, 6-3-5-Methode, morphologische Matrix

9.16 Beschreiben Sie die Schritte bei der Erstellung einer morphologischen Matrix.

Kreativitätstechnik

1. Parameter, die die Merkmale des Problemfeldes benennen, festlegen.

2. Parameter untereinander als Zeilentitel schreiben.

3. Mehrere Ausprägungen der gewählten Merkmale rechts daneben in die Zeilen schreiben oder auch skizzieren.

9.17 Erläutern Sie das Prinzip der Sechs-Hüte-Methode.

Kreativitätstechnik

Die Sechs-Hüte-Methode ist eine Kreativitätsmethode zur Entwicklung einer Distanz zum Thema und neuer Denkansätze. Jedem Hut werden besondere Eigenschaften zugeordnet, die sein Träger verkörpert. Die Teilnehmer setzen einen der sechs Hüte auf und schlüpfen damit in die zugewiesene Rolle. Alles Sagen und Tun der Teilnehmer ist damit Teil der Rolle und nicht Teil der Person des Projektteammitglieds.

9.18 Beschreiben Sie die Grundhaltung der Sechs-Hüte-Methode im Kreativitätsprozess.

Kreativitätstechnik

- Weißer Hut: Objektivität und Neutralität, Informationen sammeln, ohne sie zu werten

- Roter Hut: emotionale Haltung, positive und negative Gefühle, ohne Rechtfertigung

- Schwarzer Hut: negatives Denken, objektiv negative Aspekte, positive Gefühle

- Gelber Hut: positives Denken, objektiv positive Aspekte, keine positiven Gefühle

- Grüner Hut: Kreativität und neue Ideen

- Blauer Hut: Kontrolle und Organisation, Metaebene, Moderator

9.19 Erläutern Sie das Prinzip der Kopfstandmethode.

Kreativitätstechnik

Wie der Name schon sagt, werden hier die Probleme auf den Kopf gestellt.
Statt sich Gedanken zu machen, wie ein Projekt gelingt, denken die Beteiligten
darüber nach, wie sie das Projekt zum Scheitern bringen.

9.20 Nennen Sie den wesentlichen Inhalt eines Styleguides.

Styleguide

Ein Styleguide beinhaltet alle Vorgaben für das visuelle Erscheinungsbild eines
Unternehmens oder einer Organisation im Geschäfts-, Print- oder Onlinebereich.

9.21 Ordnen Sie die folgenden Formate einem Printmedium als Teil einer Geschäftsausstattung zu:
  a) DIN A4,
  b) DIN A5,
  c) DIN A6 und
  d) DIN lang.

Geschäftsausstattung

a) DIN-A4-Format ist sowohl für informative als auch für werbliche Broschüren
    geeignet.
b) Das Format DIN A5 ist für umfangreiche und informationslastige Veröffent-
    lichungen geeignet.
c) Das kleine Format DIN A6 bietet sich für kompakte Informationen an.
d) Das DIN-lang-Format ist das klassische Format für einfache Broschüren und
    Faltblätter.

9.22 Erläutern Sie den Begriff Layoutprinzip.

Layout

Das Layoutprinzip regelt die Gestaltung mehrerer zusammenhängender Publikationen. Es sichert die Wiedererkennbarkeit über verschiedene Publikationen
hinweg und bietet gleichzeitig ausreichend Spielraum für die individuelle Gestaltung jeder einzelnen Publikation.

9.23 Für die Verwendung eines Logos gibt es Gestaltungsrichtlinien.
  a) Erklären Sie den Begriff Schutzzone im Zusammenhang mit der Positionierung von
     Logos im Format.
  b) Welchen Zweck erfüllt die Schutzzone?

Layout

a) Die Schutzzone beschreibt den Bereich um ein Logo, in dem keine weiteren
    grafischen Elemente oder Schriftzeichen platziert werden dürfen.
b) Mit der Schutzzone soll die optische Wirkung des Logos gewährleistet werden.

9.24 Logos werden für die Nutzung in Print- und Digitalmedien in unterschiedlichen Formaten
gespeichert. Unterscheiden Sie den technischen Aufbau der beiden Grafikarten:
  a) pixelbasierte Grafik,
  b) vektorbasierte Grafik.
  c) Nennen Sie dazu jeweils 2 Grafikdateiformate.

Dateiformat

a) Pixelbasierte Grafiken sind wie digitale Fotografien oder Scans aus einzelnen
    Bildelementen (Pixel) zusammengesetzt.
    • Pixel haben eine quadratische oder eine rechteckige Form.
    • Pixel haben keine feste Größe, sind aber innerhalb einer Pixelgrafik,
      bestimmt durch deren Auflösung, immer einheitlich groß.
    • Pixel sind in ihrer Position jeweils durch die x / y-Koordinaten des Formats
      definiert.
b) Vektorbasierte Grafiken beschreiben eine Linie oder eine Fläche als Objekt.
    Die Form und die Größe des Objekts werden durch mathematische Werte
    definiert. Vektorgrafiken können deshalb auflösungsunabhängig skaliert
    werden.
c) Pixelbasierte Grafiken: TIFF, GIF
    Vektorbasierte Grafiken: EPS, SVG

9.25 Erläutern Sie, welche Zeichen als Marke geschützt werden können.

Markenrecht

Alle Zeichen, die geeignet sind, Waren oder Dienstleistungen eines Unternehmens von denjenigen anderer Unternehmen zu unterscheiden, können als Marke
geschützt werden.

9.26 Nennen Sie die 2 Ordnungsmittel, in denen das nationale Markenrecht geregelt ist.

Markenrecht

- Markengesetz (MarkenG)
- Markenverordnung (MarkenV)

9.27 Bei welcher Behörde kann eine Marke als geschützte Marke eingetragen werden?

Markenrecht

- Deutsches Patent- und Markenamt

9.28 Nennen Sie die 3 Möglichkeiten, wie Schutz nach dem MarkenG entstehen kann.

Markenrecht

- Eintragung
- Verkehrsgeltung
- Notorisch bekannte Marken sind per se (aus sich heraus) geschützt.

9.29 Nennen Sie 6 nach dem MarkenG schutzfähige Markenarten.

Markenrecht

- Wortmarke
- Wort-Bild-Marke
- Bildmarke
- Farbmarke
- Hörmarke
- 3D-Marke

9.30 Nennen Sie 3 Bedingungen, die erfüllt sein müssen, damit etwas als eine persönliche geistige Schöpfung angesehen wird.

Urheberrecht

- Das Werk muss von einem Menschen geschaffen worden sein.
- Mit der Erschaffung muss geistige Arbeit verbunden gewesen sein.
- Bei dem Werk muss es sich um etwas Einzigartiges handeln.

9.31 Erklären Sie, was unter einem ausschließlichen Nutzungsrecht verstanden wird.

Urheberrecht

Das ausschließliche Nutzungsrecht erlaubt dem Inhaber dieses Rechtes, das Werk unter Ausschluss aller anderen Personen auf die vertraglich vereinbarte Art zu nutzen.

9.32 Kreuzen Sie in der Tabelle an, welche Rechte veräußert werden können und welche nicht.

Urheberrecht

Rechte	Verkauf möglich	
	Ja	Nein
Urheberrecht		X
Verwertungsrecht	X	
Nutzungsrecht	X	

9.33 Erklären Sie den Unterschied zwischen
a) optischer und
b) geometrischer Mitte.

Zeichengestaltung

a) Die optische Mitte liegt etwas oberhalb der horizontalen Symmetrieachse.

b) Die geometrische Mitte entspricht exakt der horizontalen Symmetrieachse.
   Die Flächenelemente wirken optisch etwas zu tief positioniert.

9.34 Nennen Sie 5 Gestaltungsfaktoren, die das optische Gewicht von Elementen bei einer Flächengestaltung durch Flächen und Schrift bestimmen.

Zeichengestaltung

- Größe
- Farbe
- Helligkeit
- Form
- Lage im Format

9.35 Erläutern Sie das Prinzip der Auswahl von Farben bzw. bei der Zusammenstellung von Farbkombinationen als
a) Farbdreiklang und
b) Farbvierklang.

Zeichengestaltung

a) Ein Farbdreiklang ergibt sich aus der gleichabständigen Auswahl dreier Farben aus einem Farbkreis.

b) Ein Farbvierklang ergibt sich aus der gleichabständigen Auswahl von vier Farben aus einem Farbkreis.

9.36 Nennen Sie 4 Farbkontraste.

Zeichengestaltung

- Komplementärkontrast
- Simultankontrast
- Warm-kalt-Kontrast
- Hell-dunkel-Kontrast

9.37 Nennen Sie 5 formale Kriterienbereiche zur Bewertung optischer Zeichen.

Zeichen bewerten

- Größe und Darstellung
- Farbe
- Schrift
- Bild
- Technische Umsetzung

9.38 Nennen Sie 5 gestalterische Kriterien zur Bewertung optischer Zeichen.

Zeichen bewerten

- Einzigartigkeit
- Wiedererkennungswert
- Verständlichkeit
- Reproduzierbarkeit
- Skalierbarkeit

9.39 Erläutern Sie die Bereiche der semiotischen Analyse von Zeichen.

Semiotik

Die Semiotik ist die Lehre von der Bedeutung der Zeichen.

In der semiotischen Analyse werden die drei Merkmalbereiche untersucht:

- Syntaktische Merkmale: Formen, Gruppen, Farben, Schrift
- Semantische Merkmale: Inhalte, Bilder, Muster
- Pragmatische Merkmale: Aussagewunsch und Wirkung

9.40 Nennen Sie 4 Begriffe, die Sie mit der Farbe Blau assoziieren.

Semiotik

Kälte, Technik, Wasser, Sauberkeit

1.10 Lernfeld 10a: Kunden beraten und Marketingziele bestimmen

LF 10a

Stichworte:
Briefing, Projektmanagement, Projektplanungstechniken, Zielgruppen, Marktforschung, Marketing, Branding, Werbung, werbliche Wirkungsmechanismen, Medienrecht

10a.1 Mithilfe des Briefings informiert ein Auftraggeber einen Medienbetrieb über beabsichtigte Werbemaßnahmen und die damit zusammenhängenden Aspekte. Erstellen Sie eine Briefing-Checkliste mit den wichtigsten Punkten.

Briefing

- Marketing- und/oder Kommunikationsziele unter Berücksichtigung der Zielgruppe/n
- Profil des eigenen Produktes sowie Profile der wichtigsten Konkurrenzprodukte im Angebotsumfeld
- Käufer-/Zielgruppenverhalten
- Kernbotschaft des eigenen Produkts und dessen Marktposition
- Hinweise zur Gestaltung der vorgeschlagenen Werbemaßnahmen, wenn möglich mit konkreten Beispielen und Vorstellungen
- Hinweise zum bestehenden Firmenlogo und zu den Corporate-Designvorgaben
- Marketingstrategie
- Werbeobjekte, z.B. Flyer, Werbeanzeigen in Zeitschriften
- Abgrenzung des Marktes, z.B. hinsichtlich der Verkaufsgebiete, der Zielgruppen, des Preises
- Werbeetat, Werbebudgetverwendung
- Geplante Werbeerfolgskontrolle

10a.2 Erläutern Sie für die folgenden Arten des Briefings jeweils die Funktionen, die Aufgaben und die Zusammenhänge der einzelnen Briefingarten.
a) Briefing
b) Re-Briefing
c) De-Briefing
d) Brand-Review-Meeting

Briefing

a) Briefing: Erteilung eines Werbeauftrags an einen Medienbetrieb

b) Re-Briefing: Nachbesprechung des Auftrags mit dem Kunden nach der Auftragserteilung. Hier ist eine Korrektur bzw. Abstimmung zwischen Auftraggeber und Auftragnehmer vor Produktionsbeginn möglich.

LF 9

c) De-Briefing: Feedback durch den Auftraggeber nach Abschluss der Auftrags-
arbeiten hinsichtlich Qualität und Auftragsdurchführung.

d) Brand-Review-Meeting: Alle am Auftragsgeschehen beteiligten Personen
tauschen nach Möglichkeit in festgelegten Abständen Meinungen und
Informationen aus mit dem Ziel, Arbeitsabläufe und -prozesse zu
verbessern.

10a.3 Nennen Sie die 6 Planungsschritte eines Briefings für die Ausführung eines Auftrags in der richtigen zeitlichen Abfolge.

Briefing

1. Grundlagenphase: Beschreibung des Werbeauftrags
2. Strategiephase: Definition des Werbeziels, der Marketingziele, Festlegung der
   Gestaltungsstrategie, Auswahl der Werbemedien bezogen auf die jeweilige
   Zielgruppe
3. Entwicklungsphase: Erstellung von Entwürfen und Überprüfung auf Machbar-
   keit hinsichtlich der technischen Möglichkeiten und der Kundenvorstellungen
4. Gestaltungsphase: Umsetzung der Entwürfe, Erstellung präsentationsreifer
   Layouts, bereits hier Kundenpräsentation möglich
5. Ausführungsphase: Termingerechte Erstellung des Auftrags nach erfolgter
   Kundenpräsentation und entsprechendem Briefing
6. Kontrollphase: Kontrolle mit Hilfe des Briefings

10a.4 Welche zusätzlichen Kontrollen werden bei der Abwicklung eines Auftrages durchgeführt?

Projektmanagement

- Terminkontrolle
- Kostenkontrolle
- Allgemeine Qualitätskontrolle
- Einhaltung der vereinbarten Qualitätsstandards
- Kontrolle der Zahlungspläne
- Überprüfung und Einhaltung der Mediapläne

10a.5 Erläutern Sie den wesentlichen Unterschied zwischen einem „Lastenheft" und einem „Pflichtenheft".

Projektmanagement

- Das Lastenheft wird vom Auftraggeber erstellt.
- Das Pflichtenheft wird vom Auftragnehmer auf Grundlage des Lastenhefts
  erstellt. Die Pflichten werden zu einem verbindlichen Vertragsbestandteil.

10a.6 Erstellen Sie die Struktur für ein Lastenheft, das für die Produktion der Verpackung einer Schokoladentafel erstellt wird.

Projektmanagement

- Zielbestimmung des Auftrags: Was muss Verpackung können?
- Zielgruppenbestimmung: Wer wird die Schokoladentafel kaufen? Preislage,
  Inhalte, Geschmack, Kaufanlass
- Produktfunktionen für den Benutzer: Öffnen, wiederverschließen, Produkt-
  infos, Zusatzinfos usw.
- Anforderungen an den Produktschutz beim Transport, bei der Lagerung, im
  Verkaufsregal, beim Verbraucher; Stapelfähigkeit, Umverpackung notwendig
  oder nicht usw.
- Anforderungen zur Recycelbarkeit bzw. Entsorgung der Verpackung
- Mögliche Zusatznutzen: QR-Code zur Verlinkung auf Homepage, Sammel-
  bilder, Preisausschreiben, Rabattmarke abreissbar usw.

10a.7 Erstellen Sie ein Pflichtenheft für eine Schokoladentafelverpackung.

Projektmanagement

- Design der Verpackung: Farbharmonie, Logo, Schriftauswahl usw.
- Format: Größe der Verpackung
- Materialauswahl: Folie, Papier, Karton, Materialmix, Recyclingfähigkeit des
  Verpackungsmaterials, Entsorgbarkeit
- Druckverfahren: Anzahl der Druckfarben, Lebensmitteleignung der Druckfarbe
  und des Verpackungsmaterials, Lackierung, weitere Qualitätsansprüche
- Stanzformabwicklung
- Eignung für automatische Verpackung

10a.8 Die Planung eines Projekts wird in einem Projektstrukturplan (PSP) dokumentiert. Welche Aufgaben und Funktionen hat ein Projektstrukturplan?

Projektplanungstechniken

- Der Projektstrukturplan gliedert die Gesamtheit eines Projektes in Haupt- und Teilaufgaben.
- Hauptaufgaben sind in der Regel voneinander abgrenzbare Aufgaben. Sie machen das Projekt überschaubarer.
- Teilaufgaben sind Unterbestandteile einer Hauptaufgabe.
- Die Teilaufgaben werden als kleinste Einheit in Arbeitspakete unterteilt. Dabei geht es nur darum festzulegen, was gemacht werden muss, nicht wie es gemacht werden soll.

10a.9 Ein Projektablaufplan (PAP) soll neu erstellt werden. Ordnen Sie die Projektvorgänge den entsprechenden Projektphasen durch Ankreuzen zu.

Projektmanagement

Projektvorgang	Projektphase				
	Start Initialisierung	Definition	Planung	Durchführung Steuerung	Abschluss
Projekt wird grob skizziert	X				
Projektziele werden definiert		X			
Erstellung des Abnahmeberichts					X
Verantwortlich-keiten festlegen			X		
Projektevaluation					X
Formulierung des Projektantrags	X				
Erstellung des Pflichtenhefts		X			
Erstellung des Projektkostenplans			X		
Festlegung der Ressourcen			X		
Überwachung der Budgeteinhaltung				X	

10a.10 a) Definieren Sie den Projektbegriff nach DIN 69901.
b) Geben Sie Beispiele für das Merkmal „Einmaligkeit" an.

Projektmanagement

a) DIN 69901: Ein Projekt ist ein Vorhaben, das im Wesentlichen durch die Einmaligkeit der Bedingungen in ihrer Gesamtheit gekennzeichnet ist.

b) Das Merkmal Einmaligkeit bezieht sich auf folgende Punkte:
- Zielvorgabe für Projekt,
- zeitliche und finanzielle Begrenzung,
- Einmaligkeit des Projekts,
- Abgrenzung des Projekts gegenüber anderen,
- projektspezifische Organisation,
- projektspezifische Kompetenzen.

10a.11 Was versteht man unter der Zielvorgabe oder Zielorientierung eines Projektes?

Projektmanagement

Es wird ein klar definiertes Ziel mit einem einmaligen Projekt verfolgt, an dessen Endpunkt ein Ergebnis steht. Mit dem Erreichen des Ergebnisses ist das Projekt beendet.

10a.12 Für komplexe Projekte werden oftmals Arbeitsteams zusammengestellt.
a) Welche Kompetenzbereiche müssen für solche Projektteams verfügbar sein?
b) Erläutern Sie diese Kompetenzen.

Projektmanagement

a) Um ein Projekt zu bewältigen, sind in der Regel bei den Mitarbeitern drei Kompetenzbereiche von besonderer Bedeutung: Fachkompetenz, Methoden-kompetenz, Sozialkompetenz.

b) • Die fachlichen Kompetenzen beinhalten z.B. Gestaltungskenntnisse, Softwarebeherrschung, Programmierkenntnisse, Workflow-Wissen usw.
- Die Methodenkompetenz beinhaltet die Fähigkeit von Projektmitarbeitern, zielgerichtet und planmäßig eine Aufgabe zu lösen und dabei Kreativitäts-, Kommunikations- und Dokumentationstechniken anzuwenden.
- Die Sozialkompetenz beinhaltet Sozialtugenden, wie z.B. Zuverlässigkeit, Respekt, Gerechtigkeitssinn, Toleranz, Umgangsformen, Teamfähigkeit, Konfliktfähigkeit und Integrationsfähigkeit.

10a.13 Ein Management-Regelkreis besteht aus den Funktionen: Zielsetzung, Planung, Entscheidung, Realisierung, Kontrolle, Information und Kommunikation.
Erklären Sie die Funktion „Information und Kommunikation" im Management-Regelkreis mit Hilfe der unten stehenden Grafik.

Projektmanagement

Im Zentrum des Regelkreises steht die Funktion Information und Kommunikation.

Die Funktionen im Außenbereich des Management-Regelkreises müssen jederzeit auf die jeweils notwendigen Informationen zugreifen können. Der Informationsstand ist deshalb ständig zu aktualisieren.

10a.14 Die Team-Entwicklungs-Uhr (nach Tuckman) veranschaulicht die Darstellung des Gruppen-Entwicklungsprozesses in 4 Phasen. Erläutern Sie diese 4 Phasen in Stichworten.

Projektmanagement

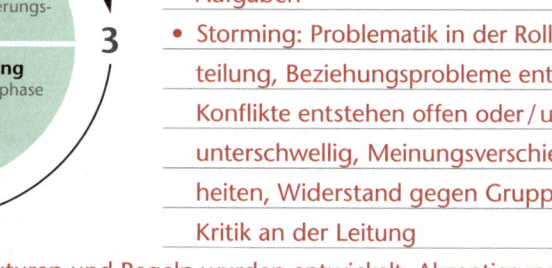

- Forming: Die Teammitglieder lernen sich kennen, Klärung der Kommunikation, Festlegung der gemeinsamen Ziele und Aufgaben
- Storming: Problematik in der Rollenverteilung, Beziehungsprobleme entstehen, Konflikte entstehen offen oder / und unterschwellig, Meinungsverschiedenheiten, Widerstand gegen Gruppenziele, Kritik an der Leitung

- Norming: Klare Strukturen und Regeln wurden entwickelt; Akzeptierung der Gruppenmitglieder; Sachliche Kommunikation untereinander, Identifikation mit der Aufgabe
- Performing: Effektivste Phase in der Teamarbeit; hohe Motivation aller Teammitglieder; Arbeitsaufgaben werden im Team besprochen und gelöst; hohe Arbeitsbereitschaft; Wir-Gefühl entsteht

---

10a.15 a) Erläutern Sie den Begriff Ressourcenanalyse bei der Planung eines Projekts.
b) Welche Aspekte werden bei der Ressourcenanalyse geprüft?

Projektmanagement

a) Nach der Formulierung des Projektziels erfolgt durch die Projektleitung die Analyse der notwendigen Ressourcen, um festzustellen und festzulegen, welche Ressourcen für die Durchführung eines Projektes erforderlich sind.

b) • Mitarbeiter: Projektteam bereits vorhanden? Kompetenzen der Mitarbeiter, Anzahl der Mitarbeiter, Abstimmung mit anderen Abteilungen
- Sachmittel: Welche Sachmittel sind notwendig? Stehen die notwendigen Sachmittel ausreichend und zeitgerecht zur Verfügung?
- Etat: Höhe der geschätzten Kosten? Welches Budget steht zur Verfügung? Im welchen Rahmen kann das Budget überzogen werden?
- Zeit: Zeitrahmen vorgegeben? Start- und Endpunkt des Projekts; Überschreitung des Zeitrahmens möglich?

10a.16 Die zeitliche Planung zur Durchführung eines Projekts erfolgt mittels eines Projektterminplans (PTP). Wann kann mit der Erstellung eines Projektterminplans begonnen werden?

Projektmanagement

Wenn alle Ressourcen einschließlich des zu erwartenden Zeitaufwands erfasst sind, wird der Projektablaufplan (PAP) durch die Terminplanung ergänzt. Aus dem reinen Projektablaufplan (PAP) wird dadurch der Projektterminplan (PTP).

10a.17 Erklären Sie die folgenden Fachbegriffe zur Projektplanung:
a) Vorwärtsplanung,
b) Rückwärtsplanung,
c) Puffer.

Projektmanagement

a) Die Vorwärtsplanung oder -rechnung für ein Projekt beginnt mit dem ersten Vorgang am frühestmöglichen Starttermin. Anschließend wird aus den frühestmöglichen Start- und Endterminen aller Aktivitäten und Prozesse der frühestmögliche Termin des Projektabschlusses berechnet.

b) Die Rückwärtsplanung bzw. -rechnung beginnt mit dem frühestmöglichen Abschlusstermin. Aus den geschätzten erforderlichen Zeiträumen für die einzelnen Vorgänge ergibt sich der spätestens mögliche Starttermin.

c) Puffer: Vorwärtsplanung und Rückwärtsplanung ergeben, wenn man sich nicht verrechnet hat, die gleiche Produktionszeit. Da diese Rechnung zumeist optimiert gerechnet wurde, müssen zwischen schwierigen Produktionsvorgängen Pufferzeiten eingeplant werden. Dadurch wird Zeit als Reserve eingeplant.

10a.18 Zur Visualisierung einer Projektplanung und des Projektverlaufs werden verschiedene Darstellungstechniken verwendet. Nennen Sie 2 dieser Techniken, die in den Betrieben häufig verwendet werden.

Projektplanungstechniken

- Ganttdiagramm – Balkendiagramm
- Netzplantechnik

10a.19 Die Abbildung zeigt einen Ausschnitt mit einem Ganttdiagramm. Erklären Sie den prinzipiellen Aufbau.

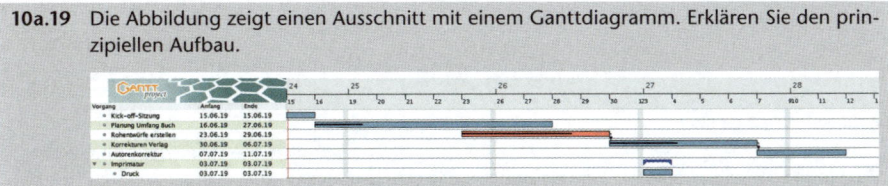

Projektplanungstechniken

- Die Abbildung listet in der linken Spalte die einzelnen Vorgänge bzw. Arbeitsplätze auf.
- Die Ressourcenbelegung wird als waagrechter Balken für einzelne Arbeitsstationen angezeigt.
- Die Farben geben an, ob Stationen noch freie Kapazitäten haben oder ob eine Überbelegung (Überstunden) geplant ist.

10a.20 Beschreiben Sie Aufgabe und Funktion der Netzplantechnik.

Projektplanungstechniken

- Aufgabe: Ein Netzplan ist die grafische oder tabellarische Darstellung von Abläufen und deren Abhängigkeiten. Nach DIN 69900-1 /-2 umfasst die Netzplantechnik alle Verfahren zur Analyse, Beschreibung, Planung, Steuerung und Überwachung von Abläufen auf der Grundlage der Graphentheorie, wobei Zeit, Kosten, Einsatzmittel bzw. Ressourcen berücksichtigt werden können.
- Funktion: Die Netzplantechnik wird vor allem in der Terminplanung von Projekten eingesetzt. In Netzplänen werden der kritische Pfad und der verfügbare Puffer grafisch dargestellt.

10a.21 Was wird unter einem „kritischen Pfad" in der Netzplantechnik verstanden?

Projektplanungstechniken

Der kritische Pfad zeigt diejenigen Vorgänge im Ablauf eines Projektes an, bei deren zeitlicher Änderung sich der Endtermin im Netzplan verändert. Der Endtermin wird in einem Netzplan durch die Kette von Einzel-Aktivitäten bestimmt, welche in der Summe die längste Zeitdauer aufweist. Um einen kritischen Pfad zu entlasten, sollen / müssen Pufferzeiten eingeplant werden.

10a.22 Die Abbildung zeigt einen „Netzplanknoten" mit einer Reihe von Kennbuchstaben bzw. Worten. Jede Kennung steht für eine bestimmte Bedeutung. Erklären Sie die Bedeutungen.

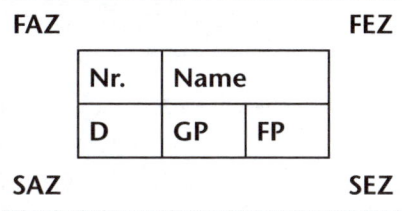

Projektplanungstechniken

- Bezeichnungen innerhalb des Rahmens:

  Nr.:   Vorgangsnummer

  Name: Bezeichnung bzw. Beschreibung des Vorgangs

  D: Dauer eines Vorgangs

  GP: Gesamtpuffer

  FP: freier Puffer

- Bezeichnungen außerhalb des Rahmens:

  FAZ: frühester Anfangszeitpunkt

  SAZ: spätester Anfangszeitpunkt

  FEZ: frühester Endzeitpunkt

  SEZ: spätester Endzeitpunkt

10a.23 Welches Ereignis wird durch ein „Kick-off-Sitzung" gekennzeichnet?

Projektplanungstechniken

Mit der Kick-off-Sitzung fällt der offizielle Startschuss eines Projekts. Sie dient der Information und der Motivation aller am Projekt beteiligten Personen. Alle notwendigen Vorbereitungen sind abgeschlossen und die eigentliche Arbeit im Projekt kann beginnen.

10a.24 Projektcontrolling hat die Aufgabe, ein Projekt zu begleiten und alle Maßnahmen zu ergreifen, um das Erreichen eines Projektziels sicherzustellen. Nennen Sie Unterlagen, die als Grundlage für das Controlling dienen.

Projektplanungstechniken

- Projektablaufplanung
- Projektstrukturplanung
- Projekttterminplanung

10a.25 Erklären Sie den Begriff SOLL-IST-Vergleich im Zusammenhang mit Projektcontrolling.

Projektplanungstechniken

Während der Projektentwicklung ist es notwendig, einen ständigen SOLL-IST-Vergleich durchzuführen, um bei Abweichungen vom Plan sofort reagieren und steuernd einzugreifend zu können. Voraussetzung hierfür ist ein effektives Projektinformationssystem. Der SOLL-IST-Vergleich bezieht sich im Wesentlichen auf den Vergleich bzw. das Feststellen von Abweichungen von den geplanten Zeiten. Zusätzliche Qualitätskontrollen sichern die Produktqualität.

10a.26 Nennen Sie 6 Kommunikationsmittel eines Unternehmens, die ein effektives Controlling ermöglichen.

Projektplanungstechniken

- Fortschrittsbericht
- Projektstatusbericht
- Sitzungsprotokolle
- Projekttagebuch
- Evaluation
- Projektabschlussbericht

10a.27 Die Durchführung eines Projekts zur Realisierung von Medienprodukten beinhaltet umfangreiche Maßnahmen.
  a) Nennen Sie 2 Merkmale, durch die ein Projekt grundsätzlich gekennzeichnet ist.
  b) Der Beginn eines Projekts erfolgt durch ein Kick-off-Meeting. Nennen Sie 4 Zielsetzungen eines Kick-off-Meetings.

Projektmanagement

a) Einmaligkeit, Zielvorgabe, komplexe Aufgabe

  Begrenzungen: zeitlich (Beginn, Ende), finanziell, personell

b) • Die Teammitglieder werden auf das Projekt eingestimmt
  • Motivation der Projektleitung und des Projektteams
  • Aufbruchstimmung erzeugen
  • Information für alle Betroffenen über das Projekt
  • Darstellung der Projektorganisation
  • Offene Fragen klären
  • Zuständigkeiten verteilen, erste Projektstrukturierung, grobe Aufgabenverteilung
  • Vereinbarungen für die Zusammenarbeit treffen

10a.28 Folgende Arten von Zielgruppen werden unterschieden: informelle Gruppen, formelle Gruppen, Bezugsgruppen.
Nennen Sie jeweils typische Merkmale der genannten Gruppen.

Zielgruppen

- Informelle Gruppe (Primärgruppe): Kleingruppe, face-to-face-Gruppe, Familie oder familienähnliche Struktur, Wir-Gefühl dominiert.
- Formelle Gruppe (Sekundärgruppe): Großgruppe, Organisation, anonyme Gruppenstruktur, distanziertes Verhältnis zwischen den einzelnen Gruppenmitgliedern.
- Bezugsgruppe (Peer Groups): dient als Referenzgruppe die Normen setzt.

10a.29 Erklären Sie den Begriff Peer Group (auch Peergroup).

Zielgruppen

Als Peer Group gelten Gruppen mit Mitgliedern ähnlichen Alters, meist auch ähnlicher sozialer Herkunft und gleichen Geschlechts. Peer Groups werden unbewusst dauernd zum Vergleich mit der eigenen Lebenssituation herangezogen, wobei der Abstand vergleichsweise klein gehalten wird.

10a.30 Zielgruppen werden allgemein durch 4 unterschiedliche Merkmale beschrieben. Tragen Sie diese 4 Merkmale in die nachfolgende Tabelle ein und beschreiben Sie das jeweilige Merkmal durch Stichworte.

Zielgruppen

Merkmale	Beschreibung
Demografische Merkmale	Alter, Geschlecht, Familienstand, Beruf, Ausbildungsniveau, soziale Schicht, Ausländer, Inländer...
Psychografische Merkmale	Persönlichkeit, Lebensstil und Lebensziele, Einstellungen wie modern, sportlich, freizeitorientiert, konservativ, anspruchsvoll …
Verhaltens-merkmale	Kaufanlässe, Nutzererwartungen, Nutzerstatus, Kaufver-halten, -bereitschaft, Sparverhalten, Sicherheitsbedürfnis
Geografisch-regionale Merkmale	Wohnort, Städte, Stadtteile, Landbewohner, Eigentümer, Mieter, Ferienhaus oder -wohnung, Regionalstruktur, Sozial- und Angebotsstruktur eines Stadtteiles …

10a.31 In der Marktforschung werden Sinus-Millieus zur Gruppierung der soziokulturellen Viel-falt verwendet.
a) Beschreiben Sie, was unter Sinus-Millieus zu verstehen ist.
b) Nennen Sie in Stichworten die Inhalte der Sinus-Milieus für die folgenden Gruppen:
  • Bürgerliche Mitte,
  • Adaptiv-pragmatisches Millieu.
c) Zu welchem Sinus-Milieu könnte man Berufe im Designbereich zuordnen? Begründen Sie Ihre Antwort.

Marktforschung

a) Zielgruppendifferenzierung nach dem Modell der Lebenswelten.

Die Bevölkerung einer Region eines Landes wird in 10 Milieus (oder Gruppen) eingeteilt. Jede Gruppe weist gemeinsame Merkmale in der Lebensweise, der Bildung, den Einstellungen, dem Einkommen usw. auf. Je höher ein Milieu angesiedelt ist, um so höher sind Einkommen, Berufsgruppe, Bildung usw.

b) • Bürgerliche Mitte: statusorientierter Bürger, strebt nach beruflichem und sozialem Erfolg, der politischen Mitte zuzuordnen
  • Adaptiv-pragmatisches Milieu: moderne junge Mitte mit ausgeprägtem Lebenspragmatismus und Nützlichkeitsdenken, Leistungs- und anpassungs-

bereit, aber auch Wunsch nach Spaß und Unterhaltung; zielstrebig, flexibel, weltoffen, gleichzeitig starkes Bedürfnis nach Verankerung und Zugehörigkeit

c) Menschen in Designberufen gehören meist zu der Gruppe der adaptiv-prag-matischen Menschen oder zu den Performern, da hier meist eine hohe Tech-nik- und IT-Affinität vorhanden ist. Aber auch die Zugehörigkeit zu anderen Gruppen ist möglich.

10a.32 Erläutern Sie, was in der Marktforschung unter den Nielsen-Gebieten verstanden wird.

Marktforschung

Deutschland ist in sieben Gebiete eingeteilt. Diese Gebiete sind geprägt durch unterschiedliches Konsumverhalten, wirtschaftliche Verhältnisse, Einkommen, Lebenseinstellung usw. Abgestimmt auf die Nielsen-Gebiete können Werbemaß-nahmen regionalisiert und zielgruppengerechter aufgeteilt werden.

10a.33 Definieren Sie den Begriff Branding.

Branding

Branding bezeichnet das Einprägen von Markennamen (englisch: brand, deutsch: Marke) über unterschiedliche Marketingkanäle und Werbemaßnahmen.
Ziel ist es, potentielle Kunden und Anwender von der Existenz eines Unternehmens, einer Marke und der Leistungen und Produkte des Unternehmens in Kenntnis zu setzen. Branding versucht, einen Markenbegriff mit Leben zu erfüllen.

10a.34 Was wird unter den Begriffen „Response" und „Responsequote" verstanden?

Werbung

• Response ist die Reaktion der Kunden auf eine Marketingaktion.
• Die Responsequote ist die zählbare Menge der Kundenreaktionen (meist in Prozent) auf eine Marketingaktion.

10a.35 Nennen Sie die 5 wichtigsten, umsatzabhängigen Zyklen im Leben eines Produkts, nennen Sie die zugehörige Umsatztendenz und beschreiben Sie, jeweils mögliche Werbemaßnahmen, die zu den 5 Produktlebenszyklen passend erscheinen. Ergänzen Sie hierzu die nachfolgende Tabelle.

Werbung

Zyklus	Umsatz	Werbemaßnahme
Produkteinführung	zunächst gering dann steigend	Einführungswerbung: Ein neues Produkt wird zur Markteinführung beworben
Produktwachstum	steigend	Stabilisierungswerbung: Alle Werbemaßnahmen dienen dazu, Marktanteile zu sichern, auszuweiten und Gegenmaßnahmen der Konkurrenzanbieter aufzufangen.
Produktreife	Höhepunkt	Stabilisierungswerbung und/oder Erhaltungswerbung: Durchgeführte Werbeaktionen werden vorwiegend als sogenannte Erinnerungswerbung strukturiert, um bestehende Kundenstrukturen zu halten, auszubauen bzw. zu erneuern.
Produktdegeneration	sinkt	Expansionswerbung: Bei stagnierenden Marktanteilen dienen alle Werbemaßnahmen dem Versuch, die Absatzgebiete und damit die Marktanteile zu vergrößern.
Produktauslauf	Tiefpunkt	Falls es ein Ersatzprodukt gibt, wird dieses durch eine Einführungswerbung beworben.

10a.36 Das Ziel einer Werbemaßnahme, kann nach dem AIDA-Prinzip definiert werden. Erläutern Sie die 4 Phasen des AIDA-Prinzips. Bei welchen Werbemedien funktioniert dieses Prinzip am besten?

Werbliche Wirkungsmechanismen

A: Attention – Aufmerksamkeit erregen

I: Interesting – Interesse wecken

D: Desire – Kaufverlangen wecken

A: Action – Kunden zum Konsum (Kauf) motivieren

Das AIDA-Prinzip funktioniert am besten bei statischen Medien, wie Plakaten und Anzeigen.

10a.37 Für Internetauftritte wird die GIULIA-Formel als Werbewirkungsmechanismus verwendet. Erklären Sie die Formel.

werbliche Wirkungsmechanismen

G: Glaubwürdigkeit, Vertrauensverhältnis zwischen Nutzer und Anbieter

I: Information, Nutz- und Informationswert für den Nutzer

U: Unverwechselbarkeit, die Internetseite unterscheidet sich von anderen

L: Lesbarkeit, Inhalte sind aufgrund der Darstellung und der Schreibweise rasch und einfach zu erfassen

I: Interesse, der Kauf von Produkten oder Dienstleistungen soll initiiert werden

A: Aufmerksamkeit, Einstieg zum längeren Verbleib auf der Internetseite und zur langfristigen Nutzerbindung

10a.38 Erklären Sie den Begriff Virales-Marketing.

werbliche Wirkungsmechanismen

- Beim Viralen-Marketing verbreiten sich Werbeinformationen meist in Form von Videoclips, Blogs oder Bildern mittels des Internets wie ein Virus.
- Beim aktiven Viralen-Marketing werden die Informationen oder Links zu den Informationen bewusst an Freunde oder Bekannte weitergeleitet.
- Beim passiven Viralen-Marketing werden die Werbeinformationen allein durch die Verwendung des Produkts, z. B. kostenloses Nutzung der Dienste eines E-Mail-Anbieters, weiterverbreitet.

10a.39 Erklären Sie den Begriff Guerilla-Marketing anhand eines Beispiels.

werbliche Wirkungsmechanismen

Unkonventionelle Marketingstrategie bei kleinem Werbebudget und für einen kleinen Zielgruppenbereich. Beispiel: Bei Schneefall werden allen Autos eines Stadtteils Werbeflyer, der einen günstigen Reifenwechsel anbietet, von einem örtlichen Reifenhändler unter die Scheibenwischer parkender Fahrzeuge gesteckt.

LF 10a

10a.40 Die Analyse der Auftragsergebnisse von 3 unterschiedlichen Kunden eines Medienunternehmen zeigt in der Kundenportfolio-Matrix folgendes Ergebnis. Welche strategische Verhaltensmaßnahme eignen sich für die Kundengruppe A, B und C?

Marketing

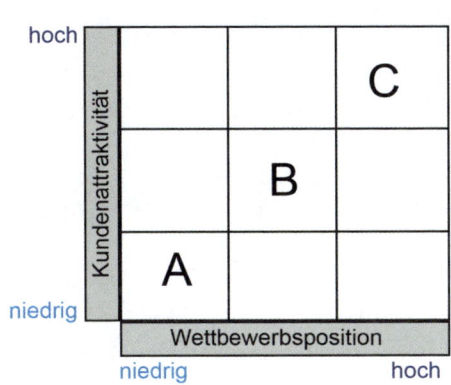

A: Kunden aufgeben oder versuchen, ihn in eine bessere Position zu transferieren.

B: Abklären, was mit dem Kunden künftig geschehen soll.

C: Kunden halten und versuchen, den Umsatz mit ihm weiter auszubauen.

10a.41 Bei der Port-Folio-Analyse (Vier-Felder-Matrix) unterscheidet man in die 4 Segmente „Stars"; „Poor dogs", „Question marks" und „Cash cows". Tragen Sie die 4 Begriffe in den entsprechenden Quadranten ein.

Marketing

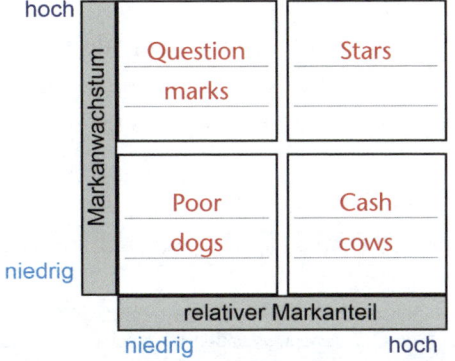

10a.42 Der Grafiker Willi Kurzweil wird beauftragt, für einen Verlag ein Logo zu erstellen. Nach mehreren Kundenkorrekturen übergibt Willi Kurzweil das Logo in digitaler Form an den Verlag. Wer ist der Urheber des Logos? Auszug UrhG: § 7 Urheber ist der Schöpfer des Werkes.

Medienrecht

Grafiker Willi Kurzweil hat das Logo erstellt. Folglich ist er der Urheber.

Die Inhalte des Urheberrechtsgesetzes sind auf ihn anzuwenden.

LF 10a

10a.43 a) Nennen Sie mindestens 6 Werkarten, die das Urheberrecht schützt.
b) Müssen bestimmte Maßnahmen ergriffen werden, damit ein Werk urheberrechtlich geschützt ist?

Medienrecht

a) Sprachwerke, Musikwerke, Werke der Tanzkunst, Werke der Baukunst und deren Entwürfe, Werke der angewandten Kunst (z. B. Gebrauchsgrafik) und deren Entwürfe, Lichtbildwerke (Fotos, Filme, Videos), wissenschaftliche und technische Darstellungen, Datenbanken, Sammelwerke, die aus Einzelwerken oder unterschiedlichen Beiträgen zusammengestellt sind und eine eigene geistige Schöpfung darstellen, Übersetzungen

b) Es müssen keine Maßnahmen ergriffen werden. Urheberschutz entsteht kraft des Gesetzes, bedarf keiner Registrierung, bedarf keiner Hinterlegung, bedarf keines Copyright-Vermerkes (©-Zeichen).

10a.44 Das Urheberrecht umfasst das Urheberpersönlichkeitsrecht und das Verwertungsrecht. Nennen Sie die wichtigsten Inhalte dieser zwei Rechtsbereiche.

Medienrecht

- Urheberpersönlichkeitsrecht: Umfasst das Veröffentlichungsrecht, den Schutz vor Entstellung sowie das Recht der Anerkennung der Urheberschaft.
- Verwertungsrecht: Umfasst die Vervielfältigung, Verbreitung, Ausstellung, Vortrag, Aufführung, Vorführung, Wiedergabe von Funksendungen sowie die Bearbeitung des Werks.

10a.45 Nennen Sie die Schutzfrist für folgende Werke nach § 64 UrhG:
a) Lichtbildwerke / Filmwerke, Werke der angewandten Kunst,
b) Lichtbilder,
c) Darbietung von Künstlern.

Medienrecht

a) Die Rechte erlöschen 70 Jahre nach dem Tod des Urhebers. Nach dem Tod des Urhebers geht das Recht auf die Erben über.

b) 50 Jahre nach dem Erscheinen des Lichtbildes bzw. 50 Jahre nach dem Herstellen des Lichtbildes, wenn es nicht veröffentlicht wurde.

c) 50 Jahre nach dem ersten Erscheinen der Darbietung.

10a.46 Nach dem Ablauf der Schutzfrist wird ein Werk „gemeinfrei". Erklären Sie den Begriff.

Medienrecht

Das Werk kann von jedermann verwendet werden, z. B. nachgedruckt oder herausgegeben werden.

10a.47 a) Wie können grafische Gestaltungen wie Logos und Markenzeichen zusätzlich geschützt werden?
b) Wie lange dauert dieser zusätzliche Schutz?
c) Wie lassen sich technische Erfindungen schützen?
d) Wie lange dauert die Schutzfrist bei technischen Erfindungen?

Medienrecht

a) Für Logos und Markenzeichen sowie ähnliche Produkte kann man mittels Eintragung beim Deutschen Patent- und Markenamt in München einen Markenschutz erreichen.

b) Die Zeitdauer beträgt 10 Jahre und kann unbegrenzt verlängert werden.

c) Technische Erfindungen werden durch Eintragung in die Patentrolle beim Deutschen Patent- und Markenamt in München durch das Patenrecht geschützt.

d) Die Schutzdauer beträgt maximal 20 Jahre.

10a.48 Für den Internetauftritt einer Schule wird eine Schulklasse im Klassenzimmer fotografiert. Auf dem Bild sind alle Personen deutlich zu erkennen. Ist die Veröffentlichung ohne weiteres möglich?

Medienrecht

Nein, nach § 22 KunstUrhG (Kunsturheberrechtsgesetz) dürfen Abbildungen einer erkennbaren Person, die im Fokus des Bildes steht, grundsätzlich nur dann verbreitet oder zur Schau gestellt werden, wenn deren Einwilligung vorliegt. Die Einwilligungen müssen vorher eingeholt werden.

10a.49 In welchen Fällen muss keine Einwilligung zur Abbildung von Personen vorliegen, welche Ausnahmen sind möglich?

Medienrecht

1. Personen der Zeitgeschichte, z. B. Staatsoberhäupter, Künstler, Wissenschaftler, Sportler.

2. Abgebildeten Personen sind als Beiwerke einer Landschaft oder Örtlichkeit nur zufällig auf dem Bild. Dies wird auch als Panoramafreiheit bezeichnet.

3. Das Bild stellt öffentliche Versammlungen, Aufzüge oder ähnliche Vorgänge dar, z. B. Festumzüge oder Demonstrationszüge.

10a.50 Ein Bildagentur bietet im Internet Bilder in den nachfolgenden Kategorien an:
1. Public-Domain-Bilder
2. Creative-Commons-Lizenz
3. Lizenzfreie Bilder („Royalty-free", „RF")
4. Lizenzpflichtige Bilder („Rights managed", „RM")

a) Erläutern Sie die vier Kategorien.
b) Erläutern Sie die Begriffe „Model Release" und „Property Release". Welche Probleme können entstehen wenn für ein Bild keine Release vorliegt?

Medienrecht

a) 1. Public-Domain-Bilder: Bilder, die in der Regel keinen Schutz genießen, da deren Schutzfrist abgelaufen ist (gemeinfrei).

2. Creative-Commons-Lizenz: Bilder können unter bestimmten Bedingungen verwendet werden, der Urheber kann aber die Verwendung an Bedingungen knüpfen, z. B. Namensnennung, keine Bearbeitung, keine kommerzielle Nutzung usw.

3. Lizenzfreie Bilder: Der Urheber der Bilder gestattet die kostenlose Verwendung unter bestimmten Bedingungen (z. B. Ausschluss der gewerblichen Nutzung), er erteilt ein „kostenloses" Nutzungsrecht.

4. Lizenzpflichtige Bilder: Bilder werden einmalig erworben und können je nach Lizenzmodell einmalig oder unbegrenzt und in verschiedenen Medien verwendet werden.

b) • Model Release: Aufgrund des Rechts am eigenen Bild muss für viele Personenaufnahmen eine Einwilligungserklärung vorliegen. Wenn diese Erklärung nicht vorliegt, kann das Bild nicht rechtssicher verwendet werden.

• Property Release: Wenn (nicht dauerhafte) Werke / Kunstwerke auf einem Bild abgebildet sind (z. B. eine Skulptur), muss die Einwilligung des entsprechenden Schöpfers vorliegen. Wenn diese Rechte nicht geklärt sind, können solche Bilder nicht rechtssicher verwendet werden.

LF 10a

10a.51 Der Inhaber eines Reiseunternehmens beantragte die Eintragung der Marke „Europa Reisen" beim Deutschen Patent- und Markenamt (siehe Logo 1). Im Rahmen eines Widerspruchverfahrens legt der Verlag Europa-Lehrmittel Widerspruch gegen diese Eintragung ein (siehe Logo 2).
a) Mit welcher Regelung des Markengesetzes könnte Verlag Europa-Lehrmittel seinen Eintragungswiderspruch begründen?
b) Der Besitzer des Reiseunternehmens hat das Logo selbst erstellt. Beschreiben Sie aus der Sicht des Gestalters, wie das Logo vor unbefugtem Gebrauch geschützt werden kann.
c) Nennen Sie die Voraussetzung, unter der das Logo auch urheberrechtlich geschützt werden kann.
d) Nennen Sie den Zeitraum, für den der urheberrechtliche Schutz dann wirksam ist.

Medienrecht

Logo 1

Logo 2

Auszug aus § 9 Markengesetz

Angemeldete oder eingetragene Marken als relative Schutzhindernisse

(1) Die Eintragung einer Marke kann gelöscht werden,

1. wenn sie mit einer angemeldeten oder eingetragenen Marke mit älterem Zeitrang identisch ist und die Waren oder Dienstleistungen, für die sie eingetragen worden ist, mit den Waren oder Dienstleistungen identisch sind, für die die Marke mit älterem Zeitrang angemeldet oder eingetragen worden ist,

2. wenn wegen ihrer Identität oder Ähnlichkeit mit einer angemeldeten oder eingetragenen Marke mit älterem Zeitrang und der Identität oder der Ähnlichkeit der durch die beiden Marken erfassten Waren oder Dienstleistungen für das Publikum die Gefahr von Verwechslungen besteht, einschließlich der Gefahr, dass die Marken gedanklich miteinander in Verbindung gebracht werden, ...

a) Eintragungswiderspruch kann begründet werden mit einer Verwechslungsgefahr aufgrund der Ähnlichkeit der beiden Logos.

b) Das Logo kann als Geschmacksmuster beim Deutschen Patent- und Markenamt eingetragen werden. Dies muss beantragt werden und kostet Gebühren.

c) Wenn das Logo den Anforderungen für ein Werk im Sinne des Urheberrechts entspricht, ist ein entsprechender Schutz möglich. Ob die Schöpfungshöhe gegeben ist, wird je nach Gerichtsort, unterschiedliche gewertet. Die meisten Logos erfüllen diesen Anspruch hinsichtlich der Gestaltungshöhe (Maß der Eigenständigkeit) allerdings nicht, so dass es beim Geschmacksmusterschutz bleibt.

d) Das Urheberrecht gilt bis 70 Jahre nach dem Tod des Urhebers.

10a.52 Ein Verlag mit dem Programmbereich Kunst erstellt jährlich einen Kunstkalender. Im aktuellen Jahr soll ein Foto einer neu geschaffenen Skulptur eines berühmten Bildhauers veröffentlicht werden. Die Skulptur steht auf dem Markplatz der Gemeinde Appelhülsen im Stadtzentrum. Für die Veröffentlichung soll ein Foto des bekannten Szene-Fotografen Emil Schubert benutzt werden.
a) Prüfen Sie den Sachverhalt anhand des „Werk-Begriffs" des Urheberrechts.
b) Wie lange dauert ein möglicher urheberrechtlicher Schutz?
c) Welche Bedeutung hat die Panoramafreiheit bei diesem Sachverhalt?
d) Welche Nutzungsrechte müssen eingeholt werden.

Medienrecht

a) Im vorliegenden Fall können zwei Werke vorliegen:
Das Foto des Szene-Fotografen und die neu geschaffene Skulptur.
In beiden Fällen liegt eine persönlich-geistige Schöpfung mit einer gewissen Gestaltungshöhe vor, dann sind beides Werke im Sinne des UrhG.

b) Bis 70 Jahre nach dem Tode des Urhebers.

c) Panoramafreiheit ist die Freiheit, bleibende Werke im öffentlichen Raum zu verbreiten und zu vervielfältigen (§ 59 UrhG). Falls diese Skulptur bleibend und nicht nur vorübergehend ist, gilt hier die Panoramafreiheit.

d) Da wie bei c) angenommen für die Skulptur Panoramafreiheit vorliegt, müssen nur vom Fotografen die entsprechenden Nutzungsrechte eingeholt werden (Veröffentlichungsrecht, Verbreitungsrecht usw.)

10a.53 Zur Installation eines Onlineshops der per E-Mail bzw. Newsletter auf aktuelle Angebote hinweist, benötigt der Auftraggeber noch Informationen.
a) Beurteilen Sie durch Ankreuzen, ob die nachfolgenden Sachverhalte zulässig / unproblematisch oder unzulässig / problematisch sind.
b) Erklären Sie die nachfolgenden Begriffe, die bei der Zustimmung zu E-Mail-Werbung und Newsletter-Werbung verwendet werden.
1. Opt-Out-Verfahren
2. Opt-In-Verfahren
3. Double-Opt-In-Verfahren

Medienrecht

a)

	Zulässig unproblematisch	Unzulässig problematisch
An die bisher gesammelten E-Mail-Adressen wird ein Newsletter versandt (nähere Infos zu den E-Mail-Adressen liegen nicht vor).		X
Der Agenturkunde ändert seine AGB so ab, dass die Einwilligung seiner Kunden unterstellt wird, wenn diese nicht ausdrücklich widersprechen.		X
Altkunden werden mit einem ähnlichen Angebot beworben; diese haben einer Newsletter-Werbung nicht widersprochen und können den Newsletter jederzeit abbestellen.	X	
Bei Online-Bestellungen arbeitet der Agenturkunde für die Newsletter-Bestellung mit Auswahlkästchen (Ja / Nein), die Einwilligung ist voreingestellt.		X
Nach einem abgebrochenen Online-Kauf erhalten potenzielle Kunden automatisch eine E-Mail / einen Newsletter.		X
Eine Abmeldung aus der Newsletter-Liste ist nur auf postalischem Weg möglich.		X

b)
1. Opt-Out-Verfahren: Wenn der Kunde nicht widersprochen hat, ist die Werbung zulässig.
2. Opt-In-Verfahren: Bei diesem Verfahren genügt die einfache Zustimmung (z. B. durch Setzen eines Häkchens auf einem entsprechendem Formular).
3. Double-Opt-in-Verfahren: Doppelte Einwilligung des Verbrauchers zur Verhinderung der missbräuchlichen Verwendung der E-Mail-Adresse und zum Nachweis der Einwilligung.

1.11 Lernfeld 12a: Druckprodukte planen und kalkulieren

Stichworte:
Auftragsdaten, Platzkostenrechnung, Grenzmenge, Produktionsablauf, Kalkulation, Break-Even, Material-, Zeit- und Personalbedarf, Kostenarten, Kostenstellen, Kapazitätsrechnung, Abschreibungen, Fertigungs- und Hilfszeiten, Angebot, Kalkulationssoftware, Vollkosten- und Teilkostenrechnung, Arbeitsvorgang, Produktions- und Projektplanung, Projektmanagement

12a.1 Nennen Sie 7 Auftragsdaten, die Sie für einen Druckauftrag erfassen müssen.

Auftragsdaten

Auflagenhöhe, Umfang, Endformat, Bedruckstoffart, Farbigkeit, Druckverarbeitung und Liefertermin

12a.2 In der Platzkostenrechnung beinhaltet in der Kostengruppe Personalkosten die Kostenart „Löhne und Gehälter" sowohl
a) Anwesenheitslöhne bzw. -gehälter als auch
b) Abwesenheitslöhne bzw. -gehälter.
Erläutern Sie diese beiden Begriffe.

Platzkostenrechnung

a) Anwesenheitslöhne bzw. -gehälter sind produktive Komponenten des Personaleinsatzes, wie z. B. Normallöhne bzw. -gehälter und Überstundenzuschlag.
b) Abwesenheitslöhne bzw. -gehälter sind unproduktive Komponenten des Personaleinsatzes, wie z. B. Urlaubs- und Feiertagslöhne bzw. -gehälter sowie Lohn- bzw. Gehaltsfortzahlung bei Krankheit.

12a.3 Bei den Kostenarten wird in der Platzkostenrechnung grundsätzlich zwischen Primär- und Sekundärkosten unterschieden. Ordnen Sie die Kostenart durch Ankreuzen richtig zu.

Platzkostenrechnung

	Primärkosten	Sekundärkosten
Umlage Verwaltung		X
Fremdinstandhaltung	X	
Löhne und Gehälter	X	
Kalkulatorische Zinsen	X	
Verrechnung Fertigungshilfskostenstellen		X
Raummiete und Heizung	X	

12a.4   Beschreiben Sie das Ziel einer Platzkostenrechnung.

Platzkostenrechnung

Ziel der Platzkostenrechnung ist die Ermittlung der Selbstkosten für einen Arbeitsplatz. Hieraus leitet sich der Stundensatz für eine Fertigungsstunde ab. Dieser dient als Basis für die Kalkulation.

12a.5   In einer Druckerei stehen für die Produktion von 6 000 Flyern 4 / 0-farbig zwei verschiedene Druckmaschinen zur Verfügung. Die folgenden Kosten für die Produktion liegen für beide Maschinen vor:

Druckmaschine 1:
- Auflagenfixe Kosten: 420 €
- Fortdruckkosten je 1 000 Bogen: 45 €

Druckmaschine 2:
- Auflagenfixe Kosten: 500 €
- Fortdruckkosten je 1 000 Bogen: 25 €

a) Berechnen Sie die Gesamtkosten der Auflage für jede der beiden Druckmaschinen.
b) Berechnen Sie die Grenzmenge, bei der Kostengleichheit zwischen Druckmaschine 1 und 2 besteht.

Grenzmenge

a) Druckmaschine 1: 420 € + 45 € · 6 = 690 €

Druckmaschine 2: 500 € + 25 € · 6 = 650 €

b) (420 − 500) / (45 / 1 000 − 25 / 1 000) = 4 000 Exemplare

12a.6   Eine Druckproduktion durchläuft vom ersten Kundenkontakt bis zum fertigen Druckprodukt verschiedene Phasen. Ordnen Sie die nachfolgenden Phasen einer Druckproduktion in eine sinnvolle Reihenfolge:

a) Auftragsannahme
b) Reinzeichnung
c) CtP-Belichtung
d) Angebotskalkulation
e) Weiterverarbeitung
f) Konzeption
g) Rechnungsstellung
h) Kostenvoranschlag an Kunden
i) Bildbearbeitung
j) Auftragskalkulation
k) Layouterstellung
l) Produktionsplanung
m) Druck
n) Angebotsanfrage
o) Versand

Produktionsablauf

n) Angebotsanfrage
d) Angebotskalkulation
h) Kostenvoranschlag an Kunden
a) Auftragsannahme
j) Auftragskalkulation
l) Produktionsplanung
f) Konzeption
k) Layouterstellung

i) Bildbearbeitung
b) Reinzeichnung
c) CtP-Belichtung
m) Druck
e) Weiterverarbeitung
o) Versand
g) Rechnungsstellung

12a.7   Erläutern Sie die nachfolgend aufgeführten Kostenarten.
a) Materialgemeinkosten
b) Fertigungskosten
c) Gewinnzuschlag
d) Nettopreis
e) Bruttopreis

Kalkulation

a) Materialgemeinkosten sind Teil der Materialkosten und entstehen durch die betriebliche Materialwirtschaft. Sie können einzelnen Produkten nicht direkt zugeordnet werden, sondern werden über Zuschlagsätze verrechnet.
b) Fertigungskosten sind die Summe aller Selbstkosten der Produktion.
c) Der Gewinnzuschlag ist der vom Unternehmen festgelegte Zuschlag auf die Herstellungskosten.
d) Der Nettopreis ist die Summe aus Herstellungskosten und Gewinnzuschlag.
e) Der Bruttopreis ist die Summe aus Nettopreis, Versandkosten und Verpackungskosten sowie Umsatzsteuer.

12a.8   Erläutern Sie die Aufgabe der Angebotskalkulation.

Kalkulation

Die Angebotskalkulation dient zur Einschätzung der Kosten eines Auftrags. Auf Basis dieser ermittelten Kosten wird ein Angebot für einen Kunden erstellt.

12a.9   Erläutern Sie die Aufgabe der Auftragskalkulation.

Kalkulation

Die Auftragskalkulation wird nach Auftragserteilung erstellt. Sie dient der Überprüfung der Angebotskalkulation.

12a.10   Erläutern Sie die Aufgabe der Nachkalkulation.

Kalkulation

Nach Fertigstellung eines Auftrags werden mit der Nachkalkulation die tatsächlich benötigten Kosten eines Auftrags für Zeit- und Materialaufwand berechnet. Durch den Vergleich mit der Auftragskalkulation können Gewinn oder Verlust eines Auftrags ermittelt werden. Die Werte können als Basis für zukünftige Angebote dienen.

LF 12a

12a.11 Für die Produktion einer Broschüre in einer Druckerei liegen die folgenden Daten vor:
- Maximale Herstellungskapazität: 15 000 Exemplare
- Variable Stückkosten: 3,50 €/Exemplar
- Fixkosten: 40 000 €
- Verkaufspreis: 9,50 €/Exemplar
- a) Berechnen Sie den Break-Even-Point.
- b) Berechnen Sie den Break-Even-Point bei einer Erhöhung der Fixkosten um 5 000 €.
- c) Berechnen Sie den Plangewinn bei der Produktion an der Kapazitätsgrenze.

Break-Even

a) Der Break-Even-Point ist der Schnittpunkt zwischen Kostenkurve und Erlöskurve.

$9,5 x = 40\,000 + 3,5 x$

$6 x = 40\,000$

$x = 6\,666,67$ Ex.

Der Break-Even-Point liegt bei 6 667 Exemplaren.

b) $9,5 x = 45\,000 + 3,5 x$

$6 x = 45\,000$

$x = 7\,500$ Ex.

Der Break-Even-Point liegt bei 7 500 Exemplaren.

c) Kosten = 40 000 € + 15 000 Ex. · 3,5 €/Ex. = 40 000 € + 52 500 € = 92 500 €

Erlöse = 15 000 Ex. · 9,5 €/Ex. = 142 500 € 142 500 € – 92 500 € = 50 000 €

Der Plangewinn liegt bei 50 000 €.

12a.12 Die Bestimmung der Kosten für das Fertigungsmaterial erfolgt in verschiedenen Arbeitsschritten. Bringen Sie die nachfolgenden Ablaufschritte in eine sinnvolle Reihenfolge.
- a) Berechnung der Materialnettomenge
- b) Wahl der Fertigungsmaterialart
- c) Berechnung der Gesamtkosten für das Fertigungsmaterial
- d) Berechnung der Materialbruttomenge
- e) Berechnung des Materialzuschusses
- f) Berechnung der Materialeinzelkosten
- g) Berechnung des Materialgemeinkostenzuschlages

Materialbedarf

b) Wahl der Fertigungsmaterialart

a) Berechnung der Materialnettomenge

e) Berechnung des Materialzuschusses

d) Berechnung der Materialbruttomenge

f) Berechnung der Materialeinzelkosten

g) Berechnung des Materialgemeinkostenzuschlages

c) Berechnung der Gesamtkosten für das Fertigungsmaterial

12a.13 Erläutern Sie die folgenden Zeitarten:
- a) Fertigungszeiten
- b) Hilfszeiten
- c) Ausfallzeiten

Zeitbedarf

a) Fertigungszeiten dienen der Auftragserstellung. Sie werden in der Leistungserfassung den einzelnen Aufträgen direkt zugeordnet.

b) Hilfszeiten sind produktionsbedingte Zeiten. Sie können für mehrere Aufträge gemeinsam auftreten, nicht für einen Auftrag direkt.

c) Ausfallzeiten sind nicht produktionsbedingte Zeiten, z. B. bezahlte Lohnstunden ohne Arbeitszeit in der Produktion

12a.14 Wesentliche Kennzahlen der Kapazitätsrechnung sind die Arbeitsplatzkapazität und die Plankapazität. Erläutern Sie diese beiden Begriffe.

Personalbedarf

- Die Arbeitsplatzkapazität ist die maximale Kapazität eines Arbeitsplatzes in einem Jahr (Kalendertage abzüglich Samstage, Sonntage und Feiertage).
- Die Plankapazität ist die Summe aus maximalen Fertigungsstunden und Hilfsstunden. Um sie zu berechnen, werden von der Arbeitsplatzkapazität Urlaubstage, Tage mit bezahlter Arbeitsverhinderung, Krankheitstage, Freischichten, Altersfreizeit abgezogen und Stundenausgleich aufgrund von Überstunden, Arbeitsstunden von Aushilfen sowie Springern hinzugerechnet.

12a.15 Die Arbeitsplatzkapazität der Kostenstelle Vierfarben-Offsetdruckmaschine beträgt im 1 Schichtbetrieb 1 759 Stunden im Jahr. Die Plankapazität liegt bei 1 454 Stunden im Jahr. An der Druckmaschine fallen 162 Hilfsstunden im Jahr an.
- a) Berechnen Sie den Beschäftigungsgrad (B°) des Arbeitsplatzes.
- b) Berechnen Sie den Nutzungsgrad (N°) des Arbeitsplatzes.

Platzkostenrechnung

a) B° in %: (1 454 Stunden im Jahr / 1 759 Stunden im Jahr) · 100 = 82,7 %

b) Fertigungsstunden: 1 454 Stunden im Jahr – 162 Stunden im Jahr

= 1 292 Stunden im Jahr

N° in %: (1 292 Stunden im Jahr / 1 454 Stunden im Jahr) · 100 = 88,9 %

12a.16 In der Platzkostenrechnung wird zwischen Primär- und Sekundärkosten unterschieden. Erklären Sie diese beiden Kostenarten.

Kostenarten

- Primärkosten sind Kosten, die in der Kostenstelle direkt anfallen. Sie können verursachungsgerecht zugerechnet werden.
- Sekundärkosten sind Kosten, die der Kostenstelle durch Umlagen zugewiesen werden, z. B. über einen Verrechnungsschlüssel.

12a.17 Nennen Sie 2 Darstellungstechniken, die in der Praxis bei der Visualisierung von Produktions- oder Projektplanungen häufig verwendet werden.

Produktions- und Projektplanung

Ganttdiagramm bzw. Balkendiagramm

Netzplantechnik

12a.18 Erläutern Sie die Aufgabe der Kostenartenrechnung.

Kostenarten

Die Kostenartenrechnung hat die Aufgabe festzustellen, welche Kosten in welcher Höhe im Unternehmen angefallen sind. Kosten werden nach bestimmten Ausprägungen erfasst und zugeordnet.

12a.19 Erläutern Sie die Aufgabe der Kostenstellenrechnung

Kostenstellen

Die Kostenstellenrechnung soll klären, wo die Kosten in einem Betrieb angefallen sind. Kostenstellen sind die Orte der Kostenentstehung im Betrieb.

12a.20 Erläutern Sie die Bedeutung der Kostenart „kalkulatorische Zinsen" bei der Ermittlung der Selbstkosten in der Kostenrechnung.

Platzkostenrechnung

Durch den Ansatz von kalkulatorischen Zinsen in der der Kostenrechnung soll die Verzinsung des in den Betriebsmitteln gebundenen Kapitals berücksichtigt werden.

12a.21 In der Kostenstellenrechnung wird zwischen a) Hauptkostenstellen und b) Hilfskostenstellen unterschieden. Erklären Sie diesen beiden Kostenstellenarten.

Kostenstellen

a) Hauptkostenstellen sind Kostenstellen, welche direkt an der Erstellung eines Produktes in der Produktion beteiligt sind. Hierdurch können die anfallenden Kosten dem Produkt direkt zugerechnet werden.
b) Hilfskostenstellen sind Kostenstellen, welche nicht direkt an der Produktion eines Produktes in der Produktion beteiligt sind. Hilfskostenstellen erbringen Leistungen für andere Hauptkostenstellen und ihre Kosten werden mit diesen Hauptkostenstellen verrechnet.

12a.22 In der Aufstellung der Kostenarten in der Platzkostenrechnung werden zur Ermittlung der Arbeitsplatzkosten auch Gemeinkosten berücksichtigt. Hierbei werden unter anderem Gemeinkosten für Verwaltung auf die Kostenstelle umgelegt.
a) Erklären Sie, warum Gemeinkosten bei der Ermittlung der Arbeitsplatzkosten berücksichtigt werden.
b) Nennen Sie 2 Arbeitsplätze oder Bereiche einer Druckerei, deren Kosten bei der Aufstellung der Gemeinkosten der Verwaltung berücksichtigt werden.

Platzkostenrechnung

a) Gemeinkosten sind Kosten, die im Unternehmen entstehen, aber nicht unmittelbar für das einzelne Erzeugnis oder den einzelnen Auftrag anfallen. Sie betreffen vielmehr eine Gesamtheit von Aufträgen, mehrere Kostenstellen oder den gesamten Betrieb. Aus diesem Grund müssen die Gemeinkosten auf die einzelnen Kostenstellen verteilt und somit auch in den Arbeitsplatzkosten berücksichtigt werden.
b) Buchhaltung, Empfang, Personalwesen

12a.23 Der Abschreibungszeitraum für einen neuen Datenserver für die Druckvorstufe beträgt 3 Jahre. Errechnen Sie den jährlichen Abschreibungssatz in Prozent.

Platzkostenrechnung

100 % : 3 = 33,33 %

12a.24 Der jährliche Abschreibungssatz für einen Druckplattenbelichter beträgt 20 %. Errechnen Sie die Gebrauchsdauer in Jahren.

Platzkostenrechnung

100 % : 20 % = 5 Jahre

12a.25 Die Erstellung einer Platzkostenrechnung zur Berechnung der Arbeitsplatzkosten erfolgt nach einem Standardaufbau. Tragen Sie den Aufbau einer Platzkostenrechnung in die nachfolgende Tabelle ein.

Platzkostenrechnung

Platzkostenrechnung	
Zeile	Kostenarten
1	Löhne und Gehälter
2	Gesetzliche Sozialkosten
3	Freiwillige Sozialkosten
4	Summe der Personalkosten
5	Gemeinkostenmaterial
6	Fremdenergie (Strom, Wasser usw.)
7	Fremdinstandhaltung
8	Summe der Sachgemeinkosten
9	Raummiete und Heizung
10	Kalkulatorische Abschreibungen
11	Kalkulatorische Zinsen
12	Kalkulatorische Wagnisse
13	Summe der Miete und der kalkulatorischen Kosten
14	Summe der Primärkosten
15	Verrechnung der Fertigungshilfskostenstellen
16	Summe der Fertigungskosten
17	Umlage der Gemeinkosten AV / TL
18	Umlage der Gemeinkosten Verwaltung
19	Umlage der Gemeinkosten Vertrieb
20	Summe der Sekundärkosten
21	Summe der Arbeitsplatzkosten

12a.26 In der Platzkostenrechnung erfolgt der Aufbau einer Kapazitätsrechnung zur Berechnung der Plankapazität nach einem einheitlichen Schema. Tragen Sie den Aufbau einer Kapazitätsrechnung in die nachfolgende Tabelle ein.

Kapazitätsrechnung

Kapazitätsrechnung	
1	Kalendertage
2	– Samstage und Sonntage (5-Tage-Woche)
	= zu entlohnende Zeit
3	– Anzahl der Feiertage pro Jahr abzüglich der Nicht-Arbeits-Tage
4	= Arbeitsplatzkapazität
5	– Urlaub
6	– bezahlte Arbeitsverhinderung
7	– Krankheit
8	– Freischichten
9	– Altersfreizeit
10	= Mannkapazität
11	+ Überstunden
12	+ Springer / Aushilfen
13	= Plankapazität

12a.27 Die Durchführung einer Platzkostenrechnung erfolgt in 3 wesentlichen Schritten. Nennen Sie diese 3 Schritte.

Platzkostenrechnung

1. Erstellung einer Kapazitätsrechnung zur Ermittlung der Arbeitsplatz-, Mann- und Plankapazität
2. Erstellung einer Lohnrechnung zur Ermittlung der Lohnkosten
3. Erstellung der eigentlichen Platzkostenrechnung zur Ermittlung der Selbstkosten eines Arbeitsplatzes

12a.28 Erläutern Sie den Unterschied zwischen Fertigungskosten und Arbeitsplatzkosten in der Platzkostenrechnung.

Kostenarten

Die Fertigungskosten in der Platzkostenrechnung ergeben sich aus der Summe der Selbstkosten eines Arbeitsplatzes, die in der Produktion entstehen. Werden die Sekundärkosten (Umlage Gemeinkosten AV / TL, Verwaltung und Vertrieb) hierzu addiert, ergibt diese Summe die Arbeitsplatzkosten.

12a.29 Die Kosten, die in einem Betrieb anfallen, werden in verschiedene Kostenarten gegliedert. Erklären Sie die folgenden Kostenarten:
a) Materialkosten,
b) Kapitalkosten,
c) Fremdleistungskosten.

Kostenarten

a) Materialkosten sind die Kosten für das Material eines Produktionsauftrags.

b) Kapitalkosten sind Kosten eines Unternehmens für das zur Verfügung gestellte Kapital, zum Beispiel Zinsen und Abschreibungen.

c) Fremdleistungskosten sind Kosten für Leistungen von Dritten zum Beispiel für Fremdinstandhaltung, Versicherungen und Beratungskosten.

12a.30 Die Basis einer Kalkulation sind die Selbstkosten pro Fertigungsstunde, die mit der Platzkostenrechnung ermittelt wird. Erklären Sie, wie die Selbstkosten pro Fertigungsstunde für einen Arbeitsplatz berechnet werden.

Platzkostenrechnung

Die Selbstkosten pro Fertigungsstunde werden ermittelt, indem die Gesamtkosten eines Arbeitsplatzes durch die Anzahl der jährlichen Fertigungsstunden des Arbeitsplatzes geteilt werden.

12a.31 Definieren Sie den Begriff Abschreibungen.

Abschreibungen

Abschreibungen (Absetzung für Abnutzung – AfA) bilden die Wertminderung der in einem Unternehmen als Produktionsmittel eingesetzten Anlagegüter ab. Die Abschreibung erfolgt über die Jahre der Nutzung. Die Höhe des jährlichen Abschreibungssatzes ergibt sich aus der Nutzungsdauer.

12a.32 Erklären Sie die Funktion eines Tageszettels in der Produktion.

Zeitbedarf

Ein Tageszettel dient der Zeiterfassung der Produktionszeiten einzelner Kostenstellen in der Produktion. Diese Zeiterfassung dient als Grundlage für die Nachkalkulation eines Auftrags. Außerdem ist der Tageszettel Grundlage für die Lohnerfassung der Mitarbeiter.

12a.33 Nennen Sie für jeden der in der Tabelle aufgeführten Produktionsbereiche einer Druckerei jeweils ein Beispiel für Fertigungszeiten und Hilfszeiten.

Fertigungs- und Hilfszeiten

Produktionsbereich	Fertigungszeit	Hilfszeit
Druckvorstufe	Bildbearbeitung	Monitorkalibrierung
Druck	Rüsten der Druckmaschine	Reinigung der Druckmaschine
Druckweiterverarbeitung	Schneiden der bedruckten Bogen	Wartung einer Falzmaschine

12a.34 Bei der Kalkulation eines Druckproduktes werden die Kosten in zwei Bereiche unterteilt:
a) in auflagenfixe Kosten und
b) in auflagenvariable Kosten.
Erläutern Sie diese beiden Begriffe anhand von jeweils 2 Beispielen.

Kalkulation

a) Auflagenfixe Kosten sind unabhängig von der Auflagenhöhe des Druckauftrags und fallen für einen Auftrag nur einmal an. Dies sind zum Beispiel Rüstkosten, Kosten für Druckplatten und Kosten der Druckvorstufe.

b) Auflagenvariable Kosten sind abhängig von der Auflagenhöhe. Sie variieren je nach Auflagenhöhe. Dies sind zum Beispiel Kosten für Fortdruckzeiten, Papiermengen und Farbverbrauch.

12a.35 Nennen Sie 4 Faktoren, von denen die Höhe des Papierzuschusses bei einer Druckproduktion abhängig ist.

Kalkulation

Auflagenhöhe, Weiterverarbeitung, Druckverfahren, Farbigkeit

12a.36 Nennen Sie für die nachfolgenden Bereiche einer Druckproduktion jeweils 3 Arbeitsvorgänge:
a) Druckvorstufe,
b) Druck,
c) Druckweiterverarbeitung.

Arbeitsvorgang

a) Druckvorstufe: Datenerstellung, Datenverarbeitung, Druckformenherstellung

b) Druck: Grundeinrichten, Plattenwechsel, Fortdruck

c) Druckweiterverarbeitung: Schneiden, Falzen, Sammelheften

LF 12a

12a.37 Erklären Sie den Begriff Rüstzeit.

Arbeitsvorgang

Unter Rüstzeit wird die Zeit verstanden, die für die Vorbereitung eines Arbeitsplatzes benötigt wird. Sie fällt in der Regel unabhängig von der Auflagenhöhe an. An einer Druckmaschine sind dies zum Beispiel die Zeiten für den Plattenwechsel sowie für den Farbwechsel.

12a.38 Erläutern Sie, was unter einer Druckabnahme verstanden wird.

Arbeitsvorgang

Die Druckabnahme ist die letzte Kontrolle des Druckauftrags durch den Kunden an der Druckmaschine. Optimalerweise erfolgt bei der Druckabnahme eine Druckfreigabe.

12a.39 Erläutern Sie, was unter einer Auflage bei einem Druckauftrag verstanden wird.

Auftragsdaten

Als Auflage wird die Anzahl der zu produzierenden Exemplare einer Druckproduktion bezeichnet.

12a.40 Nennen Sie 3 Vorteile, die für den Einsatz einer Kalkulationssoftware sprechen.

Kalkulationssoftware

- Schnelle Bearbeitung von Kundenanfragen und Erstellung von Angeboten
- Transparenz bei der Angebotspreisfindung
- Zentrale Datenverwaltung

12a.41 Zur Visualisierung einer Produktionsplanung oder eines Projektverlaufs kann die Netzplantechnik eingesetzt werden. Die nachfolgende Abbildung zeigt einen Netzplanknoten. Beschriften Sie den Netzplanknoten mit den entsprechenden Kennbuchstaben und erklären Sie deren Bedeutungen.

Produktions- und Projektplanung

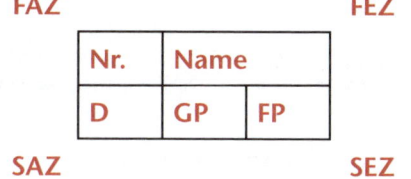

- Nr.: Vorgangsnummer für eine numerische Reihenfolge der Vorgänge
- Name: Bezeichnung bzw. Beschreibung des Vorgangs
- D: Dauer des Vorgangs
- GP: Gesamtpuffer
- FP: freier Puffer
- FAZ: frühester Anfangszeitpunkt
- FEZ: frühester Endzeitpunkt
- SAZ: spätester Anfangszeitpunkt
- SEZ: spätester Endzeitpunkt

12a.42 Die DIN 69901 definiert für Projekte 5 Projektmanagementphasen, die auch in Projekten im Druck- und Medienbereich abgebildet werden:
1. Initialisierungsphase
2. Definitionsphase
3. Planungsphase
4. Steuerungsphase
5. Abschlussphase
Erläutern Sie die jeweiligen Vorgänge in den 5 Projektmanagementphasen.

Projektmanagement

1. In der Initialisierungsphase werden die Projektideen skizziert und analysiert. Das Projektteam wird zusammengestellt und der Projektleiter sowie die Teammitglieder des Projekts werden benannt.
2. In der Definitionsphase werden die Projektziele, die Projektrahmenbedingungen, die Projektorganisation sowie erste Meilensteine für das Projekt festgelegt.
3. In der Planungsphase findet mit Hilfe von verschiedenen Projektplänen die Projektplanung statt. Beispielsweise werden Projektstruktur-, Termin-, Ressourcen-, Kosten- und Kommunikationspläne erstellt. Hierbei werden weitere Meilensteine definiert.
4. In der Steuerungsphase findet die Projektdurchführung und das Projektcontrolling mit Reporting und gegebenenfalls Änderungsmanagement statt.
5. In der Abschlussphase wird das Projekt vom Kunden abgenommen und ein Projektabschlussbericht erstellt. Evaluierung und Reflexion sind wichtige Vorgänge in dieser letzten Projektphase bevor die Projektorganisation aufgelöst wird.

LF 12a

12a.43 Erläutern Sie die Methoden der Produktionsplanung:
a) Vorwärtsterminierung,
b) Rückwärtsterminierung.

Produktionsplanung

a) Bei der Methode der Vorwärtsterminierung ist der Starttermin vorgegeben, z. B. der Liefertermin für die Druckdaten, und durch Vorwärtsrechnung wird auf Grundlage der Dauer der einzelnen Arbeitsschritte einer Produktion der Endtermin berechnet.

b) Bei der Methode der Rückwärtsterminierung ist der Endtermin, zum Beispiel in Form eines verbindlichen Liefertermins, vorgegeben und durch Rückwärtsrechnung wird der späteste Produktionsbeginn ermittelt.

12a.44 Nennen Sie 3 Positionen, die neben den Herstellkosten in der Kalkulation für einen Angebotspreis noch berücksichtigt werden müssen.

Angebot

- Gewinnzuschlag
- Umsatzsteuer
- Vertriebsprovision

12a.45 Die Kostenrechnung unterscheidet zwischen:
a) Vollkostenrechnung und
b) Teilkostenrechnung.
Erläutern Sie den Unterschied.

Vollkosten- und Teilkostenrechnung

a) Vollkostenrechnung: Alle Kosten werden erfasst und verursachungsgerecht auf die Kostenträger eines Unternehmens verteilt.

b) Teilkostenrechnung: Dem Kostenträger werden nur ein Teil der Kosten, die variablen Kosten zugerechnet.

1.12 Lernfeld 13a: Digitalmedienprodukte planen und kalkulieren

Stichworte:
Kalkulation, Pflichtenheft, Kiosksystem, Web-to-Print, Fixkosten, Shopsystem, Verwertungsgesellschaft, Nutzungsrecht, variable Kosten, Webhosting, Responsive Workflow, Planung, Selbstkosten, Betriebskosten, CGI, Subdomain, Domainname, CMS, Kostenstelle, Internet der Dinge, Angebot, Betriebsgewinn, Gemeinkosten, Einzelkosten, Nutzungsgrad, Mobile App, Platzkosten, Big Data, Suchmaschinenoptimierung, Open Source, Lizenzgebühren, Webserver

LF 13a

13a.1 Erläutern Sie den Begriff Pflichtenheft.

Kalkulation, Pflichtenheft

Das Pflichtenheft ist die Grundlage für die Kalkulation und die spätere Produktion. Im Pflichtenheft werden alle technischen, inhaltlichen und gestalterischen Anforderungen an das Medienprodukt definiert.

13a.2 Erklären Sie die Grundzüge eines Kiosksystems.

Kiosksystem

Ein Kiosksystem kann man als Selbstbedienungsterminal umschreiben. Es ersetzt in der Regel Personal. Es hat einen festen Standort. Benutzer können über die Benutzeroberfläche eine Software bedienten und damit Geschäfte abschließen. Zum Beispiel ein Fahrkartenautomat.

13a.3 Erklären Sie den Begriff Web-to-Print.

Web-to-Print

Mit Web-to-Print werden internetbasierte Techniken zur Abwicklung eines Druckauftrages bezeichnet.

13a.4 Nennen Sie typische Fixkosten, die Mediengestalter einkalkulieren.

Kalkulation, Fixkosten

Anschaffungen (Rechner), Abonnentenkosten (Softwarelizenzen), Mietkosten, Werkzeug, Arbeitsmaterial, Fachliteratur, Telefon- und Internetkosten

13a.5 Erklären Sie die Begriffe Open Shop und Closed Shop.

Shopsystem

- Ein Open Shop ist für jedermann im Internet zugänglich.
- Für ein Closed Shop ist für einen Benutzer ein Anmeldevorgang nötig.

13a.6 Erklären Sie die Aufgabe von Verwertungsgesellschaften.

Verwertungsgesellschaft, Nutzungsrecht

Eine Verwertungsgesellschaft ist eine Einrichtung, die treuhänderisch die Nutzungsentgelte von urheberrechtlich geschützten Werken einsammelt, verwaltet und an die Urheberschaft auszahlt.

13a.7 Nennen und erläutern Sie 3 Verwertungsgesellschaften mit ihrer Zuständigkeit in Deutschland.

Verwertungsgesellschaft

1. GEMA (Gesellschaft für musikalische Aufführungs- und mechanische Vervielfältigungsrechte), zuständig für urheberrechtlich geschützte Musik.
2. VG Wort nimmt die Rechte von Autoren von Sprachwerken und Verlagen wahr.
3. VG Bild-Kunst nimmt die Rechte von Autoren (zum Beispiel Künstlern) visueller Werke wahr.

13a.8 Erklären Sie den Unterschied zwischen einfachem und ausschließlichem Nutzungsrecht.

Nutzungsrecht, Kalkulation

Ein ausschließliches Nutzungsrecht darf vom Urheber nur einmal eingeräumt werden. Ein einfaches Nutzungsrecht bedeutet, dass das Nutzungsrecht an einem Werk mehrfach eingeräumt werden darf.

13a.9 Nennen und erklären Sie wesentliche variable Kostenpunkte, die bei der Produktion digitaler Anwendungen berücksichtigt werden.

Variable Kosten

- Aufwand für die Programmierung
- Testing
- Support und Schulungen

13a.10 Nennen und erklären Sie 4 wesentliche (in der Regel kostenwirksame) Merkmale, die bei Webhosting-Angeboten berücksichtigt werden müssen.

Webhosting, Kalkulation

- Speicherplatz / Webspace, wieviel Speicherkapazität steht zur Verfügung?
- Technische Möglichkeiten (Datenbanken, Cronjobs u. a.), wie viele Datenbanken stehen zur Verfügung?
- Datentraffic, wie viele Daten dürfen monatlich transferiert werden?
- Datensicherheit (z. B. SSL), welche Sicherheitstechnologien sind verfügbar?

13a.11 Erklären Sie die Arbeitsschritte, die in dem abgebildeten Responsive Workflow dargestellt werden.

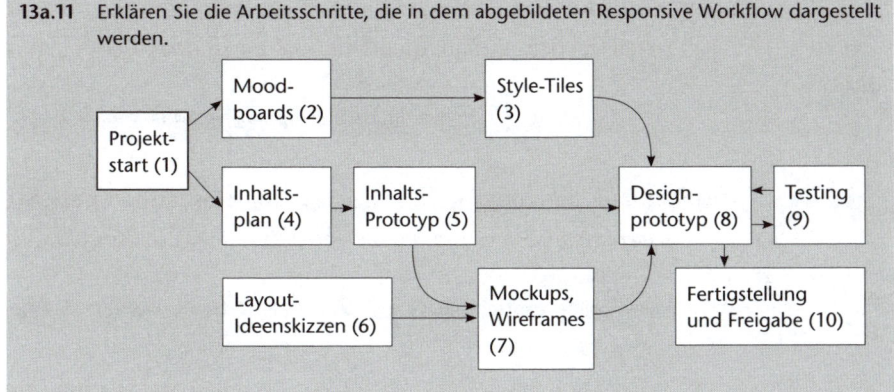

Responsive Workflow, Planung

Nach dem Projektstart (1) wird die visuelle Konzeption mit Moodboard (2) und Style-Tile (3) entwickelt. Das Moodboard soll die gewünschte grafische Anmutung wiedergeben, mit dem Style-Tile werden die Elemente des visuellen Konzepts dargestellt.

Der Inhaltsplan (4) stellt eine Übersicht über alle Seiten dar und gibt an, wie sie miteinander verlinkt sind. Der Inhaltsprototyp (5) ist originaler Inhalt, der schon mit HTML strukturiert, aber noch nicht mit CSS formatiert ist. Er ist die Datengrundlage für den Designprototyp.

Layout-Ideenskizzen (6) sind Entwürfe für das Layout, die im Detail als Wireframe (7) ausgearbeitet werden. Wireframes sind Layoutskizzen, die relativ schnell zu erstellen sind, weil sie grafisch (Farbe, Effekte, Bilder) nicht ausgearbeitet werden. Aus diesem Grund wird für jedes relevante Endgerät eine eigene Wireframeskizze erstellt.

Der Designprototyp (8) bringt Style-Tile und Wireframe zusammen. Er ist responsive und wird mit mehreren Testdurchläufen (9) so weit fertig entwickelt, bis die Website freigegeben (10) werden kann.

13a.12 Erläutern Sie den Begriff Selbstkosten.

Selbstkosten, Betriebskosten

Selbstkosten oder Herstellungskosten sind die Summe aller Kosten, die in einem Betrieb anfallen, um eine Dienstleistung zu erbringen oder ein Produkt herzustellen.

13a.13 Erläutern Sie den Begriff Common Gateway Interface (CGI).

CGI

CGI ist ein Standard für den Austausch von Daten zwischen einer digitalen Anwendung (Software) und einem Webserver.

13a.14 Erklären Sie, was eine Subdomain ist.

Subdomain, Webhosting, Domainname

Eine Subdomain ist der Teil einer Domain, welcher vor dem eigentlichen Domainnamen steht. Damit lassen sich verschiedene Bereiche einer Website klar voneinander trennen. Zum Beispiel. könnte das Berliner Rathaus die Adresse „**rathaus**.berlin.de" haben.

13a.15 Welche Anforderungen stellen Sie an ein Angebot für Webhosting, wenn ein Content Management System betrieben werden soll.

Webhosting, CMS

Der Webhoster sollte ausreichend Speicherplatz und Traffic bieten. Außerdem sind mindestens 1 Datenbank (z. B. SQL) und PHP in der jeweils aktuellsten Version erforderlich.

13a.16 Beschreiben Sie die Funktionsweise eines Content Management Systems.

CMS

Sobald eine Webseite eines CMS über ein Webbrowser aufgerufen wird, wird ein Template geladen. Das Template enthält eine Seitenstruktur mit sowohl statischen Elementen (zum Beispiel Logo, Header, Footer usw.), als auch dynamische Elemente, die als Platzhalter für Inhalte (Texte, Bilder, Videos) aus einer Datenbank dienen. Die aufgerufene Webseite wird serverseitig mit Hilfe von PHP (dynamische Elemente) und SQL (Datenbank mit den Inhalten) zusammengestellt und als Hypertext an den Webbrowser des Benutzers geschickt. Das Aussehen der Website wird von einem oder mehreren Stylesheets, die mit dem Template verknüpft sind, bestimmt.

13a.17 Erläutern Sie die Aufgaben einer Kostenstellenrechnung.

Kostenstelle, Betriebskosten

Die Kostenstellenrechnung stellt dar, wo im Betrieb welche Kosten entstanden sind. Die anfallenden Kosten werden entsprechend ihrem Anteil auf die jeweiligen Kostenstellen verrechnet.

13a.18 Erläutern Sie die räumlichen und zeitlichen Beschränkungen, die bei der Einräumung eines Nutzungsrechtes gesetzt werden können.

Nutzungsrecht

- Ein Nutzungsrecht kann zeitlich eingeschränkt werden, zum Beispiel für eine bestimmte Anzahl an Jahren.
- Ein Nutzungsrecht kann auch räumlich eingeschränkt werden, wie zum Beispiel national oder europaweit.

13a.19 Erläutern Sie den Begriff Internet der Dinge.

Internet der Dinge

Unter dem Begriff Internet der Dinge versteht man die digitale Vernetzung und Kommunikation zwischen Dingen (Geräte, Maschinen) und anderen Dingen oder Menschen. Das sind zum Beispiel Geräte zu Haus, die über das Internet verwaltet und gesteuert werden können, oder die Paketverfolgung über das Internet.

13a.20 Nennen Sie die wesentlichen Inhalte einer Angebotskalkulation.

Kalkulation, Angebot

- Ehrliche Stundensätze, ermittelt z. B. durch eine Platzkostenrechnung
- Anzahl an Fertigungsstunden
- Pflichtenheft bzw. Liste mit Anforderungen
- Fremdkosten für Dienstleistungen oder Honorare, die von einer dritten Firma erbracht werden sollen (zum Beispiel Beratung, Marktforschung u. a.)

13a.21 Beschreiben Sie 2 Situationen, in denen es für einen Betrieb von Vorteil sein kann, einen Auftrag anzunehmen, der Einnahmen unterhalb der Selbstkosten erbringen wird.

Selbstkosten, Betriebsgewinn

- Dem Auftrag werden lukrative(re) Folgeaufträge nachkommen.
- Während einer Auftragsflaute kann damit der Verlust verringert werden, der durch die weiterlaufenden Fixkosten entsteht.

13a.22 Erläutern Sie die Aufgaben einer Angebotskalkulation.

Kalkulation

Die Angebotskalkulation ist eine Schätzung, wie viel ein Auftrag kosten wird. Zu den geschätzten Selbstkosten wird ein Gewinnzuschlag addiert. Der Kunde erhält den ermittelten Nettopreis zuzüglich der Mehrwertsteuer in einem Angebot für die angefragte Dienstleistung.

13a.23 Erläutern Sie den Unterschied zwischen a) Gemeinkosten und b) Einzelkosten.

Gemeinkosten, Einzelkosten, Betriebskosten

c) Gemeinkosten sind unproduktive Kostenstellen in einem Betrieb, die prozentual auf die Aufträge, die ein Betrieb bearbeitet, verteilt werden. Dazu gehören zum Beispiel Kosten für Marketing, Raumpflege, Buchhaltung, Geschäftsleitung, Hausmeister usw.

d) Einzelkosten sind produktive Kosten in einem Betrieb, die mit der Fertigung eines Produktes oder der Erbringung einer Dienstleistung direkt zusammenhängen: Sie werden den Aufträgen direkt zugeordnet. Dazu gehören zum Beispiel Fertigungsstunden, Kosten für Domain und Hosting usw.

13a.24 Erklären Sie den Nutzungsgrad eines Arbeitsplatzes.

Nutzungsgrad, Kalkulation, Betriebskosten, Kostenstelle

Der Nutzungsgrad zeigt an, wie viele Fertigungsstunden eine Kostenstelle (zum Beispiel ein Arbeitsplatz) hat, im Vergleich zu der Gesamtanzahl der zur Verfügung stehenden Stunden.
Die Formel dafür lautet:
Nutzungsgrad = Fertigungsstunden · 100 : Gesamtarbeitszeit

13a.25 Erklären Sie, welche 3 Arten plattformunabhängiger Apps gängig sind.

Mobile App

- Web-Apps werden über den Webbrowser eines Endgerätes aufgerufen. Sie müssen nicht installiert werden und benutzen Webstandards wie HTML5, CSS3 und Javascript.
- Hybride Apps stellen eine Sonderform einer nativen App und einer Web-App dar. Sie kann wie die native App auf Hard- und Softwarekomponenten des Endgeräts zugreifen und gleichzeitig auf unterschiedlichen Plattformen bedient werden, weil sie wie die Web-App auf Standardtechnologien wie HTML5, CSS und Javascript basiert. Die Bedienung erfolgt – für den Benutzer nicht sichtbar – innerhalb des (nativen) Webbrowsers.
- Cross-Plattform-Apps sind ähnlich wie Hybrid Apps, nur werden sie nicht im nativen Webbrowser ausgeführt, sondern mit den nativen APIs des jeweiligen Betriebssystems. Ungefähr Dreiviertel des Quellcodes bleibt für die Ausgaben auf verschiedenen Plattformen identisch.

13a.26 Nennen Sie 5 typische Kostenstellen und beschreiben Sie deren Aufgaben.

Kostenstelle, Betriebskosten

- Verwaltungskostenstellen: Dazu gehören die Kosten für die Unternehmensverwaltung, wie zum Beispiel Sekretariat und Buchhaltung.
- Fertigungshauptkostenstellen: Fertigungs- und Produktionsbereiche, die direkt mit der Leistungserbringung verbunden sind.
- Fertigungsnebenkostenstellen: Leistungserbringungen, die der Bearbeitung von Nebenleistungen dienen, wie z. B. Service, Instandhaltung, Update
- Fertigungshilfskostenstellen: Diese Kostenstellen sind nur indirekt an der Leistungserbringung beteiligt. Die entstandenen Kosten können nicht in Rechnung gestellt werden.
- Vor- und Endkostenstellen: Hilfskostenstellen, die nach abrechnungstechnischen Gesichtspunkten eingerichtet wurden.

13a.27 Beschreiben Sie jeweils zwei a) Vor- und b) Nachteile nativer Apps für mobile Endgeräte.

Mobile App

a) Native Apps sind optimiert für die Zielplattform und können die plattformspezifischen Hard- und Softwarefunktionen direkt nutzen. Dies wirkt sich sowohl auf die Geschwindigkeit als auch auf den Funktionsumfang aus.

b) Nachteilig sind die Beschränkung auf eine Plattform (kleinere Zielgruppe) bzw. der erhöhte Aufwand, die App für verschiedene Plattformen anzubieten.

13a.28 Agenturen liegen mit ihrem Angebot für die Entwicklung einer Website preislich häufig über dem Angebot eines Kleinbetriebes (< 5 Mitarbeiter), der kaum materielle Kosten hat. Beschreiben Sie den Mehrwert, den eine Agentur bieten kann, sodass das Preis-Leistungsverhältnis dennoch für die Agentur spricht.

Angebot

Eine Agentur kann mit folgenden Leistungen aufwarten, die man von einem kleinen Betrieb in der Regel nicht erwarten kann:
- Beratung, Service, Wartungsverträge
- Langfristige Kundenbeziehung und Rundumbetreuung für das Corporate Design
- medienübergreifende Leistungen
- Full Service: Gestaltung und Produktion von Inhalten
- Juristische Beratung
- Social Media Marketing

13a.29 a) Stellen Sie das grundsätzliche Schema für eine Platzkostenrechnung tabellarisch dar.
b) Erklären Sie die Zusammenstellung der Gesamtkosten des Arbeitsplatzes.

Betriebskosten, Platzkosten

a) Kostenstellen

Kostengruppe 1:	Kostengruppe 2:
Personalkosten	**Fertigungsgemeinkosten**
• Lohnkosten des Arbeitsplatzes	• Wasch- / Putz- / Schmiermittel
• Lohnkosten Verwaltung	• Kleinmaterial
• Urlaubslohn	• Instandhaltung
• Lohnfortzahlung	
• Sozialkosten (gesetzlich u. freiwillig)	
Kostengruppe 3:	Kostengruppe 4:
Miete und kalkulatorische Kosten	**VV-Kosten**
• Miete, Heizung	• VV-Kosten (Anteilige Kosten
• Abschreibung	für Verwaltung, Buchhaltung,
• Kalkulatorische Zinsen	Telefon, Vertrieb)
• Kalkulatorische Wagnisse	

b) Die Summe aller Kostengruppen sind die Gesamtkosten bzw. Selbstkosten des Arbeitsplatzes.

13a.30 Erklären Sie den Begriff Big Data.

Big Data

Unter Big Data (deutsch: Massendaten) versteht man Datenmengen, die zu groß, umfangreich und komplex sind, um sie mit herkömmlichen manuellen Methoden zu verarbeiten. Quellen für große Datenmengen sind zum Beispiel Überwachungssysteme, jegliche elektronische Kommunikation, Nutzung von bargeldlosen Bezahlungsmitteln, Internet der Dinge, Nutzung von Social Media usw.

13a.31 Erklären Sie den Sinn und Zweck einer Suchmaschinenoptimierung.

Suchmaschinenoptimierung

Das Ziel einer Suchmaschinenoptimierung ist die Platzierung der eigenen Website auf den vorderen Plätze der Ergebnisse einer Suchanfrage, z.B. bei Google. Mit einer besseren Platzierung erreicht man viel mehr Menschen, weil die ersten Ergebnisse viel häufiger angeklickt werden, als die Ergebnisse auf den Folgeseiten.

13a.32 Erläutern Sie die Aufgaben einer Auftragskalkulation.

Kalkulation

Die Auftragskalkulation wird erstellt, sobald der Auftrag erteilt ist. Diese Kalkulation ist eine Überprüfung der Angebotskalkulation und enthält alle Änderungen und Anpassungen, die sich mit der Erteilung des Auftrages ergeben haben.

13a.33 Erklären Sie, wie Sie die Anschaffung eines Computers über 1 800,– € betrieblich über mehrere Jahre abschreiben.

Betriebskosten, Platzkosten

Die Abschreibung von Anlagegütern richtet sich nach der Nutzungsdauer. Angenommen der Computer soll 36 Monate genutzt werden, können monatlich 50,– € (1 800 : 36 Monate) als Betriebskosten abgerechnet werden.

13a.34 Erläutern Sie die Unterschiede zwischen a) Hilfszeit, b) Ausfallzeit und c) Fertigungszeit.

Kalkulation, Betriebskosten

a) Hilfszeit ist die unproduktive Arbeitszeit, die für die Wartung und Einrichtung des Arbeitsplatzes und innerbetriebliche Beratung gebraucht wird. Sie kann nicht in Rechnung gestellt werden.
b) Ausfallzeit ist die Zeit, in der weder produktiv und unproduktiv gearbeitet wird. In diesem Fall ist ein Mitarbeiter krank, hat Urlaub oder es gibt keine Aufträge zu bearbeiten.
c) Die Fertigungszeit ist die produktive Zeit, in der an einem Auftrag gearbeitet wird und die dem Kunden in Rechnung gestellt wird.

13a.35 Erläutern Sie die Funktion und Aufgabe einer Platzkostenberechnung.

Betriebskosten, Platzkosten

Das Ziel einer Platzkostenberechnung ist die Ermittlung der Kosten für einen Arbeitsplatz. Unter Einbeziehung der Gemeinkosten wird der Stundensatz für eine Fertigungsstunde ermittelt.

13a.36 Ein Arbeitsplatz kostet 90 480,– Euro pro Jahr. Für den Arbeitsplatz werden 1 800 Gesamtstunden inklusive 300 Hilfsstunden und 100 Ausfallstunden angesetzt. Ermitteln Sie die Selbstkosten pro Fertigungsstunde.

Betriebskosten, Platzkosten

1 800 Gesamtstunden – 300 Hilfsstunden = 1 500 Fertigungsstunden

90 480 : 1 500 = 60,32 € Selbstkosten pro Fertigungsstunde

13a.37 Nennen Sie Beispiele für Kalkulationssoftware.

Kalkulation

Tabellenkalkulation (Excel, OpenOffice, Numbers), KBMpro, McBüro Agentur usw.

13a.38 Erklären Sie den Unterschied zwischen einer Open Source und einer proprietären digitalen Anwendung.

CMS, Webserver

Open Source ist kostenfrei. Der Quellcode ist für jeden zugänglich. Proprietäre Software gehört jemanden – in der Regel einer Firma, die für die Benutzung der Software Lizenzgebühren erhebt.

13a.39 Erklären Sie den Aufwand für die Umsetzung einer Website mit Hilfe eines Content Management Systems.

CMS, Webserver

- Installation des CMS auf dem Webserver
- Installieren benötigter Erweiterungen (Plugins)
- Konfiguration des CMS
- Anpassung oder Erstellung eines Templates
- Inhalte einfügen

13a.40 Erklären Sie, was man unter einer nativen App versteht.

Mobile App

Eine native App ist eine Anwendung, die nur auf einer Plattform (zum Beispiel Android oder iOS) lauffähig ist.

13a.41 Erläutern Sie 6 Vorteile eines Web-to-Print Systems.

Web-to-Print

- Kostenersparnis durch die wiederholte Verwendung von Vorlagen
- Zeitersparnis durch automatisierte Abläufe bei der Druckdatenerstellung, das Bereitstellen von Dokumenten und die Statusbenachrichtigung per E-Mail
- Zugriff auf das Webportal rund um die Uhr
- Reduzierung von Lagerhaltungskosten, wenn die Produktion auf Abruf erfolgt (Print On Demand)
- Keine Softwareinstallation erforderlich, weil die Bedienung über ein Webbrowser erfolgt
- Kostenersparnis durch Zusammenlegung von Druckaufträgen

1.13 Lernfeld 12b: Printmedien gestalten und Grafiken erstellen

Stichworte:
Layout, Gestaltungsraster, Musterseiten, Text-, Grafik- und Bildgestaltung, Infografiken, Illustrationen, Druckproduktion, Druckveredelung, Weiterverarbeitung

12b.1 Erläutern Sie, was unter einem Gestaltungsraster zu verstehen ist und welchem Zweck es dient.

Layout-Gestaltungsraster

- Ein Gestaltungsraster dient der strukturierenden Positionierung von Text und Bildern auf einer Seite.
- Die zur Verfügung stehende Informationsfläche wird in ein Raster mit gleichgroßen Feldern aufgeteilt, in die sich Text- und Bildelemente nach einem feststehenden Schema einordnen lassen.

12b.2 In Layoutprogrammen gibt es Hilfslinien. Wozu dienen diese?

Layout-Gestaltungsraster

Hilfslinien wendet man an, um einzelne Objekte an Achsen auszurichten. Hilfslinien erlauben eine schnelle und exakte Anordnung von Text- und Bildelementen.

12b.3 Die Möglichkeit zum automatischen Erstellen des Inhaltsverzeichnisses ist eine oft genutzte Funktion von Layoutprogrammen. Erklären Sie diese Funktion sowie die erforderlichen Arbeitsschritte.

Layout

Mit der Funktion „Inhaltsverzeichnis erstellen" können Inhaltsverzeichnisse erstellt und formatiert gestaltet werden. Gestaltung und Rechtschreibung aller Überschriften sind konsequent mit dem Dokumentinhalt festgelegt. Der Mediengestalter entscheidet vor der Erstellung eines Inhaltsverzeichnisses, welche Titel bzw. Überschriften in das Inhaltsverzeichnis aufgenommen werden, und legt dann das Absatzformat fest.

12b.4 In einem Layoutprogramm erscheint eine Funktion „Raster". Was versteht man darunter?

Layout

Gemeint ist das Grundlinienraster, das nicht druckbar ist und als Hilfe zum Ausrichten von Objekten dient. Es beruht zum Teil auf dem Gestaltungsraster. Auf dem Bildschirm sind Hilfslinien in Form eines Rasters sichtbar. Der Begriff „Raster" ist irreführend.

12b.5 Was versteht man unter „Verketten von Textrahmen"?

Layout

Das Verketten von Textrahmen wird im Layoutprogramm ausgeführt, um Text z. B. von Seite 1 auf Seite 2 fließen zu lassen. Das bedeutet, der Text wird automatisch von Seite 1 auf Seite 2 umbrochen.

12b.6 Erklären Sie den wesentlichen Unterschied zwischen einem Layoutprogramm und einem Office-Programm, z. B. Word.

Layout

- Layoutprogramme haben ihren Ursprung in der grafischen Industrie. Sie haben im Prinzip die gleichen Möglichkeiten wie Office-Programme. Sie dienen darüber hinaus zum Layouten von Seiten und bieten zu diesem Zweck zahlreiche professionelle Funktionen an, wie z. B. exakte Positionierung von Bildern, Arbeiten mit Ebenen, Colormanagement und Möglichkeiten zu diversen Automatisierungen, durch die Teile des Layoutens von selbst ablaufen.
- Office-Programme orientieren sich ursprünglich an Aufgaben eines Sekretariats, wie Briefe schreiben und Rechnungen erstellen. Hier wird ein geringer Wert auf die Möglichkeiten zur Gestaltung einer Seite gelegt. Die Gestaltung gleicher Elemente ist nur begrenzt automatisierbar.

12b.7 Um mehrseitige Medienprodukte zu erstellen, ist eine Musterseite nötig. Was versteht man unter einer Musterseite?

Musterseiten

Eine Musterseite wird im jeweiligen Layoutprogramm einmalig festgelegt. Jede weitere Seite wird einfach „dupliziert", indem weitere Seiten auf der Grundlage der Musterseite erstellt werden.

12b.8 Warum sollte vor der Erstellung eines mehrseitigen Medienprodukts immer eine Musterseite erstellt werden?

Musterseiten

Musterseiten haben den wesentlichen Sinn, dass die gestalterischen und standtechnischen Einzelheiten genau festgelegt sind. Damit ist z. B. Seite 5 hinsichtlich der gestalterischen und standtechnischen Einzelheiten identisch mit Seite 7. Sollte Mitarbeiterin A einen Auftrag beginnen, den Mitarbeiter B fortsetzt, ist dank der Musterseiten eine Standardisierung sichergestellt, ohne dass Rücksprachen notwendig sind.

12b.9 Welche Inhalte werden in einer Musterseite definiert?

Musterseiten

Eine Musterseite hat alle wesentlichen Inhalte, die für eine einheitliche Gestaltung nötig sind. Das sind die Paginierung, Hilfslinien für die Positionierungen von Text- und Bildelementen gemäß Gestaltungsraster.

12b.10 Wenn Sie ein neues Dokument in einem Layoutprogramm erstellen, definieren Sie Inhalte.
a) Welche Inhalte sind gemeint?
b) Erklären Sie die Auswirkung der Inhalte auf die Layoutseite.

Layout

a) Beim Layouten eines neuen Dokuments sind die Festlegung von Seitenformat, Spaltenanzahl, Spaltenabstand (Steg), Seitenrändern und Beschnittzugaben nötig.
b) Seitenformat:
- Fläche des Medienprodukts
- Spaltenanzahl: Anzahl der Spalten einer Seite
- Steg: Abstand zwischen den jeweiligen Spalten.
- Die Seitenränder legen den Abstand zwischen Satzspiegel und Papierrand oben, unten, innen und außen fest.
- Beschnittzugabe: wie viele Millimeter oben, unten, innen und außen als Anschnitt berücksichtigt werden.

12b.11 Wie viele Trennungen sind bei einem guten Satz maximal in Folge zulässig?

Layout

Nicht mehr als drei.

12b.12 Nennen Sie den Zweck der die Funktion „Ebenen" bei Layoutprogrammen?

Layout

Die Funktion Ebenen hat den Sinn, dass mehrere Ebenen für bestimmte Bereiche oder Inhaltsarten in Dokumenten genutzt werden können, ohne dass andere Bereiche verändert werden.

12b.13 Erklären Sie sinnvolle Anwendungen von Ebenen.

Layout

- Bild-Text-Montage in Bildbearbeitungsprogrammen
- Composing und Grafikmontage
- Mehrsprachige Texte: So können z. B. in einer mehrsprachigen Broschüre die unterschiedlichen Sprachen sowie, Gestaltungsvarianten, z. B. bei Gestaltungsraster auf Ebenen gelegt werden.

12b.14 Nennen Sie 7 mögliche Satzarten.

Layout

- rechtsbündiger oder linksbündiger Flattersatz
- rechtsbündiger oder linksbündiger Rausatz
- zentrierte Satz (Mittelachsensatz)
- Blocksatz
- Figurensatz
- Formensatz
- Gedichtsatz

12b.15 Der Zeilenabstand (ZAB) ist ein wichtiges typografisches Instrument. Wie groß sollte der Zeilenabstand sein?

Layout

Der ZAB sollte so groß sein, dass die Grauwirkung des Wortabstandes und die Grauwirkung zwischen den Zeilen optisch gleich erscheint. In der Regel beträgt er 120 % bis 250 % der Schriftgröße.

12b.16 Für den Wortabstand gibt es Faustregeln. Nennen Sie 2 Faustregeln.

Layout

1/3 Geviert, Innenraum des kleinen „n", Dickte des „t", Dickte des „i".

12b.17 Sie sehen zwei Anzeigen: Eine gefüllt mit Text und Elementen, die andere mit unbeschriebener bzw. unbedruckter Fläche (Weißraum). Welche Anzeige erzeugt mehr Spannung? Begründen Sie Ihre Antwort.

Layout

Weißraum erzeugt einen Kontrast zur bedruckten Fläche. Deshalb ist die Anzeige mit mehr Weißraum spannender und wesentlich interessanter. Weißraum ermuntert zum Lesen, da die Fläche nicht übersichtlich gegliedert ist.

12b.18 Welche Funktion haben Linien bei der Gestaltung?

Layout

- Linien gliedern
- Geben Übersichtlichkeit
- Schreib- bzw. Ausfüllhilfe
- Trennen

12b.19 Was versteht man unter semantischer Typografie?

Layout

Semantik: Bedeutungslehre. Bei der semantischen Typografie wird die Beziehung der Zeichen zu den Abbildern der objektiven Realität und deren Bedeutung im Bewusstsein aufgezeigt. Text und Form entsprechen sich. Beispiel: „laut" und „leise" hierbei kann der Begriff „laut" sehr groß und kräftig und der Begriff „leise" sehr dünn und zart dargestellt werden.

12b.20 Erklären Sie den Begriff „Good Enough Quality" im Zusammenhang mit der Herstellung von Druckprodukten, die meist von Online-Druckereien preiswert erstellt werden.

Layout-Druckproduktion

Die Gestaltung erfolgt von „Laien" meist mittels Office-Programmen. Die Gestaltung, mögliche Rechtschreibfehler sowie Schwächen in der Auflösung von Bildern und weitere drucktechnische Probleme werden durch die Druckerei nicht korrigiert, sondern es wird so gedruckt, wie vom Kunden online eingereicht. Dadurch ergibt sich ein großer Kostenvorteil. Allerdings werden unter Umständen Ergebnisse von geringerer gestalterischer Qualität erzielt.

12b.21 Im nachfolgenden Halbtonbild wurde zusätzlich weißer Text integriert.
a) Was ist grundsätzlich bei einer Textintegration zu beachten?
b) Welche Maßnahmen sind möglich, um die Lesbarkeit des Textes auf dem Bild zu verbessern?

Text-, Grafik- und Bildgestaltung

a) Text und Bild müssen einen ausreichenden Kontrast zueinander aufweisen. Ein Teil des Textes liegt auf der weißen Linie des Bildes und ist schlecht lesbar.

b) • Änderung der Textfarbe, damit ein ausreichender Kontrast entsteht
• Verwendung teiltransparenter Flächen unter der Textfläche
• Absoften des Bildhintergrundes unter der Textfläche
• Verwendung von Texteffekten, wie 3D, Schattierungen usw.

12b.22 Nennen Sie 2 technische Anforderungen, die an Infografiken gestellt werden.

Infografiken

a) Skalierbarkeit, deshalb Eignung für verschiedene Print- und Digitalmedien, dies wird in der Regel mittels Vektordarstellung erreicht.
b) Verfahrenstechnisch darstellbar

12b.23 Die bekannteste Informationsgrafik ist die Bildstatistik. Zählen Sie 5 grundlegende Diagrammarten auf, die in der Bildstatistik verwendet werden.

Infografiken

Balkendiagramm, Säulendiagramm, Liniendiagramm, Flächendiagramm, Kreisdiagramm / Tortendiagramm

12b.24 Nennen Sie die Aufgaben kartografischer Infografiken.

Infografiken

Kartografische Infografiken dienen der Visualisierung räumlicher Zusammenhänge und Geschehnisse.

12b.25 Nennen Sie 9 gestalterische Anforderungen, die an Infografiken gestellt werden.

Infografiken

• Nonverbal verständlich, ansonsten sind Zusatzinformationen (in Landessprache) notwendig, damit international verständlich
• Prägnanz durch Reduktion auf das Wesentliche
• Jede Infografik benötigt eine Überschrift bzw. eine Bildunterschrift.
• Der Inhalt muss übersichtlich strukturiert dargestellt sein.
• Die Kernaussage muss erkennbar und verständlich visualisiert sein.
• Visuelle Metaphern werden gezielt eingesetzt.
• Die Datenquelle muss angegeben werden.
• Die Infografik darf nicht manipulativ sein, bei Mengendarstellungen müssen die Verhältnisse gewahrt werden.
• Form und Inhalt der Infografik bilden eine Einheit.

12b.26 Erläutern Sie den Einsatzbereich der nachfolgenden kartografischen Infografiken:
a) Ereignisraumkarten,
b) thematische Karten,
c) Wetterkarten und
d) kombinierter Karten.

Infografiken

a) Ereignisraumkarten werden zur Visualisierung von Unwettern, Rennstrecken, Kriegshandlungen oder großen Sportveranstaltungen verwendet.
b) Thematische Karten finden Verwendung bei der Darstellung verschiedener Themen in Verbindung mit einer räumlichen Verteilung, z. B. die Darstellung aller Bundeswehrstandorte in der BRD.
c) Wetterkarten stellen meteorologische Informationen meist mit Zusatzinformationen, z. B. Pollenfluginformation, dar.
d) Kombinierte Karten kombinieren Grafiken aus Kartenmaterialien, Halbtonbildern und weiteren grafischen Elemente. Sie benötigen eine übersichtliche, leicht verständliche Farbstruktur und eine sehr überlegt angelegte Beschriftung, um dem Leser das Verständnis der dargestellten Zusammenhänge zu erleichtern.

12b.27 Für eine Infobroschüre über die berufliche Ausbildung wurden die nachfolgenden Werte zur Erstellung einer Infografik zur Verfügung gestellt:
- Bevölkerung nach dem beruflichen Bildungsabschluss 2019
- Ausbildung / Duales System 65,9 %
- Fachschulabschluss / Meister / Techniker 10,3 %
- Studium 22,2 %
- Sonstige 1,6 %
 (Quelle: Statistisches Bundesamt)
Diese Angaben flossen in nachfolgende Grafik ein.
a) Um welche Diagrammart handelt es sich?
b) Erläutern Sie, weshalb die Diagrammart in diesem Fall ungeeignet ist.
c) Welche grundsätzlichen Fehler weist das Diagramm darüber hinaus auf?
d) Nennen Sie eine geeignetere Diagrammart, begründen Sie ihre Aussage und skizzieren Sie das Diagramm in der von Ihnen gewählten Diagrammart.

Infografiken

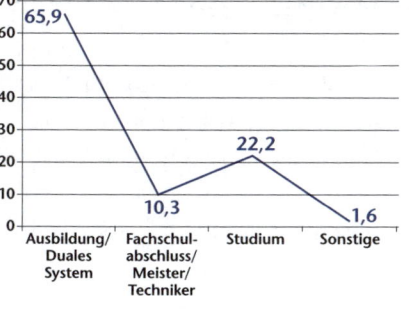

a) Es handelt sich um ein Liniendiagramm.

b) Liniendiagramme stellen eine Entwicklung dar. Die Angaben spiegeln aber keine Entwicklung wieder. Bei den Zahlenwerten handelt es sich um Prozentangaben, die zusammen 100 % ergeben.

c) Darüber hinaus fehlen in der Grafik die Beschriftungen der Werteachsen, die Einheiten sowie die Quellenangabe.

d) Kreisdiagramme eignen sich am besten für die Darstellung von Anteilen und Verteilungen, die zusammen 100 % ergeben. Eine mögliche Lösung könnte so aussehen:

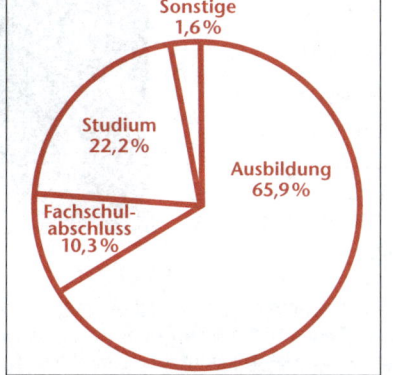

12b.28 Ein Kunde wünscht die 3D-Darstellung von Säulendiagrammen. Beraten Sie ihn, welche Argumente für sowie gegen den Einsatz einer 3D-Darstellung sprechen.

Infografiken

- Infografiken, die Zahlen, Proportionen oder Aufteilungen darstellen, sind als 2D-Infografik schneller und einfacher zu erfassen.
- Die Art der Darstellung lenkt den Betrachter vom eigentlichen Inhalt ab.
- 3D-Infografiken sind aufwändiger herzustellen und somit teurer.
- Die räumliche Anordnung mittels Fluchtpunktperspektive kann zu perspektivischen Verzerrungen führen, da Säulen, die näher am Fluchtpunkt stehen, optisch größer wirken als gleich große Säulen im Vordergrund.
- Die 3D-Darstellung der Säulen ist nur sinnvoll, wenn sie nebeneinander auf einer horizontalen Grundlinie platziert werden.

12b.29 Erläutern Sie, was unter einer technischen Illustration zu verstehen ist und wo sie eingesetzt wird.

Illustrationen

Technische Illustrationen sind detailgetreue und exakte Abbildungen der Wirklichkeit, die mittels Fotografien nicht darstellbar sind. Die Herstellung ist aufwändig und teuer. Oft werden Explosionsgrafiken eingesetzt, um Aufbau und Funktion eines Produktes, eines Gebäudes o. Ä. darzustellen.

12b.30 Die Aufgabe von Prinzip- und Prozessdarstellungen besteht in der Visualisierung teilweise komplizierter Zusammenhänge mittels Infografiken und / oder technischen Illustrationen. Nennen Sie 3 Grundsätze, die bei der Darstellung eines komplexen Vorgangs beachtet werden müssen.

Illustrationen

- Der Illustrator muss den darzustellenden Sachverhalt gut verstehen, um ihn grafisch darstellen zu können. Aneignung berufsfremder Sachkenntnisse sind u. U. notwendig.
- Eine intensive Kommunikation mit dem Auftraggeber ist unerlässlich.
- Klare Trennung von Form, Farbe und Text.
- Die Kombination von Fotografien und grafischen Elementen sind behutsam vorzunehmen, es muss eine einheitliche optische Wirkung entstehen.

12b.31 Worauf ist bei der Herstellung von kartografischen Informationsgrafiken aus urheberrechtlicher Sicht zu achten?

Infografiken

Vor der Herstellung kartografischer Infografiken müssen Kartengrundlagen zur Nutzung erworben werden.

12b.32 Wo können Sie Nutzungsrechte an Landkarten erwerben, um diese in der Grafikproduktion zu verwenden?

Infografiken

Landesamt für Geoinformation des jeweiligen Bundeslands (länderspezifische Antwort) oder kartografische Verlage

12b.33 Der Verlag Europa-Lehrmittel verwendet das nachfolgende Buch-Cover für ein Schulbuch. Es handelt sich um ein Fachbuch das zur Ausbildung von Medizinischen Fachangestellten dient.
 a) Erläutern Sie die semantische Absicht (Sinnzusammenhang) der Cover-Gestaltung.
 b) Analysieren Sie auf dieser Grundlage das Cover nach drei syntaktischen (formalen) Kriterien.

Text-, Grafik- und Bildgestaltung

a) Der Blick des Betrachters wird zuerst auf die beiden Personen im angedeuteten Teilkreis gelenkt. Bei den dargestellten Personen handelt es sich um eine Medizinische Fachangestellte und einen männlichen Patienten, dem der Blutdruck gemessen wird. Die Medizinische Fachangestellte steht höher als der Patient. Die Blickachse geht vom Patienten zur Medizinischen Fachangestellten. Das Bild vermittelt ein vertrauensvolles Verhältnis zwischen Patient und Medizincher Fachangestellten und zeigt den positiven Aspekt einer Situation in einer Arztpraxis. Durch die dargestellte Bildsituation erschließt sich der Sinnzusammenhang zum darunter liegenden Buchtitel „Behandlungsassistenz".

b) • Gestaltungsmittel Flächenaufteilung, Proportionen:
 Das Cover ist horizontal deutlich zweigeteilt. In der Horizontalen befindet sich im oberen Drittel eine Foto von zwei Personen, das kreisförmig begrenzt wird, wobei der Kreis oben und links abgeschnitten ist. Im restlichen unteren Teil erscheinen die Autoren, der Buchtitel und die Reihenbezeichnung. In der Vertikalen befindet sich auf der rechten Seite überwiegend der blaue Hintergrund mit einem zusätzlichen Logo am Kreis, das auf digitales Zusatzmaterial zum Buch hinweist.

• Gestaltungsmittel Typografie:
 Es wird durchgehend eine serifenlose weiße Schrift auf blauem Hintergrund verwendet. Die Autorennamen, oberhalb des Titels, werden am kleinsten dargestellt. Der Titel „Behandlungsassistenz" ist am größten und dominiert. Die Bezeichnung „Medizinische Fachangestellte" befindet sich in einem kleineren Schriftgrad unterhalb des Titels. Die Anordnung der Schrift ist linksbündig.

• Gestaltungsmittel Farbwahl, Farbeinsatz:
 Die überwiegende Fläche des Covers ist in einem Blauton gehalten. Ungefähr in der Mitte wird der Blauton zentriert nach Weiß aufgehellt. die Farbflächen sind an den Rändern angeschnitten. Farbakzente ergeben sich durch die weißen Schriftzüge, das weiße Verlagslogo und das weiße Icon „Digital+" für digitales Zusatzmaterial. Das Halbtonbild wird durch einen farbigen Rand vom blauen Hintergrund abgetrennt.

• Gestaltungsmittel Bildelemente:
 Das Halbtonbild ist der dominierende Blickfang. Das verwendete Verlagslogo erscheint im Hintergrund und wird nicht sofort wahrgenommen. Das Icon „Digital+" ist jedoch als grafisches Element auffallend.

12b.35 Nennen Sie 6 Argumente, weshalb sich das PDF-Format als Standard für die Ausgabe von Printmedien besonders eignet.

Druckproduktion

• PDF ist ein Containerformat, es kann alle druckrelevanten Daten integrieren.

• Es gibt keine rechtlichen Probleme mit Schriften, da nur zulässige Zeichensätze in die Datei eingebettet werden dürfen.

• Kostenlose PDF-Reader gibt es für alle gängigen Betriebssysteme.

• Der Datenaustausch zwischen Auftraggeber und Auftragnehmer ist problemlos. Gegen Missbrauch kann die Datei verschlüsselt werden.

• Nachträgliche Veränderungen am Inhalt sind nur mit spezieller Software möglich.

• Die Darstellung entspricht in der Regel exakt dem Layout.

12b.36 Nennen Sie 4 Bedingungen, damit ein farbverbindlicher und kontraktfähiger Proof zustande kommt.

Druckproduktion

- Das Ausgabesystem muss kablibriert und profiliert sein.
- Es muss ein UGRA/FOGRA-Medienkeil verwendet werden.
- Die Messergebnisse der spektralfotometrischen Messungen müssen dokumentiert werden.
- Der Proof sollte mit einem entsprechenden Qualitätsaufkleber versehen sein, der die innerhalb der Toleranzen liegenden Messwerte dokumentiert und zertifiziert.

12b.37 Die Druckproduktion eines qualitativ hochwertigen Druckauftrags soll nur durch eine Druckerei durchgeführt werden, die eine „PSO-Zertifizierung" besitzt.
a) Erklären Sie die Abkürzung „PSO".
b) Erklären Sie das Drucken nach „PSO".

Druckproduktion

a) Prozess Standard Offset

b) Einhaltung des internationalen Druckstandard ISO 12647, damit reproduzierbare Druckergebnisse gewährleistet sind. Es gibt hierzu eine Beschreibung und Definition der Produktionsqualität von der Datenerfassung bis zum fertigen Druckprodukt. Die Prüfmittel und die Kontrollmethoden sind vorgeschrieben und werden während der einzelnen Herstellungsprozesse überwacht, gesteuert und geprüft. Durch das Einhalten von Sollwerten und Toleranzen wird ein Qualitätsstandard definiert und dokumentiert.

12b.38 Eine vektorbasierte Datei für ein Logo soll für die Printproduktion aufbereitet werden. Nennen Sie geeignete Dateiformate und begründen Sie Ihre Auswahl.

Druckproduktion

- EPS: Auflösungsunabhängige Vektordaten bleiben erhalten.
- PDF: Das Containerformat kann vektorbasierte Grafiken beinhalten.
- SVG: Scalable Vector Graphik kann direkt in die meisten Layoutprogramme, z. B. InDesign, integriert werden.
- AI: Ist ein vektorbasiertes Dateiformat von Adobe.

12b.39 Für den Verkauf hochwertiger Briefbögen für den privaten Bereich wird eine geeignete Faltschachtel benötigt. Der Faltschachtelhersteller hat die nachfolgend dargestellten Modelle in seinem Sortiment.
a) Ordnen Sie den Ziffern die nachfolgenden Bezeichnungen zu:
   Schachtel mit mittiger Trennwand, Schachtel mit Steckbodenverschluss, Schachtel mit volldeckenden Klappen, Stülpschachtel, Schachtel mit trapezförmigem Einsteckdeckel, Infold-Schachtel, Zigarettenschachtel.
b) Wählen Sie eine geeignete Schachtelform aus und begründen Sie die Auswahl.

Druckveredelung und Weiterverarbeitung

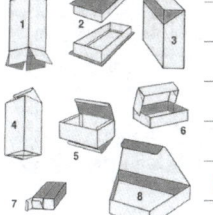

a) 1: Schachtel mit volldeckenden Klappen, 2: Stülpschachtel, 3: Zigarettenschachtel, 4: Schachtel mit Faltbodenverschluss, 5: Schachtel mit Steckbodenverschluss, 6: Infold-Schachtel, 7: Schachtel mit mittiger Trennwand, 8: Schachtel mit trapezförmigem Einsteckdeckel

b) Die Stülpschachtel (Nr. 2) eignet sich gut, da die Verpackung intuitiv zu öffnen und problemlos mehrfach wieder verschließbar ist. Denkbar sind auch die Nr. 6 und in modifizierter Größe und Form auch die Nr. 3.

12b.40 Zeichnen Sie den Zuschnitt einer Faltschachtel, nach dem die Stanzform erstellt werden kann. Die Maße der Schachtel sind: Breite 6 cm, Höhe 8 cm, Tiefe 4,5 cm.

Druckveredelung und Weiterverarbeitung

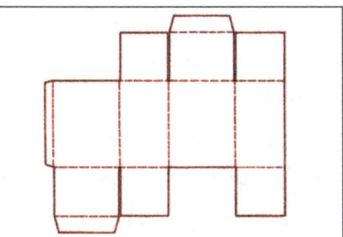

12b.41 Nennen Sie 6 Möglichkeiten zur Druckveredelung von Verpackungen aus Karton.

Druckveredelung und Weiterverarbeitung

- Prägung
- Heiß- oder Kaltfolienprägung
- vollflächige Lackierung
- Spotlackierung
- Fensterstanzung

1.14 Lernfeld 13b: Konzeptionen für Digitalmedien gestalterisch umsetzen

Stichworte:
Bildschirmtypografie, Responsive Workflow, Interaktionsdesign, Informationsdesign, Benutzererlebnis, Website Analyse, User Experience, Formulare, Konzeption, Navigation, Wireframe, Interaktivität, Selektivität, Hypermedialität, Multimedia, Screendesign, Responsive Layout, Responsive Webdesign, Responsive Workflow, Style-Tile, Briefing, Barrierefreiheit, Animation

LF 13b

13b.1 Beschreiben und begründen Sie, warum bestimmte Schriftarten auf Websites technisch nur schlecht darstellbar sind.

Bildschirmtypografie

Aufgrund der geringeren Pixeldichte bei Displays sind filigrane Schriftendetails nicht darstellbar. Somit sind Schriften mit filigranen Serifen, kursive Schriften oder Schnitte, Schreibschriften und gebrochene Schriften mit filigranen Strichen nicht oder nur eingeschränkt für die Displaywiedergabe geeignet.

13b.2 Nennen und beschreiben Sie 2 technische Möglichkeiten zum Einsatz von Webfonts.

Bildschirmtypografie

- Die Schriftdatei wird auf dem Webserver gespeichert und mit der HTML5-Datei verlinkt oder in eine CSS3-Datei importiert.
- Die Schriftdatei liegt auf einem anderen Webserver und wird in der HTML5- oder CSS3-Datei referenziert.

13b.3 Erklären Sie die Aufgabe eines Moodboards.

Responsive Workflow

Die Aufgabe eines Moodboards besteht darin, die beabsichtigte Wirkung einer digitalen Anwendung mit Hilfe von Bildern und Typografie wiederzugeben.

13b.4 Erklären Sie anhand von Beispielen den Begriff Interaktionsdesign.

Interaktionsdesign

Die zentrale Frage des Interaktionsdesigns ist, wie der Mensch mit einem digitalen Produkt in Kontakt treten kann. So kann zum Beispiel ein Nutzer in einem Web shop eine Bestellung tätigen, im Forum einer Community Beiträge schreiben und Einträge eines Blogs bewerten und kommentieren.

13b.5 Erläutern Sie die Grundfragen des Informationsdesigns.

Informationsdesign

Unter Informationsdesign versteht man, wie die Inhalte eines Themas strukturiert und miteinander (als Hypertext) verknüpft sind. Dabei können sich lineare, hierarchische oder netzartige Strukturen herausbilden.

13b.6 Erklären Sie das Akronym GIULIA.

Benutzererlebnis, Website Analyse

Das Akronym GIULIA steht für die folgenden Begriffe, die als Stufenmodell das Verhalten von Benutzern von Webseiten beschreibt:

- G wie Glaubwürdigkeit: Hat der Benutzer das Gefühl, er kann die gesuchten Informationen „hier" nicht finden, wird er die Website schnell wieder verlassen.
- I wie Information: Wenn der Benutzer ein bestimmtes Angebot aufrufen soll, muss es gut sichtbar und als wichtiger Inhalt erkennbar sein.
- U wie Unverwechselbarkeit: Eine einheitliche Gestaltung einer Website macht die Corporate Identity eines Unternehmens sichtbar und erlebbar.
- L wie Lesbarkeit: Inhalte, die gelesen werden sollen, müssen lesefreundlich gestaltet sein.
- I wie Interesse: Die Erwartungen der Zielgruppe müssen erfüllt werden.
- A wie Aufmerksamkeit: Sind die vorigen Punkte erfüllt, hat die Website ihr Ziel, die Aufmerksamkeit des Benutzers zu erlangen, erreicht."

13b.7 Nennen und erklären Sie die 3 Bereiche, aus denen sich die User Experience zusammensetzt.

User Experience

- Usability (Funktionalität, Intuition)
- Look and Feel (Ästhetik, Glaubwürdigkeit)
- Joy of Use (Emotion, Freude)

13b.8 Erklären Sie 2 Möglichkeiten, um komplexe Formulare einfach und übersichtlich darzustellen.

Formular

a) Aufteilung in mehrere Schritte oder Ansichten und mit einer linearen Navigation versehen.

b) Mit Ajax-Technologie Bereiche verstecken, die erst sichtbar werden, wenn sie benötigt werden.

13b.9 Nennen Sie grundlegende Anforderungen an eine gelungene Website-Navigation.

Konzeption, Navigation

- Einfache und intuitive Bedienung
- Übersichtliche, klare und leicht verständliche Navigationsstruktur
- Orientierungshilfe muss jederzeit verfügbar sein.

13b.10 Erläutern Sie den Vorteil von Wireframes.

Wireframe

Wireframes sind Layoutskizzen, bei denen die Inhalte weder farbig noch bildhaft ausgearbeitet sind. Aus diesem Grund sind Wireframes vergleichsweise zügig erstellt. Sie dienen zur Ansicht eines Seitenlayouts auf verschiedenen Displaygrößen und helfen bei der Entwicklung von Varianten.

13b.11 Beschreiben Sie technische Möglichkeiten, um die Falscheingabe bei Formularen zu vermeiden.

Formulare

- Captcha - Formen verhindern die Eintragung von Robots.
- Abfragen zur Verwendung der richtigen Zeichenart oder Anzahl der Zeichen verhindern Tippfehler. Zum Beispiel 5 Zahlen im Feld Postleitzahl oder das Zeichen „@" muss in der E-Mail-Adresse enthalten sein.

13b.12 Erläutern Sie die Vorteile relativer Größenangaben bei der Formatierung von Schriften für die Displaydarstellung.

Bildschirmtypografie

Die Verwendung relativer Angaben in em oder rem erleichtert die Skalierbarkeit der Schrift und somit die Anpassung der Schriftgröße an den Browser.

13b.13 Erklären Sie den Unterschied zwischen Interaktivität und Selektivität.

Interaktivität, Selektivität

Eine selektiven Benutzerführung bietet dem Nutzer eine Auswahl an Möglichkeiten an, aus der er auswählen kann. Ein interaktiver Benutzer trägt etwas zur Website bei, z.B. in Form eines Kommentars, einer Bewertung, einer Nachricht oder Ähnlichem.

13b.14 Erklären Sie den Begriff Hypermedialität.

Hypermedialität

Hypermedialität bedeutet, dass man durch Anklicken eines Hyperlinks von einer Inhaltsseite zu einer anderen Inhaltsseite kommt. Die Inhaltseiten sind mittels Hyperlinks miteinander vernetzt.

13b.15 Erklären Sie den Begriff Multimedia und den wahrnehmungspsychologischen Vorteil multimedialer Inhalte.

Multimedia

Multimedia bezeichnet den kombinierten Einsatz verschiedener Arten von Medieninhalten, wie Text, Bild, Ton, Video und Animation. Man geht davon aus, dass der Unterhaltungswert und die Gedächtnisleistung größer sind, wenn mehrere Sinne gleichzeitig und sinnvoll angesprochen werden.

13b.16 Erklären Sie den Begriff Screendesign.

Screendesign

Ein Screendesign ist die visuelle Umsetzung einer grafischen Benutzeroberfläche (GUI: Graphical User Interface).

13b.17 Erläutern Sie die allgemeinen Ziele eines Screendesigns.

Screendesign

Ein gelungenes Screendesign ermöglicht eine intuitive und sinnvolle Kommunikation zwischen Benutzer und digitaler Anwendung. Dazu tragen unter anderem das Layout, eine farbliche Gestaltung, eine gelungene Typografie sowie der Einsatz bildhafter Elemente bei.

13b.18 Nennen Sie die Elemente eines Screendesigns mit einer vorwiegend emotionalen Wirkung.

Screendesign

Farbflächen, Bilder, Videos, Spiele

13b.19 Nennen Sie Navigationshilfen, mit denen der Benutzer einen Überblick über eine digitale Anwendung behält.

Navigation, Benutzerführung

Brotkrummen-Navigation („Sie sind hier: ..."), Hilfefunktion, Index oder Sitemap, Suchfunktion, Farbkodierung

13b.20 Erläutern Sie die Aufgaben des Screendesigns.

Screendesign

- Orientierung: Ermöglicht einen schnellen Überblick über die Informationen und Themen.
- Motivation: Motiviert den Nutzer, die digitale Anwendung zu benutzen.
- Interaktion: Erleichtern dem Anwender die Benutzung.
- Zielgruppe: Spricht die gewünschte Zielgruppe an.
- Glaubwürdigkeit: Ein professioneller Eindruck erhöht die Glaubwürdigkeit.
- Corporate Design: Unterstützt ggf. die Corporate Identity des Absenders.

13b.21 Beschreiben Sie den Aufbau eines anpassungsfähigen Grid-Layouts.

Responsive Layout, Responsive Webdesign

Ein anpassungsfähiges (responsives) Grid ist ein Raster, dessen Elemente eine gleichbleibende Größe haben. Die Anpassung des Layouts an verschiedene Displaygrößen geschieht durch die Veränderung der Anzahl an Elementen pro Zeile. So können zum Beispiel bei einer Smartphone Ansicht zwei, bei einer Desktopansicht vier Elemente nebeneinander dargestellt werden.

13b.22 Nennen Sie 8 wesentliche Bestandteile des Responsive Workflows.

Responsive Workflow

- Inhaltsplan (Sitemap)
- Style-Tile
- Moodboard
- Wireframes
- Design-Prototyp
- Inhalts-Prototyp
- Testing
- Layout-Ideenskizzen

13b.23 Erläutern Sie die Ziele des Responsive Workflows.

Responsive Workflow

Die unterschiedlichen Displaygrößen werden von Anfang an berücksichtigt. Der Kunde erhält möglichst früh ein Eindruck der Website, damit er ein qualifiziertes Feedback geben kann, bevor die Responsive Website veröffentlicht wird.

13b.24 Erklären Sie die Ziele bei der Gestaltung eines Formulars.

Formular, Interaktionsdesign

Ein gelungenes Formular …
- verhindert fehlerhafte Eingaben,
- ist logisch strukturiert,
- kann intuitiv verwendet werden,
- kann auch von Menschen mit Einschränkung oder Behinderung ausgefüllt werden,
- kann ohne Maus, also nur mit Tastatur oder Spracheingabe bedient werden.

13b.25 Beschreiben Sie die Darstellung eines typografischen Konzepts im Rahmen eines Style-Tiles.

Style-Tile, Bildschirmtypografi

Die verwendeten Schriften werden namentlich genannt. Anwendungsbeispiele (Absatz, Überschriften, Hervorhebungen, Textlinks usw.) werden dargestellt. Relative Schriftgrößen können angegeben werden.

13b.26 Erklären Sie die Funktionsweise von Hotspots.

Navigation, Benutzerführung

Hotspots sind sensitive Bereiche von z. B. Bildern, die auf die Interaktion des Benutzers reagieren. Sie sollten eine möglichst eindeutige Veränderung des Mauszeigers hervorrufen, um dem Anwender zu signalisieren, dass es sich um ein Navigationselement handelt.

13b.27 Nennen Sie Anwendungsbeispiele für eine See-and-Point-Struktur.

Navigation, Informationsdesign

Zum Beispiel: Stadtführer, Lernprogramm, kleinere Kiosksysteme

13b.28 Formulieren Sie die wesentlichen Fragen, die im Briefing einer Website beantwortet werden müssen.

Konzeption, Briefing

- An welche Zielgruppe richtet sich die Website?
- Welche Interaktionsmöglichkeiten stellt die Website bereit?
- Welche Inhalte werden über die Website angeboten?
- Welchen Stellenwert hat die geplante Website im Vergleich zu anderen Medien?

13b.29 Erklären Sie Parallax Scrolling-Effekte.

User Experience, Benutzererlebnis

Parallax Scrolling-Effekte sind Animationen, die durch das Page-Scrolling gesteuert werden. So können zum Beispiel Elemente „hereinfliegen", indem die horizontale Position verändert wird.

13b.30 Nennen Sie 3 Regeln für den Einsatz von Sound (auch Sound von Videos) auf Webseiten.

Benutzererlebnis

1. Der Sound muss zum Inhalt und zur Zielgruppe passen.
2. Sound braucht eine Funktion bzw. der Zweck sollte erkennbar sein.
3. Sound muss durch den Nutzer regelbar sein.

13b.31 Beschreiben Sie 3 mögliche Funktionen von Sound.

Benutzererlebnis

1. Rückmeldung von Benutzerinteraktion (z. B. Klickgeräusch)
2. Inhalt, wie zum Beispiel Musik oder Video
3. Hintergrundmusik (emotionale Wirkung)

13b.32 Erklären Sie, was barrierefreie Websites hinsichtlich ihrer Nutzung kennzeichnet.

Barrierefreiheit

Barrierefreie Websites ermöglichen auch Menschen mit Behinderung den Zugang und die Nutzung.

13b.33 Welche Kennzeichnung, abgesehen von einer speziellen Farbe, ist für Textlinks verbreitet. Wie lautet die entsprechende CSS-Deklaration.

Benutzererlebnis, Navigation

Der Textlink ist unterstrichen. Die CSS-Deklaration dafür lautet:

text-decoration: underline;

13b.34 Erläutern Sie den Zweck einer Animation in einer digitalen Anwendung.

Animation

Die Animation muss zum Aussagewunsch passen und ein Kommunikationsziel haben, da sie ansonsten sinnfrei ist und nerven kann. Sinnvolle Einsätze können zum Beispiel sein: Rollover-Buttons, animierte Banner, animierte Infografiken, Parallax Scrolling.

13b.35 Beschreiben Sie die 4 abgebildeten Möglichkeiten der Anordnung von Navigationselementen auf kleinen Displays. Erklären Sie jeweils die Funktionsweise und die Konsequenzen für das Layout.

Benutzererlebnis, Informationsdesign, Screendesign, Navigation

a) Balken: Ein Link pro Zeile. Nach der Auswahl „verschwindet" das Menü oft nach links. Zunächst ist kein Inhalt zu sehen. Kombination von Text und Icons möglich.

b) Register / Tabs: Am oberen Rand sind mehrere Links als Tab aneinander gereiht. Bekannte Metapher und bleibt immer sichtbar. Eine Inhaltsseite ist immer sichtbar.
Mit einem Fingertip oder Mausklick auf ein Register / Tab kann man zur Ansicht einer anderen „Karteikarte" wechseln.

c) Icons: Können am oberen oder unteren Rand angeordnet werden. Eine Inhaltsseite ist dazwischen darstellbar. Icons bleiben immer sichtbar und sollten verständlich sein.

d) Symbol: Ein Symbol wird oben oder unten platziert. Es bleibt viel Platz für den Inhalt.
Mit einem Fingertip oder Mausklick auf das Symbol werden die Navigationselemente eingeblendet und überdecken den Inhaltsbereich.

13b.36 Nennen Sie 6 gestalterische Anforderungen an Icons für die Verwendung im Interfacedesign.

Informationsdesign, Screendesign, Interfacedesign, Navigation

- Einheitliche Gestaltung
- starkreduzierte Darstellung
- grafische statt fotografische Darstellung
- klare Kontraste
- schlüssiges Farbkonzept
- Verwendung sinnvoller Metaphern , die international verständlich sind (Haus für Startseite, Brief für E-Mail Kontakt, Lupe für Suchfunktion usw.)

13b.37 Beschreiben Sie 3 technische und gestalterische Möglichkeiten, wie umfangreiche Inhalte auf einem kleinen Display übersichtlich dargestellt werden können.

Interfacedesign, Screendesign

- Akkordeon. Auf dem ersten Blick sind nur Überschriften zu sehen. Mit einem Fingertip oder Mausklick „fährt" der dazugehörende Absatz „aus" und wird sichtbar.
- Register oder Tabs. Die Anordnung in Form von Registern oder Tabs erinnert an ein Karteikartensystem. Es kann immer nur eine Karteikarte sichtbar sein. Mit einem Fingertip der Mausklick auf ein Register oder ein Tab kann man zur Ansicht einer anderen Karte wechseln.
- Slider. Horizontale Scrollfunktion mit Wischgesten. Bei größeren Displays werden horizontale Scrollbalken angezeigt.

13b.38 Beschreiben Sie den Aufbau einer Tween-Animation.

Animation

Bei einer Tween-Animation werden die Bilder zwischen den Schlüsselbildern automatisch berechnet und in die Animation eingefügt.

13b.39 Beschreiben Sie 2 Möglichkeiten, um ein umfangreiches Menü auf einem kleinen Display darzustellen.

Benutzererlebnis, Navigation, Interfacedesign, Screendesign

- Togglemenü. Mit einem Fingertipp oder Mausklick auf ein Symbol wird das Menü auf- oder zugeklappt.
- Off-Canvas-Menü. Mit einem Fingertipp oder Mausklick auf ein Symbol wird das Menü von außerhalb herein- oder herausgefahren.

13b.40 Nennen und beschreiben Sie 2 scheinbar gegenläufige Designtrends für das Interfacedesign

Konzeption

- Skeuomorphiosmus: Die Verwendung von Metaphern, welche eine intuitive Bedienung unterstützen. Fotorealistische Texturen stellen Materialien (z. B. Papier, Metall, Leder, Holz) dar. Beispiel: Ein E-Book steht als „Buch" in einem Bücherregal.
- Flat Design/Nearly Flat Design, Merkmale: Flächige Gestaltung, Layout in Rechtecken (Grid, Kacheln), klare und bunte Farbkompositionen, keine Farbverläufe, isometrischer Schattenwurf, stilisierte Zeichen (Piktogramme)

1.15 Lernfeld 10c: Medienelemente gestaltungsorientiert integrieren

Stichworte:
Formulargestaltung, Plausibilitätsprüfung, Eingabefelder, Kennwortfelder, Pflichtfelder, Barrierefreiheit, Webformulare, Infografik, Diagramme, kartografische Infografik, isotypische Infografiken, Diagramm-Berechnung, interaktive und animierte Infografik, Explosionsgrafik, Dateiformate, Bilddateiformate, Fontdateiformate, Farbmodi, Dithering, Musterseiten.

10c.1 Formulieren Sie jeweils Leitlinien zur nachhaltigen Formulargestaltung in Bezug auf folgende Punkte:
a) Menge und Umfang
b) Validierung und Fehlermeldung
c) Navigation und Speicherung

Formulargestaltung

a) In der Menge kurz und kompakt halten, redundante Abfragen vermeiden.
b) Überprüfung der Daten so früh wie möglich, Fehlermeldungen unmittelbar, höflich und präzise.
c) Paginierung und Orientierung angeben, Speicherung ermöglichen.

10c.2 Unterscheiden Sie die Funktionen von „Radiobuttons" und „Checkboxen".

Formulargestaltung

- Radiobuttons sind eine Gruppe beschrifteter runder Knöpfe, von denen der Benutzer maximal einen auswählen kann.
- Eine Checkbox ist ein Rechteck, das der Benutzer markieren kann. Liegen mehrere Checkboxen vor, können alle, einzelne oder keine markiert werden.

10c.3 Erläutern Sie den Begriff „Plausibilitätsprüfung" am Beispiel des Texteingabefelds für eine E-Mail-Adresse.

Plausibilitätsprüfung

Es ist eine Methode zur Überprüfung eines Eingabefelds daraufhin, ob es der geforderten Datenart entspricht. Bei der Eingabe einer E-Mail-Adresse wird ein einmaliges Vorhandensein von @, das Vorhandensein einer Domain sowie die Nichtverwendung eines unerlaubten Sonderzeichens überprüft.

10c.4 Für Eingabefelder in Webformularen gibt es verschiedene Gestaltungsoptionen. Erläutern Sie die Begriffe „Label" und „Placeholder".

Eingabefelder

- Ein Label dient zur ständigen Beschriftung eines Eingabefelds. Es steht zumeist rechtsbündig auf der linken Seite des Eingabefelds.

- Ein Placeholder ist ein Platzhalter, der bereits im Eingabefeld steht und auf den einzutragenden Wert hinweist. Er verschwindet mit der Eingabe des Benutzers.

10c.5 Registrierungsformulare für Online-Dienste erfordern u.a. die Vergabe eines persönlichen Kennworts.
a) Beschreiben Sie die Funktion eines Kennwort-Felds.
b) Erläutern Sie die Funktion des Icons „Auge" neben einem Kennworteingabefeld.

Kennwortfelder

a) Ein Kennwortfeld verbirgt automatisch die eingegebene Zeichenkette hinter Sternchen oder Punkten. Dies dient der Sicherheit.

b) Ein Klick auf das Auge deckt das Kennwort kurzzeitig auf. Es dient zur Kontrolle des eingetragenen Wertes.

10c.6 Formulare können unterschiedlich relevante Informationen erheben. Erklären Sie den Unterschied zwischen Pflichtfeldern und optionalen Feldern.

Pflichtfelder

Pflichtfelder müssen vom Benutzer ausgefüllt werden. Ohne Eintragungen in den Pflichtfeldern kann das Formular nicht verarbeitet werden. Optionale Feld sind für die Verarbeitung nicht zwingend erforderlich.

10c.7 Beschreiben Sie eine Konvention, wie Pflichtfelder häufig markiert werden.

Pflichtfelder

Pflichtfelder werden häufig über Fußnoten mit Asterisken (*) ausgezeichnet.

10c.8 Formulieren Sie 5 Grundregeln der barrierefreien Formulargestaltung.

Barrierefreiheit

- Beschriftung von Eingabefeldern links neben dem zugehörigen Feld anordnen.
- Einsatz von standardisierten HTML-Steuerelementen wie INPUT oder SELECT.
- Beschriftungen von Steuerelementen werden mit LABEL-Elementen vergeben.
- Pflichtfelder sollen textlich gekennzeichnet werden.
- Das Formular muss vollständig mit der Tastatur bedienbar sein.

10c.9 Insbesondere Sehbehinderte und gehörlose Nutzer sind auf eine barrierefreie Eingabefelder angewiesen.
a) Begründen Sie die Notwendigkeit, Pflichtfelder sowohl optisch als auch inhaltlich zu kennzeichnen.
b) Erläutern Sie im Hinblick auf die Barrierefreiheit, warum es wichtig ist, Telefonnummern nicht als Pflichtfelder zu markieren.

Barrierefreiheit

a) Asterisken (*) werden von Screenreadern unter Umständen nicht vorgelesen. Zusätzlich sollte der Alternativ-Text „Pflichtfeld" hinterlegt sein. Darüber hinaus kann auch ein title-Attribut verwendet werden.

b) Für gehörlose Nutzer ist die Kommunikation über Telefonanruf in der Regel nicht sinnvoll. Sie bevorzugen den schriftlichen Austausch über E-Mail oder SMS.

10c.10 In der Übermittlung von Benutzerdaten aus Webformularen stehen Sicherheitsaspekte im Vordergrund.
a) Erläutern Sie, was unter „sensiblen Benutzerdaten" zu verstehen ist.
b) Beschreiben Sie eine Möglichkeit, wie der Benutzer gewährleisten kann, dass die Daten sicher zum Webserver übermittelt werden.

Webformulare

a) Sensible Benutzerdaten sind personenbezogene Daten, die besonderen Schutz erfordern, wie z. B. Name, Geburtsdatum oder Kontodaten.

b) Der Anbieter sollte immer gewährleisten, dass eine HTTPS-Verbindung zum Webserver besteht.

10c.11 Beschreiben Sie 5 Aufgaben, die Infografiken in der medialen Informationsvermittlung wahrnehmen.

Infografik

- Visualisierung von komplexen Sachverhalten.
- Bildliches Übermitteln von Wissen.
- Erklären und Darstellen begleitender Textinhalte.
- Statistiken schnell erfassbar machen.
- Aufwertung von Texten mit Illustrationen und Grafiken.

10c.12 Formulieren Sie 6 gestalterische Grundregeln, denen eine Infografik folgen sollte.

Infografik

- Eine Infografik sollte unabhängig von ihrem Kontext verständlich sein.
- Sie sollte den Leser nicht über ungenaue Mengenverhältnisse manipulieren.
- Die Kernaussage einer Infografik sollte unmittelbar erfassbar sein.
- Eine Quellenangabe zu den erhobenen Daten sollte enthalten sein.
- Eine erklärende Überschrift sollte enthalten sein.
- Die Infografik sollte gestalterisch zu ihrem Umfeld passen.

10c.13 Nennen Sie wesentliche Diagrammarten zum Einsatz als Informationsgrafik.

Diagramme

Torten- bzw. Kreisdiagramm, Säulen- oder Balkendiagramm, Linien- bzw. Kurven-
diagramm, Flussdiagramm, Flächendiagramm, Baumdiagramm

10c.14 Geben Sie jeweils an, welche Diagrammart am besten zur Visualisierung der folgenden Statistiken passt:
a) Darstellung von Wahlergebnissen
b) Entwicklung eines Aktienkurses
c) Aufführung von Prozessen
d) Vorstellung von Organisationstrukturen

Diagramme

a) Wahlergebnisse: Säulen- bzw. Stabdiagramm, Sitzverteilung: Torten- bzw.
   Kreisdiagramm
b) Aktienkurse: Kurven-, Flächen- bzw. Liniendiagramm
c) Prozesse: Flussdiagramm
d) Organisations-Hierarchien: Baumdiagramm (Verzweigungsdiagramm)

10c.15 Eine weit verbreitete Form der Darstellung von Information sind kartografische Infografiken. Beschreiben Sie 3 Arten kartografischer Infografiken.

kartografische Infografik

- Ereignisraumkarten werden zur Lagebeschreibung verwendet.
- Wetterkarten werden zur Visualisierung der Wettersituation eingesetzt.
- Thematische Karten dienen der Visualisierung von geografischen Verteilungen.

10c.16 Nennen Sie 4 Punkte, die bei der Erstellung von kartografischen Infografiken berücksichtigt werden müssen.

kartografische Infografik

- Ist das verwendete Kartenmaterial aktuell?
- Ist der Maßstab korrekt?
- Sind Urheberrechte der zugrundeliegenden Karten gewahrt?
- Entspricht die Farbgebung dem Aussagewunsch?

10c.17 Eine Marktanalyse zu E-Mail-Providern liefert folgende Resultate:

Anteile E-Mail-Provider
GMX   44,0 %
Web.de   28,5 %
T-Online   16,5 %
Gmail   11,0 %

a) Berechnen Sie die jeweiligen Anteile für die Präsentation in einem Kreisdiagramm.
b) Beschreiben Sie, in welcher Reihenfolge, ausgehend von der oberen Mitte des Kreises, die Anteile im Diagramm dargestellt werden sollten.

Diagramm Berechnung

a) $44,0\% \cdot 360° = 158,4°$ $28,5\% \cdot 360° = 102,6°$ $16,5\% \cdot 360° = 59,4°$
   $11,0\% \cdot 360° = 39,6°$

b) Es wird absteigend im Uhrzeigersinn dargestellt. Der größte Anteil wird zuerst
   dargestellt.

10c.18 Erklären Sie, wozu isotypische Infografiken verwendet werden, und formulieren Sie ein Beispiel.

Isotypische Infografik

Isotype Infografiken werden zur Visualisierung von Mengen und Mengenverhält-
nissen eingesetzt. Dabei werden gegenständliche und gleichbleibende Symbole
verwendet, die in ihrer Anzahl variieren. Diese Art der Infografik wird z. B. zur
Darstellung von Rüstungsverhältnissen zwischen Staaten verwendet.

10c.19 Ein Kunde möchte die Arbeitszeitverteilung seiner Mitarbeiter in einer Infografik darstellen. Erklären Sie, welche Diagrammart geeignet ist.

Diagramme

Ein Balken-, Stab- oder Kreisdiagramm ist dazu geeignet, die Arbeitszeitverteilung
darzustellen. Mit diesen Diagrammarten lässt sich leicht ein Gesamtbild mit einzelnen Relationen darstellen.

LF 10c

10c.20 Unterscheiden Sie 3 Merkmale, die bei der Gestaltung von Infografiken für Print- und Digitalmedien bestehen.

Infografiken

Digitalmedien können Bildabfolgen nacheinander darstellen, Printmedien können Bilder nur nebeneinander darstellen. In Printmedien steht für Infografiken mehr Platz zur Verfügung. In Digitalmedien können Infografiken animiert werden. Bei Printmedien kann mehr Text verwendet werden. Infografiken in Digitalmedien können mit Sound unterlegt werden.

10c.21 Interaktive Infografiken haben einen hohen Informationswert. Nennen Sie ein mediales Einsatzgebiet von interaktiven Infografiken.

Interaktive und animierte Infografiken

Interaktive Infografiken können auf Webseiten oder in Apps eingesetzt werden. Der Benutzer kann z. B. mit technischen Dokumentationen interagieren.

10c.22 Beschreiben Sie ein Anwendungsbeispiel von animierten Infografiken.

Interaktive und animierte Infografiken

Animierte Infografiken finden häufig im TV- und Videobereich Anwendung. Hier werden z. B. Wahlergebnisse, börsenwirtschaftliche Entwicklungen oder Werbeinformationen animiert.

10c.23 Beschreiben Sie eine Möglichkeit, Inhalte eines Kreisdiagramms interaktiv aufzubereiten.

Interaktive und animierte Infografiken

Die Interaktivität kann z. B. über Mouse-Over-Effekte realisiert werden. Die betreffenden Bereiche ändern bei einem Mouse-Over ihre Farbe oder werden dreidimensional extrudiert. Bei Touch-Eingabe kann der jeweilige Bereich bei Berührung detaillierte Informationen, wie z. B. den prozentualen Anteil, darstellen.

10c.24 Sie werden beauftragt, ein Balkendiagramm für eine Präsentation zu bearbeiten. Erläutern Sie, wie ein Balkendiagramm animiert dargestellt werden kann.

Interaktive und animierte Infografiken

Das Balkendiagramm kann zur Eröffnung dreidimensional eingedreht werden. Die Balken können bis zu ihrem Verhältniswert ausgefahren werden. Der in der Präsentation erwähnte Wert kann durch eine Farbveränderung des jeweiligen Balkens hervorgehoben werden.

10c.25 In der technischen Illustration findet die Explosionsgrafik eine spezielle Anwendung.
a) Erläutern Sie einen Einsatzbereich von technischen Illustrationen.
b) Beschreiben Sie den Begriff Explosionsgrafik.

Explosionsgrafik

a) Technische Illustrationen werden in der technischen Dokumentation eingesetzt, wie z. B. in Bedienungsanleitungen der Werkzeugmechanik, Montageanweisungen oder Wartungsplänen im Maschinenbau.

b) Eine Explosionsgrafik ist eine Darstellung, die einen komplexen Gegenstand, wie z. B. einen Motor in seine Einzelteile zerlegt und perspektivisch dargestellt. Ziel ist ein Überblick über den Gesamtzusammenhang der einzelnen Teile.

10c.26 Nennen Sie jeweils die Dateiendung, um auf einer Webseite die folgenden Daten einzubinden:
a) Cascading Style Sheets
b) PHP-Datei
c) JavaScript-Datei

Dateiformate

a) css   b) php   c) js

10c.27 Geben Sie an, welches Bilddateiformat für die folgende Darstellung auf einer Webseite am besten geeignet ist:
a) zweifarbiges Logo
b) Foto eines Sonnenuntergangs
c) Text als Vektor-Zeichnung

Dateiformate

a) GIF, SVG oder PNG-8   b) JPEG oder PNG   c) SVG

10c.28   Erläutern Sie den Unterschied zwischen „offenen" und „proprietären" Dateiformaten.

Dateiformate

- Offene Dateiformate sind Formate, deren Spezifikation öffentlich zugänglich ist und die ohne Zahlung von Lizenzgebühren oder Restriktionen patentrechtlicher Art benutzt werden dürfen.

- Bei proprietären Dateiformaten ist die Spezifikation nur dem Hersteller bekannt. Sie sind häufig urheber- und patentrechtlich geschützt und dürfen daher nur mit herstellereigenen Applikationen verarbeitet werden.

10c.29   Geben Sie jeweils ein offenes und ein proprietäres Dateiformat für die folgenden Bereiche an:
a) Audiodateiformate
b) Videodateiformate

Dateiformate

a) Offen: OGG Vorbis, FLAC, Opus   Proprietär: WMA, AAC

b) Offen: MKV, OGG   Proprietär: WMV, RM, MOV

10c.30   Beschreiben Sie 5 Vorteile der Benutzung von offenen Dateiformaten.

Dateiformate

Keine oder geringe Kosten. Keine „Vendor Lock-in". Keine rechtlichen Restriktionen. Keine technischen Abhängigkeiten. Ermöglichen von Wettberwerb.

10c.31   Man unterscheidet zwischen softwareabhängigen bzw. softwareunabhängigen Dateiformaten. Geben Sie jeweils an, zu welcher Software das Dateiformat gehört oder ob es unabhängig ist: INDD, EPS, PSD, HTML, DOC(X), TIF, XLS(X)

Dateiformate

- Softwareabhängige Formate sind: INDD Adobe Indesign;
  PSD Adobe Photoshop; DOC(X) Microsoft Word; XLS(X) Microsoft Excel

- Softwareunabhängige Formate sind: EPS, HTML,TIF

10c.32   Geben Sie an, welche der Bildateiformate Transparenzen enthalten können:
RAW, PNG-24, JPEG, TIFF, GIF

Bilddateiformate

PNG-24, TIFF, GIF

10c.33   Auf Websites können mittels CSS3 Webfonts eingebettet werden. Nennen Sie 3 Webfont Formate mit Namen und Dateiendung.

Fontdateiformate

- EOT (Embedded Open Type)
- WOFF (Web Open Font Format 1.0)
- WOFF2 (Web Open Font Format 2.0)
- OT (OpenType Format)
- TTF (TrueType Font);
- SVG (Scalable Vector Graphics)

10c.34   Erläutern Sie die Komponenten des Lab-Farbmodus mit minimalen und maximalen Achsenwerten.

Farbmodi

Lab verfügt über eine Luminanz-Komponente (L). Der Wert liegt zwischen 0 und 100. Die Werte der Komponenten a (Grün-Rot-Achse) und b (Blau-Gelb-Achse) liegen zwischen +127 und -128.

10c.35   Im indizierten Farbmodus werden die Farben in einer Farbtabelle (CLUT) angelegt. Erklären das Prinzip einer Farbtabelle.

Farbmodi

Im indizierten Farbmodus werden in der Farbtabelle (Color-Lockup-Table) die einzelnen Farben gespeichert und indiziert. Dabei werden 8-Bit-Bilddateien mit bis zu 256 Farben erzeugt. Die Palette der verwendeten Farben ist eingeschränkt, wodurch die Dateigröße stark verringert wird.

10c.36   Erläutern Sie die Dithering-Technik.

Dithering

Bei dieser Technik werden die im Bild fehlenden Farbentöne durch eine bestimmte Pixel-Anordnung aus verfügbaren Farben nachgebildet. Kantige Abstufungen zwischen den Farbübergängen werden hierdurch vermieden. Der Betrachter nimmt das Dithering als Vermischung der einzelnen Farben wahr.

10c.37 Beschreiben Sie den Bitmap-Farbmodus.

Farbmodi

Im Bitmap-Modus z. B. einer Strichzeichnung wird für die Darstellung der Pixel ausschließlich Schwarz oder Weiß verwendet. Die Farbtiefe beträgt 1 Bit.

10c.38 Beschreiben Sie 6 Vorteile von Musterseiten.

Musterseiten

Einheitliches Layout. Feste Zuweisung von Gestaltungselementen. Standardisierte Formatierung. Zeitersparnis beim Einrichten. Verringerung von Fehlerquellen (Position von Elementen ...). Wiederkehrende Elemente können platziert werden. Einfache Veränderung des Layouts.

10c.39 Benennen Sie den Farbmodus, der im folgenden Bild dargestellt wird und erläutern Sie das Funktionsprinzip.

Farbmodi

Das Bild liegt im Duplexmodus vor. Ein Graustufen-Bild wird zusammen mit einer Farbe (z. B. Sonderfarbe) gedruckt. Bei diesem Vorgang muss das Bild speziell farbsepariert werden.

10c.40 Nennen Sie 5 Einstellungen, die Sie auf Musterseiten festlegen können.

Musterseiten

Satzspiegel, Layout-Spalten, Kopf- und Fusszeile, Beschnitt, Textrahmen, Seitenzahlen, Kolumnentitel, Kolumnenziffern, usw.

1.16 Lernfeld 12c: Farbmanagement nutzen und pflegen

Stichworte:
Monitorprofilierung, Farbworkflow, Farbmischung, Farbmetrik, Farbensehen, Farbraum, Profile-Connection-Space, Device-Link-Profil, Farbprofile, CIE-Normvalenzsystem, Proof, PSO, Farbraum-konvertierung, Farbeinstellungen, Gamut-Mapping, CLUT, Farbseparation, Farbabstand, PDF, Farbtemperatur, Normlicht, CIELAB-System, Kontrollmittel, Farbmessung, Medienkeil, Metamerie

12c.1 Nennen Sie 4 Parameter, die Sie beachten müssen, bevor Sie mit der Monitorprofilierung beginnen.

Monitorprofilierung

* Der Monitor soll vor der Profilierung eine halbe Stunde in Betrieb sein.
* Kontrast und Helligkeit müssen auf die Basiswerte eingestellt sein.
* Die Monitorwerte dürfen nach der Messung und vor der anschließenden Profilierung nicht mehr verändert werden.
* Bildschirmschoner und Energiesparmodus müssen deaktiviert sein.

12c.2 Begründen Sie die Notwendigkeit des Farbmanagements im Printworkflow.

Farbworkflow

Der Printworkflow umfasst mehrere Stationen von der digitalen Fotografie bis zum farbigen Druck. Jede dieser Stationen hat einen eigenen geräte- und softwarespezifischen Farbraum. Um eine konsistente Farbdarstellung über den gesamten Prozess zu erreichen, müssen die Farbräume der verschiedenen Stationen des Workflows mittels Farbprofilen abgestimmt sein. Diese Abstimmung ist die Aufgabe des Farbmanagements.

12c.3 Erläutern Sie das Prinzip der folgenden Methoden der Farbmischung und nennen Sie jeweils 2 Beispiele aus der Praxis:
a) additive Farbmischung,
b) subtraktive Farbmischung.

Farbmischung

a) Die additive Farbmischung ist die Lichtfarbmischung. Ihre Grundfarben sind Rot, Grün und Blau. Die Sekundärfarben sind Cyan, Magenta und Gelb. Bei der Mischung wird mit jeder hinzukommenden Farbe Lichtenergie addiert. Somit sind die Mischfarben immer heller als die Ausgangsfarben. Die Tertiärfarbe ist deshalb Weiß. Beispiele: Digitalfotografie, Monitortechnologie

b) Die subtraktive Farbmischung ist die Körperfarbmischung. Ihre Grundfarben sind Cyan, Magenta und Gelb. Die Sekundärfarben sind Rot, Grün und Blau. Mit jeder hinzugemischten Farbe wird ein weiterer Bereich des Spektrums subtrahiert. Die Tertiärfarbe ist deshalb Schwarz. Beispiele: Proof und Druck.

12c.4   Begründen Sie die Bedeutung der Farbmetrik für das Farbmanagement?

Farbmetrik

Die Farbmetrik erfasst bei der spektralfotometrischen Messung den visuellen Farbeindruck des Menschen durch Maßzahlen. Das menschliche Farbensehen wird dadurch messtechnisch erfassbar.

12c.5   Beschreiben Sie das Prinzip des Farbensehens.

Farbensehen

- Die Netzhaut des Auges enthält die Fotorezeptoren (Stäbchen und Zapfen).
- Die Rezeptoren wandeln als Messfühler den Lichtreiz in Erregung um.
- Nur die Zapfen sind farbtüchtig. Es gibt drei verschiedene Zapfentypen, die jeweils für rotes, grünes oder blaues Licht empfindlich sind. Jede Farbe wird durch ein für sie typisches Erregungsverhältnis der Rezeptorentypen bestimmt.

12c.6   Erläutern Sie den Unterschied von RGB- und CMYK-Farbräumen.

Farbraum

RGB-Farbräume basieren auf der additiven Farbmischung, CMYK-Farbräume auf der subtraktiven Farbmischung. Durch die spektrale Unzulänglichkeit der realen Druckfarben muss zusätzlich zu den drei bunten Grundfarben Cyan, Magenta und Gelb noch Schwarz zur Kontraststeigerung eingesetzt werden. RGB-Farbräume haben einen größeren Farbumfang als CMYK-Farbräume.

12c.7   Erläutern Sie das Akronym PCS.

Bild

PCS steht für Profile-Connection-Space. Der Profile-Connection-Space ist ein absoluter prozessunabhängiger Farbraum. Er ist der gemeinsame Referenzfarbraum im Workflow des Farbmanagements.

12c.8   Begründen Sie, ob ein PCS ein prozessunabhängiger Farbraum ist.

Profile-Connection-Space

Der Profile-Connection-Space (PCS) ist immer ein Farbraum mit absoluter Farbkennzeichnung. Ein typischer PCS ist der LAB-Farbraum. Die Farbwerte im PCS beziehen sich auf die farbmetrisch erfassten Maßzahlen des menschlichen Farbensehens. Der Profile-Connection-Space bildet die Verbindung zwischen zwei Prozessfarbräumen.

12c.9   Tragen Sie die 6 Grundfarben der additiven und der subtraktiven Farbmischung in die Sektoren des Farbkreises ein. Bezeichnen Sie die zugehörige Farbmischung mit A bzw. S.

Farbmischung

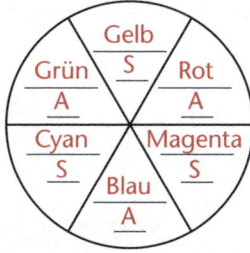

12c.10   Begründen Sie den Einsatz von Device-Link-Profilen beim Gamut-Mapping von CMYK zu CMYK.

Device-Link-Profil

Beim Gamut-Mapping über einen PCS geht die Separationseinstellung verloren. Bei der Farbraumkonvertierung über Device-Link-Profile wird die Transformation der Farbwerte direkt ohne den Zwischenschritt PCS ausgeführt. Die Separation bleibt dadurch erhalten.

12c.11   Die Farbwiedergabe in Digitalmedien basiert auf der additiven Farbmischung.
a) Nennen Sie die Grundfarben der additiven Farbmischung.
b) Erläutern Sie, warum die additive Farbmischung auch physiologische Farbmischung genannt wird.

Farbmischung

a) Die additiven Grundfarben sind Rot, Grün und Blau.

b) Rot, Grün und Blau entsprechen den Empfindlichkeiten der drei Zapfentypen im menschlichen Auge. Die additive Farbmischung heißt deshalb auch physiologische Farbmischung.

12c.12 Beim Öffnen einer Bilddatei wird folgendes Dialogfenster angezeigt.

> **Abweichung vom eingebetteten Profil** ✕
>
> ⚠ Das eingebettete Farbprofil des Dokuments "P1010881.JPG" entspricht nicht dem aktuellen RGB-Arbeitsfarbraum.
>
> Eingebettet: sRGB IEC61966-2.1
> Arbeitsfarbraum: Adobe RGB (1998)
>
> Was möchten Sie tun?
> ○ Eingebettetes Profil verwenden (anstelle des Arbeitsfarbraums)
> ● Dokumentfarben in den Arbeitsfarbraum konvertieren
> ○ Eingebettetes Profil verwerfen (kein Farbmanagement)
>
> (OK)   (Abbrechen)

Erläutern Sie die Bedeutung der 3 Optionen:
a) Eingebettetes Profil verwenden (anstelle des Arbeitsfarbraums)
b) Dokumentfarben in den Arbeitsfarbraum konvertieren
c) Eingebettetes Profil verwerfen (kein Farbmanagement)

Farbprofile anwenden

a) Die Bilddatei wird ohne Veränderung der Farben geöffnet. Alle Farbwerte bleiben erhalten.

b) Alle Farben der Bilddatei werden in den aktuell eingestellten Arbeitsfarbraum konvertiert. Die Farbwerte und Farbdarstellung werden dabei verändert.

c) Alle Farbwerte bleiben erhalten. Farbmetadaten, wie z. B. das Farbprofil, werden gelöscht.

12c.13 Die Farbwiedergabe in Printmedien basiert auf der subtraktiven Farbmischung.
a) Nennen Sie die Grundfarben der subtraktiven Farbmischung.
b) Begründen Sie, warum die subtraktive Farbmischung auch physikalische Farbmischung genannt wird.
c) Nennen Sie ein Praxisbeispiel.

Farbmischung

a) Die subtraktiven Grundfarben sind Cyan, Magenta und Gelb.

b) Da die Farbmischung technisch, d. h. unabhängig vom menschlichen Farbensehen, stattfindet, nennt man die subtraktive Farbmischung auch physikalische Farbmischung.

c) Ein Praxisbeispiel ist die Farbmischung von Druckfarben im Mehrfarbendruck.

12c.14 Mit welchen Kenngrößen wird ein Farbort im CIE-Normvalenzsystem eindeutig bestimmt?

Normvalenzsystem

- Farbton T: Lage auf der Außenlinie
- Sättigung S: Entfernung von der Außenlinie
- Helligkeit Y: Ebene im Farbkörper

12c.15 Welche Bedeutung hat das „X" bei der Bezeichnung einer PDF-Datei als PDF / X-Datei?

PDF

Das X steht für eXchange (engl. Austausch). Die standardisierte Erstellung der PDF- / X-Datei soll den problemlosen Austausch der PDF-Dateien zwischen den Stationen des Workflows garantieren.

12c.16 Der Screenshot zeigt das Menü „Ansicht" in Adobe Photoshop. Erläutern Sie die 3 Menüoptionen:
a) Proof einrichten,
b) Farbproof,
c) Farbumfang-Warnung.

Proof

a) Mit der Option „Proof einrichten" wird die Vorschau in einem Farbraum, der nicht dem aktuellen Bearbeitungsfarbraum entspricht, aktiviert. So kann z. B. ein Bild im RGB-Modus bearbeitet werden. Die Monitorvorschau zeigt den CMYK-Ausgabefarbraum.

b) Der Befehl „Farbproof" aktiviert die Vorschau im ausgewählten Farbraum, hier ist es der CMYK-Arbeitsfarbraum.

c) Ein Farbumfang ist der Farbbereich, der von einem Farbsystem angezeigt oder gedruckt werden kann. Alle Pixel, die außerhalb des Farbumfangs des aktuellen Proof-Profil-Bereichs liegen, werden grau hervorgehoben. In den Programmvoreinstellungen kann die Anzeigefarbe geändert werden.

12c.17 Mit welchen Kenngrößen wird ein Farbort im CIELAB-System eindeutig bestimmt?

CIELAB-System

- Helligkeit L* (Luminanz): Ebene im Farbkörper
- Sättigung C* (Chroma): Entfernung vom Unbuntpunkt
- Farbton H* (Hue): Richtung vom Unbuntpunkt

12c.18 Benennen Sie den Parameter, den der Farbabstand ΔE* bezeichnet.

Farbabstand

Der Farbabstand ΔE* bezeichnet die Strecke zwischen zwei Farborten im CIELAB-Farbraum.

12c.19 Erläutern Sie den Begriff Softproof.

Softproof

Ein Softproof ist die Vorschau von Farbdaten auf einem Monitor.

12c.20 Erläutern Sie das Akronym PSO und dessen Zweck.

PSO

PSO steht für ProzessStandard Offsetdruck. Er ist eine Handlungsanleitung für die Umsetzung der ISO-Norm 12647. Durch Umsetzung des PSO in der Zusammenarbeit aller Beteiligten, der Steuerung aller Produktionsmaschinen sowie der Datenbeschaffenheit sollen bestmögliche, stabile und zuverlässige Druckprodukte erzeugt werden.

12c.21 Erläutern Sie die Wirkung der Option „Papierweiß anzeigen" im Proof.

Proof

Mit Papierweiß anzeigen wird das im Druckerprofil festgelegte Papierweiß im Proof simuliert.

12c.22 In den Programmen der Adobe Creative Suite sollen die Farbeinstellungen synchronisiert werden. Erläutern Sie die prinzipielle Vorgehensweise.

Farbeinstellungen

Die Synchronisation der Farbeinstellungen erfolgt in Adobe Bridge.
- Dialogfenster „CreativeSuite-Farbeinstellungen" öffnen.
- Farbeinstellung aus der Liste auswählen.
- Mit „Anwenden" bestätigen.

12c.23 Erläutern Sie den Begriff Renderpriorität.

Farbraumkonvertierung

Durch die Auswahl der Renderpriorität wird festgelegt, in welcher Weise die Farbraumkonvertierung vom Arbeitsfarbraum in den Zielfarbraum erfolgt.

12c.24 In den Farbeinstellungen von Adobe Photoshop gibt es bei den Konvertierungsoptionen die Auswahl zwischen 4 Prioritäten.

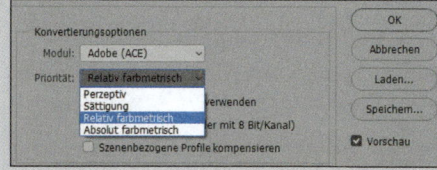

Erläutern Sie deren Wirkungsweise bei der Farbraumkonvertierung.
a) Perzeptiv
b) Sättigung
c) Relativ farbmetrisch
d) Absolut farbmetrisch

Farbraumkonvertierung

a) Die Priorität „Perzeptiv" bewirkt bei der Farbraumkonvertierung eine nichtlineare Anpassung des Quellfarbsystems an das Zielfarbsystem. Der visuelle Charakter der Farbdatei soll dadurch bei der Farbraumkonvertierung möglichst erhalten werden. Bei der Transformation werden Farben, die weit außerhalb des Zielfarbraums liegen, sehr stark, Farben am Rand des Zielraums weniger stark und Farben, die im Inneren des Zielfarbraums liegen, nur ganz leicht verschoben.

b) Bei der Priorität „Sättigung" liegt der Fokus auf der Erhaltung der Farbsättigung. Die Beibehaltung von Farbwerten ist untergeordnet.

c) Die Priorität „relativ farbmetrisch" bewirkt das Stanzen eines kleineren Farbraums in einen größeren Farbraum. Dadurch wird der kleine Farbraum exakt im größeren Farbraum abgebildet. Der Quellweißpunkt wird an den Zielweißpunkt angepasst.

d) Die Priorität „absolut farbmetrisch" bewirkt das Stanzen eines kleineren Farb--raums in einen größeren Farbraum. Dadurch wird der kleine Farbraum exakt im größeren Farbraum abgebildet. Die Medienweißpunkte bleiben unverändert.

12c.25 Welche Lichtart wird mit D50 bezeichnet?

Normlicht

D50 bezeichnet eine Normlichtart. D steht für Daylight (Tageslicht), 50 steht für die Farbtemperatur von 5 000 K.

12c.26 Erläutern Sie den Begriff Gamut-Mapping.

Gamut-Mapping

Gamut-Mapping ist eine andere Bezeichnung für Farbraumkonvertierung, d. h. die Konvertierung der Farbdaten einer Datei aus einem Farbraum in einen anderen Farbraum.

12c.27 Erläutern Sie das Akronym CLUT.

CLUT

CLUT ist die Abkürzung von Color-Look-Up-Table, einer Farbwerttabelle zur Umwandlung von Farbdaten zwischen zwei Farbräumen, z. B. zur Ausgabe auf zwei verschiedenen Geräten.

12c.28 In Farbprofilen ist auch die Farbseparation festgelegt. Erläutern Sie die beiden Separations-
arten:
a) GCR und
b) UCR.

Farbseparation

a) GCR, Gray Component Replacement, Unbuntaufbau, eine Separationsme-
   thode, bei der der Unbuntanteil eines Farbtons durch Schwarz gebildet wird.
b) UCR, Under Color Removal, Unterfarbenreduzierung, Buntaufbau, eine Separa-
   tionsmethode, bei der der Unbuntanteil eines Farbtons durch die Komplemen-
   tärfarbe gebildet wird, die drei Buntfarbanteile werden in dunklen neutralen
   Farbtönen reduziert und mit Schwarz überdruckt.

12c.29 Nennen Sie
a) die Lichtart und
b) den Messwinkel, die zu farbmetrischen Messungen im Druck verwendet werden.

Farbmessung

a) Lichtart D50

b) Messwinkel 2°

12c.30 Beschreiben Sie die Eigenschaft einer Lichtquelle, die mit der Farbtemperatur beschrieben
wird.

Farbtemperatur

Mit der Farbtemperatur wird die Strahlungsleistung einer Lichtquelle in den verschiedenen Wellenlängen, nicht aber die Temperatur der Lichtquelle beschrieben.

12c.31 Erläutern sie den Begriff Kontraktproof.

Proof

Ein Kontraktproof ist ein farb- und rechtsverbindlicher Proof nach ISO 12647-7.

12c.32 Erläutern Sie die Bedeutung des Ugra / Fogra-Medienkeils in der Printmedienproduktion.

Kontrollmittel

Der Ugra / Fogra-Medienkeil ist ein digitales Kontrollmittel mit Farbmessfeldern, das zusammen mit der Seite auf dem Proof ausgegeben wird. Damit kann die Farbverbindlichkeit von Proof und Druck kontrolliert und nachgewiesen werden.

12c.33 Erläutern Sie die Konvertierungsoption „Modul" in den Photoshop-Farbeinstellungen.

Farbraumkonvertierung

Mit der Option „Modul" wird das CMM, Color-Matching-Modul, festgelegt, mit dem das Gamut-Mapping durchgeführt wird. Hier: das Adobe-Standardmodul Adobe (ACE).

12c.34 In den Konvertierungsoptionen ist „Tiefenkompensierung verwenden" aktiviert. In welcher
Weise wird die Konvertierung dadurch beeinflusst?

Farbraumkonvertierng

Durch die Tiefenkompensierung wird die Tiefenzeichnung im Bild auch bei unterschiedlichen Dynamikumfängen von Quell- und Zielfarbraum möglichst beibehalten.

12c.35 In der ISO-Norm 13655 sind die farbmetrischen Messbedingungen für die Druckindustrie festgelegt. Nennen Sie 6 Messbedingungen.

Farbmessung

1. Messgeometrie 0°:45° oder 45°:0°
2. 2°-Normalbeobachter
3. Normlichtart D50
4. CIELAB-Farbsystem, anzugeben sind die drei Maßzahlen L*, a*, b*
5. mattweiße Unterlage oder mattschwarze Unterlage
6. Messmodus M1

12c.36 Beschreiben Sie die Arbeitsschritte zur Farbprofilinstallation auf dem Computer.

Farbprofil

1. Farbprofil-Datei auf dem Computer speichern.
2. Kontextmenü der Datei mit der rechten Maustaste aufrufen.
3. Option „Profil installieren" auswählen.

12c.37 Zur Berechnung des Farbabstands wurde die CIELAB1976-Formel durch die CIEDE2000-Formel abgelöst.
a) Begründen Sie die Verwendung der neuen Formel.
b) Nennen Sie die Kurzzeichen für den Farbabstand nach den beiden Formeln.

Farbabstand

a) Die visuelle und die geometrische Übereinstimmung der Farbabstände werden durch die neue Berechnung deutlich verbessert.

b) CIELAB1976: ΔE^*_{ab}

   CIEDE2000: ΔE_{00}

12c.38 Erläutern Sie den Begriff Farbverbindlichkeit.

Farbe

Farbverbindlichkeit beschreibt die farblich korrekte Wiedergabe einer Farbvorlage über den gesamten Druckprozess. Dabei müssen die Prozessparameter im Druckprozess eingehalten und überwacht werden. Die Überprüfung erfolgt messtechnisch durch Kontrollmittel, z.B. Druckkontrollstreifen oder Medienkeil.

12c.39 Auf einem Proof ist der Ugra/Fogra-Medienkeil ausgedruckt.
a) Erläutern Sie die Intention des Ugra/Fogra-Medienkeils.
b) Nennen Sie die Farben in den ersten 9 Farbfeldern der oberen Reihe des Medienkeils.
c) In welcher Weise wird die Graubalance mit dem Medienkeil überprüft?

Medienkeil

a) Der Ugra/Fogra-Medienkeil ist ein digitales Kontrollmittel, das zusammen mit der Seite ausgegeben wird. Er dient zur Kontrolle der Farbverbindlichkeit von Proof und Druck.

b) Die Primärfarben Cyan, Magenta und Gelb in den Abstufungen 100%, 70% und 40%.

c) Die Graubalance wird visuell mit den Vergleichsfeldern K und CMY auf der rechten Seite des Medienkeils überprüft.

12c.40 Erläutern Sie die Aufgabe von Farbmanagement-Richtlinien in der Medienproduktion.

Farbmanagement

Die Farbmanagement-Richtlinien bestimmen, wie das Programm, z.B. Photoshop, bei fehlerhaften, fehlenden oder von der Arbeitsfarbraumeinstellung abweichenden Profilen reagiert.

12c.41 „Zur farbmetrischen Messung von Proofs oder Drucken reicht ein Dreibereichsmessgerät nicht aus. Wir benötigen dazu ein Spektralfotometer."
Nehmen Sie zu dieser Aussage Stellung.

Farbmessung

Dreibereichsmessgeräte messen den Anteil einer Farbe in den drei Spektralbereichen Rot, Grün und Blau. Sie sind damit geeignet, Monitore zu vermessen. Bei der messtechnischen Erfassung von Druckfarben muss die Verteilung über das gesamte Spektrum erfasst werden. Dies gelingt nur mit Spektralfotometern, die z.B. in einer Schrittweite von 20nm den gesamten Spektralbereich einer Druckfarbe erfassen.

12c.42 In der Farbmessung werden unterschiedliche Geräte verwendet.
a) Erläutern Sie das Messprinzip von Colorimetern.
b) Für welche Anwendungen werden Colorimeter eingesetzt?

Farbmessung

a) Colorimeter sind Dreibereichsmessgeräte. Sie erfassen den Rot-, Grün- und Blauanteil einer Farbe.

b) Colorimeter werden zur Kalibrierung und Profilierung von Monitoren einsetzt.

12c.43 Das Dialogfeld „Farbeinstellungen" in InDesign zeigt links oben das Icon mit dem nach rechts außen versetzten Segment. Erläutern Sie, welche Auswirkung diese Einstellung auf den Workflow hat.

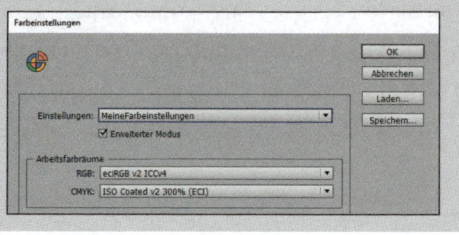

Farbeinstellungen

Die Adobe-Programme haben unterschiedliche Farbeinstellungen mit abweichenden Arbeitsfarbräumen. Die Farbeinstellungen sind nicht synchronisiert. Dadurch ist kein konsistenter Farbworkflow gewährleistet. Bei der Platzierung von Grafiken und Bildern mit abweichenden Farbprofilen kann es dadurch zu Farbveränderungen kommen.

12c.44 ICC-Profile können nach ihrer inneren Struktur unterschieden werden. Nennen Sie die beiden Strukturmodelle.

Farbprofil

- LUT-Profile (Look-up-table)
- Matrix-Profile

12c.45 Definieren Sie den Begriff Farbvalenz.

Farbensehen

Die Farbvalenz ist die Bewertung eines Farbreizes durch die drei Empfindlichkeitsfunktionen des Auges, X für Rot, Y für Grün und Z für Blau.

12c.46 Metamerie hat in der visuellen Farbabstimmung große Bedeutung. Erläutern Sie die Begriffe
a) bedingt-gleiche Farben,
b) unbedingt-gleiche Farben.

Metamerie

a) Bedingt-gleiche oder metamere Farben sehen unter einer bestimmten Lichtsituation gleich aus. Sie unterscheiden sich in der spektralen Strahlungsverteilung.
b) Unbedingt-gleiche Farben sind Farben mit identischen Spektralfunktionen. Sie sind unabhängig von der Beleuchtung visuell nicht unterscheidbar.

1.17 Lernfeld 13c: Ausgabetechnik nutzen

Stichworte:
Layoutdatei, Bildfehler, Schriftverwaltung, PDF, PostScript, RIP, Rasterung, Rasterberechnung, JDF, Marken, Hilfszeichen, Druck, Druckverarbeitung, CIP4, Druckformherstellung, Druckveredelung, Ausschießen, Preflight, Papier

13c.1 In der Druckvorstufe werden offene und geschlossene Dateien verarbeitet. Erläutern Sie die Begriffe:
a) offene Datei und
b) geschlossene Datei.

Layoutdatei

c) Offene Dateien sind Layoutdateien, z. B. InDesign-Dateien. Die im Layout platzierten Bilder und Grafiken sind mit der Layoutdatei verknüpft. Ebenso sind die Zeichensätze der verwendeten Schriften nicht Teil der Datei, sondern nur damit verknüpft.
d) Geschlossene Dateien, z. B. PDF-Dateien, enthalten alle Seitenelemente und Zeichensätze.

13c.2 Eine von einer externen Werbeagentur übernommene Layoutdatei zeigt im Druck in den Bildern eine Pixelstruktur. Erläutern Sie eine mögliche Ursache dieses Effekts.

Layoutdatei

Bei der Weitergabe wurde nur die Layoutdatei ohne die verknüpften Bilder weitergegeben. In der Druckformherstellung und damit natürlich auch im Druck werden deshalb nur die grob aufgelösten Vorschaudaten ausgegeben.

13c.3 In diesem Bild sind störende Strukturen zu sehen. Erklären Sie die Ursache dieser Bildfehler.

Bildfehler

Die hier sichtbaren Artefakte entstehen bei der verlustbehafteten JPG-Komprimierung. Die Bilddatei wurde im JPG-Format abgespeichert und dabei zu stark komprimiert.

13c.4 Im Druck erscheinen die Texte in einer anderen Schriftart als in der vom Kunden gelieferten Layoutdatei. Erläutern Sie eine mögliche Ursache dieser Schriftänderung.

Schriftverwaltung

Die Layoutdatei war in diesem Fall eine offene Datei. Die Zeichensätze der Schrift wurden nicht mitgeliefert bzw. waren auf dem Computer zur Druckformherstellung nicht installiert. Deshalb wurde automatisch eine Ersatzschrift gewählt und ausgegeben.

13c.5 Nennen Sie 3 Vorteile einer Schriftverwaltungssoftware.

Schriftverwaltung

- Eine Schriftverwaltungssoftware bietet einen Überblick über alle im System verfügbaren Schriften.
- Schriften können per Mausklick aktiviert oder deaktiviert werden.
- Für Projekte können Verzeichnisse angelegt werden, denen alle benötigten Schriften zugeordnet werden.

13c.6 Erläutern Sie das Akronym PDF.

PDF

PDF steht für Portable Document Format. PDF ist das Standarddateiformat zur Verarbeitung geschlossener Dateien in der Printmedienproduktion.

13c.7 Erläutern Sie die Aufgaben von
a) Acrobat Reader,
b) Acrobat Pro und
c) Acrobat Distiller.

PDF

a) Der Acrobat Reader erlaubt die Betrachtung und eingeschränkte Bearbeitung und sowie meist auch den Ausdruck von PDF-Dokumenten.
b) Mit Acrobat Pro können PDF-Dokumente bearbeitet, Texte editiert, Zugriffsrechte vergeben oder Dokumente durch interaktive Elemente ergänzt und in am Computer ausfüllbare PDF-Formulare konvertiert werden.
c) Der Distiller ist das professionelle Programm zur Erstellung von PDF-Dokumenten aus PostScript-Dateien. Die Einstellungsoptionen ermöglichen eine auf den Anwendungsbereich optimierte Konvertierung.

13c.8 Nennen Sie 5 Merkmale einer PostScript-Datei.

PostScript

- PostScript ist eine Programmier- bzw. Seitenbeschreibungssprache.
- Die Dateistruktur ist unabhängig von Ausgabegerät, Auflösung und Betriebssystem.
- In PostScript gibt es verschiedene Dialekte und Strukturen.
- Es werden keine sichtbaren Dateiinhalte erzeugt.
- Die Datei selbst kann nicht editiert werden, sondern nur der PostScript-Code

13c.9 Beschreiben Sie die 4 Schritte des RIP-Vorgangs:
a) Interpretieren
b) Erstellen der Display-Liste
c) Rendern
d) Screening / Rastern

RIP

a) Die PostScript-Datei wird analysiert. Kontrollstrukturen, Angaben über Transparenzen oder Verläufe werden zu Anweisungen für die Erstellung der Display-Liste.
b) Die PostScript-Programmanweisungen werden in ein objektorientiertes Datenformat umgerechnet.
c) Beim Rendern wird aus der Display-Liste eine Bytemap erstellt. Alle Objekte der Seite werden in Pixel umgewandelt. Dabei wird die Pixelgröße an die spätere Ausgabeauflösung angepasst.
d) Die Bytemap wird in diesem letzten Schritt in eine Bitmap umgerechnet. Aus den Halbtonpixeln werden entsprechend der gewählten Rasterkonfiguration frequenz- oder amplitudenmodulierte Rasterpunkte.

13c.10 Erläutern Sie das Akronym RIP.

RIP

RIP steht für Raster Image Processor, der RIP berechnet aus den Daten der Druckvorstufendatei die Ausgabedaten zur Druckformherstellung oder zur Ausgabe auf einem Digitaldrucksystem.

LF 13c

13c.11 Für den PDF-Export aus der Layoutsoftware stellt eine Druckerei Settings zur Verfügung. Erläutern Sie die Bedeutung der Settings für den PDF-Export.

PDF

Settings sind die in einer Datei gespeicherten Einstellungsdaten zur PDF-Erstellung. Die Setting-Datei kann im Ordner Settings von Acrobat Pro gespeichert werden und steht dann als Adobe-PDF-Vorgabe im PDF-Exportmenü zur Verfügung.

13c.12 Beschreiben Sie das Arbeitsprinzip von überwachten Ordnern bei der PDF-Erstellung.

PDF

Mit überwachten Ordnern kann die PDF-Erstellung automatisiert werden. Jeder In-Ordner erhält ein eigenes Setting. Nach dem Distillern wird die PDF-Datei automatisch in den zugehörigen Out-Ordner gelegt.

LF 13c

13c.13 Erläutern Sie den Begriff In-RIP-Separation.

RIP

Bei der In-RIP-Separation wird die Datei nicht im Anwendungsprogramm, sondern erst im Raster Image Processor (RIP) separiert. Die Separation erfolgt entweder durch UCR- bzw. GCR-Einstellungen in der RIP-Software oder über ICC-Profile.

13c.14 Nennen Sie die CMYK-Rasterwinkelungen nach DIN 12647-2.

Rasterung

Die Winkelung der zeichnenden Farbe beträgt 45° bzw. 135°, z. B. C 75°, M 45°, Y 0° und K 15°.

13c.15 Beschreiben Sie das Prinzip der amplitudenmodulierten Rasterung.

Rasterung

Bei der amplitudenmodulierten oder autotypischen Rasterung sind die Mittelpunktabstände der Rasterpunkte gleich. Die Rasterpunktgröße variiert je nach Tonwert.

13c.16 Beschreiben Sie das Prinzip der frequenzmodulierten Rasterung.

Rasterung

Bei der frequenzmodulierten Rasterung variieren die Mittelpunktabstände der Rasterpunkte. Die Rasterelementgröße ist gleich, ihre Anzahl auf der Fläche variiert je nach Tonwert.

13c.17 Berechnen Sie die densitometrische Dichte der Rastertonwerte. Der Lichtfang bleibt bei dieser Berechnung unberücksichtigt.
a) 25 %
b) 50 %
c) 95 %

Rasterberechnung

Absorptionsgrad $A = I_0 / I_1$ Dichte $D = \log A$ $I_0 = 100\,\%$

a) $D = \log (100\,\% / 75\,\%) = 0.12$

b) $D = \log (100\,\% / 50\,\%) = 0.3$

c) $D = \log (100\,\% / 5\,\%) = 1.3$

13c.18 Erklären Sie die Begriffe:
a) Rastertonwert,
b) Flächendeckungsgrad,
c) Rasterweite.

Rasterung

a) Der Rastertonwert ist der prozentuale Anteil der vom Raster bedruckten Fläche.

b) Flächendeckungsgrad und Rastertonwert sind synonyme Begriffe.

c) Die Rasterweite bezeichnet bei der amplitudenmodulierten Rasterung die Anzahl der Rasterpunkte pro Längeneinheit. Die Einheiten werden als Linien pro Zentimeter (l / cm) oder lines per inch (lpi) angegeben.

13c.19 Erläutern Sie die Bedeutung von JDF in der Medienproduktion.

JDF

JDF, Job Definition Format, ist ein XML-basiertes Format für den direkten Datenaustausch zwischen Computersystemen zur Bildung eines Produktions-Workflows.

- Es ermöglicht das Einbinden und Weitergeben von Dateien eines Management-Informations-Systems, MIS.
- JDF vernetzt in Workflowsystemen die betriebswirtschaftlichen und technischen Bereiche des Workflows in der Medienproduktion.

LF 13c

13c.20 Erläutern Sie die Bedeutung von CIP4 in der Medienproduktion.

CIP4

- CIP4, International Cooperation for the Integration of Processes in Prepress, Press and Postpress.
- Erweiterte herstellerunabhängige Schnittstelle zur Kopplung zwischen bislang oft getrennten Prozessschritten in der Druckvorstufe, dem Druck und der Druckverarbeitung.
- Die CIP4-Organisation ist ein Zusammenschluss der wichtigsten Hersteller im Vorstufen-, Druck- und Weiterverarbeitungsbereich, die das Ziel haben, eine Normung für den Druckproduktions-Workflow zu erreichen.

13c.21 Nennen Sie 6 Marken und Hilfszeichen für den Druck und die Druckverarbeitung.

Marken und Hilfszeichen

- Anlagemarken
- Bogensignaturen
- Flattermarken
- Schneidemarken
- Passkreuze
- Druckkontrollstreifen

13c.22 Erklären Sie die Aufgabe von Passkreuzen im Druck.

Druck

Passkreuze sind Fadenkreuze auf den Farbauszügen. Sie dienen der Passerkontrolle im Mehrfarbendruck.

13c.23 Nennen Sie die 3 Bauformen von Offsetdruckplattenbelichtern.

Druckformherstellung

- Flachbettbelichter
- Innentrommelbelichter
- Außentrommelbelichter

13c.24 Drucklackierung ist eine verbreitete Technik zur Druckveredelung. Nennen Sie 4 Lackarten, die bei der Drucklackierung verwendet werden.

Druckveredelung

- Dispersionslack
- UV-Lack
- Duftlack
- Metalllack

13c.25 Für spezielle Effekte werden Iriodine eingesetzt. Erläutern Sie deren Aufbau und optische Wirkung.

Druckveredelung

Iriodine sind winzig kleine Metallplättchen, die auch in Metalliclacken bei der Autolackierungen zur Anwendung kommen. Im Druck lassen sich mit Iriodinlacken besondere Wirkungen erzielen – von perlmuttähnlichem Glanz über metallische Glitzereffekte bis hin zur realistischen Darstellung seidenweicher Materialien.

13c.26 Nennen Sie 4 Techniken zur Druckveredelung.

Druckveredelung

- Prägen
- Folienkaschieren
- Lackieren
- Stanzen

13c.27 Beim PDF-Export zeigt der Druckfarbenmanager 5 Druckfarben an. Erläutern Sie die Auswirkungen in der Druckformherstellung und im Druck.

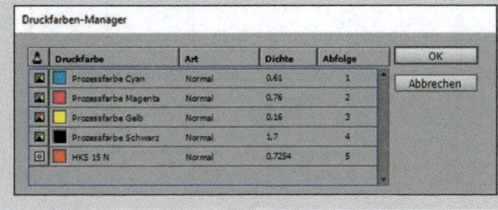

Farbseparation

In diesem Beispiel wird die Sonderfarbe HKS 15 N als fünfte Farbe gedruckt. Deshalb müssen auch fünf Druckformen hergestellt werden. Auf Digitaldrucksystemen ohne Sonderfarben wird die fünfte Farbe durch die Systemfarben gedruckt.

13c.28 Erklären Sie den Begriff Sonderfarben.

Sonderfarben

Sonderfarben sind Druckfarben, die zusätzlich zu den Skalenfarben (CMYK) gedruckt werden. Beispiele für Sonderfarben sind die Hausfarbe eines Unternehmens oder die Farbe der Lösungen in diesem Prüfungsbuch (HKS 15N).

LF 13c

13c.29 Beschreiben Sie die Konvertierung von Sonderfarben in 4c beim PDF-Export.

PDF

Sonderfarben können beim PDF-Export mit der Option „Ausgabe > Druckfarben-Manager > Alle Volltonfarben in Prozessfarben umwandeln" in CMYK separiert werden.

13c.30 Erklären Sie das Ausschießen in der Printmedienproduktion.

Ausschießen

Ausschießen ist das Anordnen der Seiten in der Bogenmontage. Dabei muss auf die korrekte Seitenfolge im gedruckten und gefalzten Bogen geachtet werden.

13c.31 Erläutern Sie die 2 Wendearten im Druck:
a) Umschlagen und
b) Umstülpen.

Druck

a) Umschlagen: Die Vorderanlage bleibt, die Seitenanlage wechselt. Der Bogen muss an zwei Seiten beschnitten werden, damit die Rechtwinkligkeit gegeben ist.

b) Umstülpen: Die Vorderanlage wechselt, die Seitenanlage bleibt. Der Bogen muss an drei Seiten beschnitten werden, damit die Rechtwinkligkeit gegeben ist.

13c.32 Taschenbücher werden meist klebegebunden.
a) Begründen Sie, warum bei klebegebunden Produkten im Bund ein Fräsrand berücksichtigt werden muss.
b) Wie groß ist dieser Fräsrand üblicherweise?

Druckverarbeitung

a) Bei der Klebebindung muss der Rücken des Blocks abgefräst werden, damit jedes Blatt mit dem Kleber Kontakt hat.

b) Üblicherweise ist der Fräsrand 3 mm breit.

13c.33 Unterscheiden Sie eine Einlagenbroschur und eine Mehrlagenbroschur.

Druckverarbeitung

• Einlagenbroschuren bestehen aus einem einzigen Falzbogen

• Mehrlagenbroschuren bestehen aus mehreren Falzbogen.

13c.34 Erstellen Sie ein Ausschießschema.
• 32 Seiten
• 2 Druckbogen
• Schön- und Widerdruck
• Rückstichheftung

Ausschießen

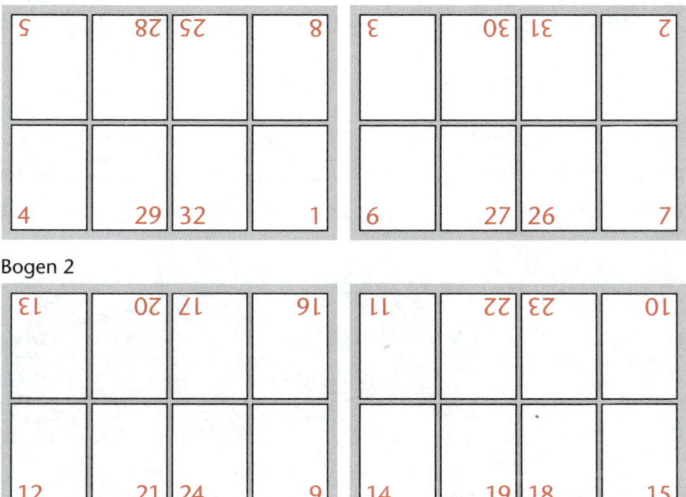

13c.35 Erklären Sie die Aufgabe von Preflight-Software.

Preflight

Preflight ist die Überprüfung der Produktionsdaten unter dem Aspekt der Qualitätskontrolle. Ein Preflight kann in der jeweiligen Produktionssoftware durchgeführt werden. Für umfangreichere Prozesse gibt es auf dem Markt spezielle Preflight-Software, wie z. B. pdf-Toolbox von der Firma Callas.

13c.36 Erklären Sie den Zweck von Flattermarken.

Druckverarbeitung

Flattermarken dienen der Kontrolle, ob die Falzlagen in der richtigen Reihenfolge zusammengetragen wurden.

LF 13c

LF 13c

13c.37 Beim PDF-Export können verschiedene Einstellungen vorgenommen werden. Erläutern Sie die Einstellung „Anschnitt und Infobereich" der Karteikarte „Marken und Anschnitt".

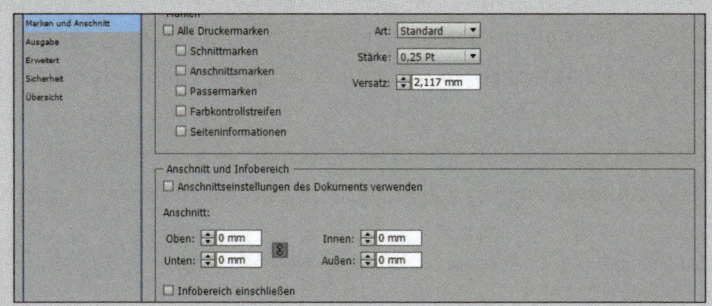

PDF

- Der Anschnitt ist notwendig, wenn auf den Druckseiten randabfallende Flächen angelegt sind. Wenn im Layoutdokument der Anschnitt korrekt angelegt ist, kann die Option „Anschnitteinstellungen des Dokuments verwenden" ausgewählt werden.
- Die Einstellung „Anschnitt" überschreibt die Einstellungen im Dokument.
- Bei ausgewählter Option „Infobereich einschließen" werden die Dateiinformationen des Layoutdokuments mit ausgegeben.

13c.38 Unterscheiden Sie:
a) Naturpapier und
b) gestrichenes Papier.

Papier

a) Naturpapier: Alle nicht gestrichenen Papiere, unabhängig von der Stoffzusammensetzung, heißen Naturpapiere.

b) Gestrichenes Papier: Das Papier ist mit einem speziellen Oberflächenstrich, glänzend oder matt, versehen.

13c.39 Die Laufrichtung ist für die Verarbeitung eine wichtige Papiereigenschaft. Erläutern Sie die Begriffe:
a) Schmalbahn und
b) Breitbahn.

Papier

a) Ein Bogen ist Schmalbahn, wenn die Fasern parallel zur langen Bogenseite verlaufen.

b) Bei Breitbahn verläuft die Laufrichtung parallel zur kurzen Bogenseite.

1.18 Lernfeld 12d: Dynamische Websites konzipieren und programmieren

Stichworte:

Dynamische Websites, Gestaltung und Inhalt, Webentwicklung, Templates, Layout, Viewport, Content-Management-System (CMS), CMS-Verwaltung, Benutzerrollen, Rechte-Ebenen, CMS-Inhalte, Webserver, Scriptsprachen, Softwarepflege, Plug-ins, Suchmaschinenoptimierung, Website-Marketing, Navigationsarten, Cookies, Tracking, Passwortsicherheit, Kennwortverschlüsselung

12d.1 Erklären Sie den technischen Unterschied zwischen statischen und dynamischen Websites.

Dynamische Websites

- Statische Websites bestehen zumeist aus einzelnen HTML-Seiten, die auf dem Webserver liegen. Bei Aufruf werden sie mit Inhalt an den Browser übermittelt.
- Dynamische Websites bestehen aus Seiten, die bei Betrachtung durch den User dynamisch generiert werden. Der auszugebende Inhalt wird aus einer Datenbank geladen und verarbeitet. Die Gestaltung wird über Templates gesteuert.

12d.2 Ein Kunde möchte seinen Betrieb auf einer dynamischen Website präsentieren. Nennen Sie jeweils 5 Vorteile und 5 Nachteile von dynamischen Webseiten gegenüber statischen Websites.

Dynamische Websites

- Vorteile: Usermanagement, Content Management, Benutzerhierarchie, hohe Aktualität, komplexe Funktionalitäten möglich.
- Nachteile: Hoher Verwaltungsaufwand, erhöhte technische Anforderungen, ggf. Programmierkenntnisse erforderlich, höhere Kosten, höhere Komplexität.

12d.3 Beim Einsatz von dynamischen Websites wird eine Trennung von Gestaltung und Inhalt angestrebt. Erklären Sie diesen Vorsatz.

Gestaltung und Inhalt

Bei dieser Trennung wird u. a. die Unabhängigkeit des Inhalts von der Gestaltung angestrebt. Während die Gestaltung ausschließlich durch CSS über Templates realisiert wird, liegt der Inhalt formatunabhängig in einer Datenbank. Das bedeutet, dass das Aussehen der dynamischen Website unabhängig vom Inhalt verändert werden kann. Die Vorteile sind Zeitersparnis, Fehlerquellenreduzierung und ein übersichtlicherer Quellcode.

LF 13c

LF 12d

12d.4 In der Planungsphase einer Website wird ein Mock-up und ein Wireframe erstellt. Erläutern Sie die Begriffe.

Webentwicklung

- Ein Mockup ist ein digitaler Entwurf einer Website mit Bilder, Farben und Typografie. Mockups dienen in der Planungsphase zur Visualisierung von Ideen.
- Ein Wireframe beschränkt sich hingegen auf die Anordnung der einzelnen Elemente. Die Darstellung von Layout und Benutzerführung ist das wesentliche Ziel eines Wireframes.

12d.5 Die Entwicklung einer dynamischen Website kann zunächst in einer lokalen Entwicklungsumgebung wie XAMPP stattfinden.
a) Erläutern Sie die Bedeutung einer lokalen Entwicklungsumgebung wie XAMPP.
b) Nennen Sie 3 Vorteile einer lokalen Entwicklungsumgebung.

Webentwicklung

a) Eine lokale Entwicklungsumgebung, wie z. B. XAMPP, ist ein Softwarepaket von freier Software, das einen Webserver mitsamt aller notwendigen Werkzeuge zum Betreiben einer dynamischen Website simuliert.
b) Erspart Kosten, einfache Installation, ermöglicht schnelle Umsetzung.

12d.6 In der Produktion einer dynamischen Website steht zu Beginn die Entwicklung einer Template im Vordergrund. Erklären Sie den Begriff Template.

Templates

Eine Template, oder auch Webtemplate, ist eine Designvorlage für einzelne Webseiten. Sie enthält Vorgaben für Layout und Gestaltung.

12d.7 Eine dynamische Website kann auf verschiedenen Ausgabegeräten betrachtet werden. Unterscheiden Sie die Ausgabe der Typen Responsive Layout und Adaptive Layout.

Layout

- Ein Adaptive Layout ist ein für unterschiedliche Displaygrößen optimiertes Layout. Verschiedene Ansichten werden mit Hilfe von Media Queries für exakte Viewport-Größen entwickelt.
- Bei einem Responsive Layout wird hingegen die Webseite für jede erdenkliche Displaygröße entwickelt. Dieser Layout-Typ setzt ein „flüssiges" Gestaltungsraster in Kombination mit Media Queries ein. Anders als beim Adaptive Layout wird jede Viewport-Größe bestmöglich ausgenutzt.

12d.8 Beschreiben Sie, welche Rolle Cascading Stlysheets (CSS) bei der Gestaltung von Templates einnehmen.

Templates

Die Gestaltung eines Templates wird meist über HTML und CSS realisiert. Mittels CSS lassen sich z. B. Typografie, Layout und Animationen steuern. Verschiedene Stylesheets können auf unterschiedliche Ausgabegeräte angepasst werden.

12d.9 Erläutern Sie 2 Bedingungen für die Viewport-Größe eines Desktop-Webbrowsers.

Viewport

Bei einem Desktop-Webbrowser sind die Bildschirmgröße und die Fenstergröße des Browsers für die Viewport-Größe ausschlaggebend. Die Bildschirmgröße bestimmt die native Auflösung bedingt durch die Anzahl von ansteuerbaren physischen Bildpunkten. Die Fenstergröße kann individuell angepasst werden.

12d.10 Erklären Sie die Funktion des folgenden Meta-Elements:
`<meta name="viewport" content="width=device-width, initial-scale=1.0">`

Viewport

Das Meta-Element viewport weist den Browser an, wie die Dimensionen und Skalierung der Seite anzuzeigen sind. Die Seitenbreite wird dem jeweiligen Ausgabegerät angepasst. Die Einstellung des Zoomgrad führt dazu, dass die Inhalte 1:1 dargestellt werden.

12d.11 Dynamische Websites können über Content Management Systeme (CMS) verwaltet werden. Beschreiben Sie die Grundfunktion eines CMS.

CMS

Ein CMS ist eine Software zur gemeinschaftlichen Erstellung, Bearbeitung und Veröffentlichung von Inhalten. Es steht für medienneutrale Datenhaltung, zumeist in einer Datenbank, zur Ausgabe auf verschiedene Medienformate.

12d.12 Unterscheiden Sie ECMS von WCMS hinsichtlich der Einsatzgebiete.

CMS

- Ein ECMS ist ein Enterprise Content Management System. Es dient zur Erfassung und Verwaltung von Prozessen innerhalb einer Organisation.
- Ein WCMS oder Web Content Management System ist ein serverseitiges Redaktionssystem zur Veröffentlichung von webbasierten Inhalten.

12d.13 Der technische Betrieb eines CMS erfordert eine LAMP-Umgebung. Beschreiben Sie, welche Rolle die jeweiligen Komponenten im Betrieb eines CMS spielen:
a) (L)inux
b) (A)pache
c) (M)ySQL
d) (P)HP

Webserver

a) Linux: Betriebssystem des Servers

b) Apache: HTTP-Webserver

c) MySQL: Relationales Datenbankverwaltungssystem

d) PHP: Programmiersprache und serverseitiger Skript-Interpreter

12d.14 Beschreiben Sie den Ablauf beim Aufruf einer dynamischen Webseite zwischen Webserver, Datenbank und Webbrowser.

Webserver

Der Webbrowser stellt die Anfrage via URL an den Webserver. Dynamische Seiten werden aktiv zum Zeitpunkt der Anforderung vom Webserver erzeugt. Die serverseitige Verarbeitung liest nun Inhalte aus der anhängenden Datenbank und generiert die HTML-Datei. Die HTML-Datei wird dann vom Webserver an den Webbrowser übertragen und dem User angezeigt.

12d.15 Zur Datenverarbeitung kommen verschiedene Scriptsprachen zum Einsatz.
a) Erläutern Sie den Unterschied zwischen clientseitigen und serverseitigen Scriptsprachen.
b) Nennen Sie jeweils 3 Scriptsprachen.

Scriptsprachen

a) Der Unterschied besteht darin, dass bei serverseitigen Scriptsprachen die Verarbeitung auf dem Server stattfindet und die fertige Seite an den User ausgeliefert wird, während bei clientseitigen Scriptsprachen die Ausführung erst auf dem Rechner des Users erfolgt.

b) Serverseitig: Perl, PHP, Python. Clientseitig: JavaScript, Java, HTML.

12d.16 Nennen Sie 5 Qualitätsmerkmale eines CMS im Hinblick auf den Funktionsumfang.

CMS

Mehrsprachigkeit, weitreichende Medienunterstützung, gute Suchmaschinenoptimierung, hohe Systemsicherheit, Skalierbarkeit, Zukunftssicherheit, Barrierefreiheit, geringe Ladezeit, hohe Kompatibilität, einfache Handhabung.

12d.17 Content-Management-Systeme sind üblicherweise in die Bereiche Front-End und Back-End unterteilt. Erläutern Sie die Bereiche.

CMS

- Das Front-End ist der öffentliche Bereich. Es enthält alle sichtbaren Inhalte, die für die Besucher zugänglich sind.
- Das Back-End ist nur über einen Login zugänglich und stellt nach einer Anmeldung alle Funktionen der Administration und der Redaktion zur Verfügung.

12d.18 Beschreiben Sie die Funktion des Content-Lifecycle-Management eines CMS.

CMS Inhalte

Das CMS steuert den Zeitraum für die Publikation von Inhalten.

12d.19 Unterscheiden Sie Rechte- und Benutzerverwaltung eines CMS.

CMS Verwaltung

In der Benutzerverwaltung werden die Details der einzelnen Nutzer bzw. Nutzergruppen verwaltet. Die Rechteverwaltung vergibt bestimmte Eigenschaften und Zugriffsrechte an bestimmte Benutzer.

12d.20 Erläutern Sie einen Vorteil bei der Verwendung von Nutzerrollen.

Benutzerrollen

Jedem Benutzer wird eine bestimmte Rolle zugewiesen. Dies erleichtert die Rechteverwaltung des CMS, da bei Veränderungen in der Rechtestruktur nur die Rechte der Benutzerrolle angepasst werden müssen.

12d.21 Vergleichen Sie die folgenden Nutzergruppen eines CMS mit Bezug auf eine Nutzerhierarchie.
a) Registrierte Benutzer
b) Öffentliche Benutzer
c) Autoren

Benutzerrollen

a) Registrierte Benutzer stehen hierarchisch über öffentlichen Nutzern. Sie dürfen bestimmte Bereiche betreten und z. B. kostenpflichtige Dienste nutzen.

b) Öffentliche Benutzer haben keine speziellen Rechte.

c) Autoren haben meist Zugang zum Back-End. Sie tragen Inhalte bei und dürfen diese veröffentlichen.

12d.22 Geben Sie jeweils ein Anwendungsbeispiel für die folgenden Rechte-Ebenen an:
a) Redaktionelle Rechte
b) Ressourcenbezogene Rechte
c) Administrative Rechte

Rechte-Ebenen

a) Verfassen von Artikeln und Kommentaren, ändern von erstellten Inhalten.

b) Anlegen von Inhaltskategorien, hochladen von Dateien, wie Bilder und Videos.

c) Strukturelle Änderungen an Navigation, User-Management und Rechten.

12d.23 In vielen Content-Management-Systemen gibt es die besondere Rolle des Superadministrators.
a) Ordnen Sie die Rolle des Superadministrators in die Rechte-Ebenen ein.
b) Erläutern Sie die primäre Aufgabe eines Superadministrators.

Rechte-Ebenen

a) Der Superadministrator ist die höchste Instanz im System. Die Benutzerrolle kann alle administrativen Tätigkeiten durchführen und ist nicht entfernbar.

b) Dieser Benutzerrolle untersteht die technische Administration des CMS, wie z. B. Einstellungen zur Domain, Lauffähigkeit auf dem Webserver, die Verwaltung der Datebank sowie Anlegen von Administratoren.

12d.24 Begründen Sie, warum es wichtig ist, das Content-Management-System regelmäßig mit Softwareupdates zu versorgen.

Softwarepflege

Content-Management-Systeme unterliegen einer ständigen Weiterentwicklung. Softwareupdates erhöhen den Funktionsumfang und schließen außerdem Sicherheitslücken, die in der Weiterentwicklung entdeckt werden.

12d.25 Wichtige Installationsdateien werden von seriösen CMS-Entwicklern stets mit einem MD5-Hashwert angeboten. Erläutern Sie die Absicht hinter dieser Vorgehensweise.

Softwarepflege

MD5 ist eine kryptographische Hashfunktion. Sie ermöglicht die Überprüfung eines Downloads auf Korrektheit. Der Hashwert aus der heruntergeladenen Datei wird mit dem zur Verfügung gestellten Hashwert verglichen. Sind beide Werte identisch, ist die Integrität der Datei bestätigt. Dies ist vor allem bei Dateien zur Installation oder zum Update eines CMS sehr wichtig.

12d.26 Die Versionen eines neuen Content-Management-Systems werden in den Stufen Beta, Alpha, Stable und Release Candiate (RC) veröffentlicht.
a) Ordnen Sie die Versionen in der Reihenfolge des Entwicklungsprozesses.
b) Beschreiben Sie den Entwicklungsstatus Release Candidate (RC).

Softwarepflege

a) Alpha, Beta, Release Candidate, Stable

b) Release Candidate bezeichnet eine finale Testversion eines CMS. Alle Funktionen, die die endgültige Version enthalten soll, sind enthalten. Die bis dahin bekannten Fehler sind behoben, es wird aber noch, zumeist von der Entwicklergemeinschaft, nach weiteren möglichen Fehlern gesucht.

12d.27 Im Content-Management-System können Plug-ins installiert werden.
a) Erläutern Sie den Einsatz von Plug-ins in einem CMS.
b) Beurteilen Sie den Einsatz von Plug-ins unter dem Gesichtspunkt der Systemsicherheit.

Plug-ins

a) Plug-Ins sind Zusatzprogramme, die den Funktionsumfang erhöhen.

b) Plug-Ins von Drittanbietern können ein Sicherheitsrisiko darstellen, wenn sie nicht auf den Sicherheitsgrundlagen des CMS entwickelt wurden. Der technische Support von Drittanbietern ist in dieser Hinsicht meist nicht gegeben.

12d.28 Erläutern Sie den Begriff Suchmaschinenoptimierung (SEO).

Suchmaschinenoptimierung

SEO (engl. search engine optimization) umfasst Maßnahmen im Website-Marketing, die dazu dienen, Webseiten und deren Inhalte im Suchmaschinenranking zu verbessern. Die Optimierung der Platzierungen von Webseiten bei Suchmaschinen soll die Reichweite erhöhen und die Besucherzahlen steigern.

12d.29 Nennen Sie 4 Optimierungsmöglichkeiten für Suchmaschinen im Betrieb einer dynamischen Website.

Suchmaschinenoptimierung

- SSL Verschlüsselung / SSL Zertifikat verwenden.
- Ladezeiten reduzieren bzw. HTTP-Requests reduzieren.
- Mobile Darstellung und Meta Descriptions optimieren.
- „Sprechende" URLS verwenden, keine Sonderzeichen und Füllwörter im URL.

12d.30 Erläutern Sie, was im Zusammenhang mit Website-Marketing unter „Conversion-Rate" verstanden wird.

Website Marketing

Die Conversion-Rate ist eine Messgröße, die ermittelt, wie viele Besucher einer Website letztendlich auch zu Käufern des beworbenen Produktes wurden.

12d.31 Eine dynamische Website ermöglicht verschiedene Navigationskonzepte. Erläutern Sie das Konzept der „Breadcrumbs-Navigation" an einem Beispiel.

Navigationsarten

- Eine Breadcrumbs-Navigation (deutsch: Brotkrümelnavigation) ist eine Textzeile, die dem Benutzer anzeigt, in welchem Bereich er sich auf der Website befindet. Diese Art der Navigation soll die Orientierung innerhalb verzweigter Kategorien verbessern, indem sie eine Abfolge von Links zu übergeordneten Kategorien bereitstellt.
- Beispiel: Home > Shop > Schuhe > Herren > Sportschuhe > Marke

12d.32 Beschreiben Sie die Aufgabe einer Sitemap.

Navigationsarten

Eine Sitemap ist eine strukturierte Übersicht aller Seiten einer Website. Es können sowohl die hierarchische Seitenstruktur als auch einzelne Verlinkungen zwischen den Seiten angezeigt werden. Sitemaps spielen eine wesentliche Rolle in der Suchmaschinenoptimierung und dienen als Inhaltsplan bei der Websitekonzeption.

12d.33 Erklären Sie das Funktionsprinzip von HTTP-Cookies.

Cookies

Ein Cookie ist eine Datei, die der Webserver über den Browser auf dem Computer des Besuchers einer Website hinterlegt. Die Datei wird vom Webserver an den Browser gesendet oder von einem Skript der Website dynamisch erzeugt. Der Browser sendet die Cookie-Information bei späteren Aufrufen der Website wieder an den Webserver zurück. Dieser kann die im Cookie gespeicherten Daten erkennen und wieder verarbeiten.

12d.34 Nennen Sie 4 Anwendungsmöglichkeiten von Cookies auf dynamischen Websites.

Cookies

- Das Abspeichern von Einstellungen, die ein Besucher vorgenommen hat, z.B. ein Warenkorb oder Login-Daten
- Webtracking und Online-Marketing
- Überprüfung des letzten Aufrufs der Website
- Eindeutige Identifizierung eines Besuchers, z.B. durch eine ID

12d.35 Cookies können unter anderem zum Tracking verwendet werden. Erläutern Sie, was im Zusammenhang mit Cookies unter Tracking zu verstehen ist.

Tracking

Beim Tracking wird ein Cookie auf der Festplatte des Benutzers abgelegt, um ihn so anschließend eindeutig wiedererkennen und nachverfolgen zu können.

12d.36 Nennen Sie 6 Regeln, die Sie bei der Sicherheit von Kennwörtern beachten sollten.

Passwortsicherheit

- Kennwortlänge von mindestens 12 Zeichen.
- Groß- und Kleinbuchstaben verwenden.
- Keine persönlichen Daten verwenden.
- Kennwörter in regelmäßigen Intervallen austauschen.
- Kennwörter strikt geheim halten.
- Keine Wörter verwenden, die in einem Wörterbuch stehen.
- Sonderzeichen verwenden.

12d.37 Erklären Sie, was man bei Websites unter „Zwei-Faktor-Authentifizierung" versteht und führen Sie ein Beispiel an.

Passwortsicherheit

- Darunter versteht man den Identitätsnachweis mittels Zusammenspiel zweier verschiedener und unabhängiger Methoden.
- Beispiel: Bankkarte+PIN, Passwort+Hardware Token.

12d.38 Eine Maßnahme, die ergriffen werden kann, um einen soliden Schutz für Passwörter in einer Datenbank zu gewährleisten, ist das „Salzen". Erläutern Sie den Begriff.

Kennwortverschlüsselung

Salzen dient neben dem Hashwert als zusätzliche Sicherheitsmaßnahme. An das Passwort wird eine zusätzliche Zeichenkette angehängt, um den Hashwert des originalen Passworts zu verändern. Bekannte Hashwerte von Passwörtern können so nicht mehr nachgeschlagen werden.

12d.39 Der Browser übermittelt Daten per HTTP an ein Script, das die Daten serverseitig weiterverarbeitet soll. Erläutern Sie einen Unterschied der Formularübertragung GET und POST.

Sicherheit

- Bei GET sieht man die Übergabe der Daten in der URL der Adresszeile des Webbrowsers. Die Anzahl und Länge der Variablen sind limitiert.
- POST überträgt die Daten für den Client unsichtbar in unlimitierter Anzahl und Länge an Variablen.

12d.40 Beschreiben Sie, was unter dem Sicherheitsaspekt des Cross-Site-Scripting (XSS) verstanden wird.

Sicherheit

Cross-Site-Scripting (Website übergreifendes Scripting) ist eine Art der HTML-Injection, bei der ein schadhafter Code über Webanwendungen eingeschleust und entweder serverseitig oder clientseitig ausgeführt wird.

1.19 Lernfeld 13d: Digitalmedien gestalten und bearbeiten

Stichworte:

Wahrnehmung, Farbmetrik, Bildfrequenz, Videoauflösung, Pixelseitenverhältnis, Fernsehnorm, Zeilensprungverfahren, Containerformate, Videodateiformate, A/D-Wandlung, Videokompression, Datenberechnung, Videoschnittstellen, Kameratechnik, Aufnahmetechnik, Filmgestaltung, Produktionsplanung, Beleuchtung, Videoschnitt, Audio, Storyboard, Streaming

13d.1 Die Wahrnehmung von Videobildern basiert auf psychologischen bzw. physiologischen Grundlagen. Erläutern Sie die folgenden Faktoren:
a) Nachbildwirkung
b) Stroboskopeffekt

Wahrnehmung

a) Unter der Nachbildwirkung versteht man das mangelhafte zeitliche Auflösungsvermögen des menschlichen Auges. Sie wird durch das Abklingen eines Lichtreizes auf der Netzhaut hervorgerufen, der für eine kurze Zeit nach seinem Ende auf der Netzhaut bestehen bleibt.

b) Der Stroboskopeffekt ist der scheinbar verlangsamte Ablauf von Prozessen, die nur zu regelmäßig aufeinanderfolgenden Zeitabständen beobachtet werden.

13d.2 Die Farbsignale der Videotechnik basieren auf der Verarbeitung der additiven Farbmischung. Erläutern Sie das Prinzip der additiven Farbmischung.

Farbmetrik

Das Prinzip der additiven Farbmischung gilt bei Farben, die von Lichtquellen ausgehen. Die Grundfarben der additiven Farbmischung sind Rot, Grün und Blau. Farben entstehen bei der Übereinanderprojektion von Licht verschiedener Wellenlängen. Alle Farben zusammengemischt ergeben Weiß.

13d.3 Beschreiben Sie die Bedeutung der Bildfrequenz in der Videotechnik.

Bildfrequenz

Die Bildfrequenz oder auch Bildrate bezeichnet die Anzahl der Einzelbilder, die pro Zeiteinheit aufgenommen oder wiedergegeben werden. Sie wird meist in der Einheit fps (frames per second) oder Hz angegeben. Eine ausreichend hohe Bildfrequenz ermöglicht es, einen Bildablauf als kontinuierliche Bewegung wahrzunehmen.

LF 12d

LF 13d

13d.4 In der Videoproduktion wird zwischen verschiedenen Auflösungen unterschieden. Geben Sie jeweils die Breite und Höhe in Pixeln sowie das Seitenverhältnis der folgenden Auflösungen an:
a) SDTV (PAL DV)
b) Full HDTV
c) Ultra HDTV

Videoauflösung

a) SDTV (PAL DV): 720 x 576, 5:4

b) Full HDTV: 1 920 x 1 080, 16:9

c) Ultra HDTV: 3 840 x 2 160, 16:9

13d.5 In der digitalen Videobearbeitung kann ein Pixelseitenverhältnis bestimmt werden.
a) Erläutern Sie den Begriff Pixelseitenverhältnis.
b) Geben Sie an, wie sich das Pixelseitenverhältnis berechnen lässt.

Pixelseitenverhältnis

a) Das Pixelseitenverhältnis PAR (Pixel Aspect Ratio) stellt den Quotient aus der Breite eines Pixels und seiner Höhe dar.

b) Das Pixelseitenverhältnis PAR berechnet sich aus dem Verhältnis der Anzeige eines Bildes DAR (Display Aspect Ratio) und dem Verhältnis der Bildauflösung SAR (Storage Aspect Ratio): PAR = DAR / SAR.

LF 13d

13d.6 Die Modulation eines Farbsignals in der Übertragungstechnik erfolgt nach internationalen Standards.
a) Nennen Sie die 3 Fernsehnormen der verschiedenen Weltregionen.
b) Fügen Sie jeweils ein Land an, in welchem die Norm Verwendung findet.

Fernsehnorm

a) NTSC, PAL und SECAM

b) NTSC: USA, PAL: Deutschland, SECAM: Frankreich

13d.7 Erklären Sie die Funktion des Zeilensprungverfahrens.

Zeilensprungverfahren

Mit dem Zeilensprungverfahren können Bildsignale mit einer möglichst geringen Bandbreite flimmerfrei angezeigt werden. Dabei baut sich ein vollständiges Bild aus zwei unterschiedlichen Halbbildern (Upper Field und Lower Field) auf.

13d.8 Erläutern Sie die Angaben zu den folgenden Videoauflösungen:
a) 1080i50
b) 720p25

Videoauflösung

a) 1 080 vertikale Zeilen, interlaced (Halbbilder) bei 50 fps

b) 720 vertikale Zeilen, progressive (Vollbilder) bei 25 fps

13d.9 In der Videotechnik kommen verschiedene Video-Containerformate zum Einsatz.
a) Definieren Sie den Begriff Containerformat.
b) Beschreiben Sie, was in einem Video-Containerformat zusätzlich zu einem Videobild enthalten sein kann.
c) Nennen Sie 3 Video-Containerformate als Beispiele.

Containerformate

a) Ein Containerformat legt in der Videotechnik eine Datenstruktur fest, mit der einzelne Datenströme verschiedener Formate zu einem Datenstrom zusammengeführt werden können.

b) Video-Containerformate können einen Videostream und mehrere Audiostreams enthalten. Einige Formate ermöglichen darüber hinaus die Einbettung von Untertiteln und Menüstrukturen.

c) MP4, MKV, DivX

LF 13d

13d.10 Nennen Sie jeweils 2 Videodateiformate mit Dateiendung der folgenden Kategorien:
a) Open-Source Videodateiformate
b) proprietäre Videodateiformate

Videodateiformate

a) MKV, OGG

b) MP4, AVI, WM

13d.11 Nennen Sie 3 Videodateiformate, die zur Ansicht in HTML5 fähigen Webbrowsern geeignet sind.

Videodateiformate

• MP4

• WebM

• OGG

13d.12 In der Analog / Digital-Wandlung von Videos kommt eine Quantisierung zum Einsatz.
a) Erläutern Sie den Begriff Quantisierung.
b) Beschreiben Sie den Unterschied zwischen 8 Bit und 10 Bit Quantisierung.

A / D-Wandlung

a) Die Quantisierung dient zur Digitalisierung von analogen Signalen. Die analogen Signale werden in regelmäßigen Abständen abgetastet (Sampling). Zu jedem Abtastzeitpunkt wird ihr Spannungswert in einen Digitalwert umgerechnet.

b) 10 Bits entsprechen theoretisch 1 024 Helligkeitsstufen. Im Vergleich zur 8-Bit-Quantisierung mit 256 Helligkeitsstufen treten weniger Rundungsfehler auf, als durch digitale Signalverarbeitung entstehen können.

13d.13 Zur Videokompression werden je nach Einsatzgebiet entsprechende Codecs verwendet.
a) Erklären Sie die Notwendigkeit von Codecs.
b) Nennen Sie 4 Einsatzgebiete für Codecs.

Videokompression

a) Da die anfallende Datenmenge bei Videos sehr groß ist, müssen Videos zur Speicherung verlustbehaftet komprimiert werden.

b) Digitales Fernsehen, Videoschnitt, Videostreaming, Videokameras

LF 13d

13d.14 Erklären Sie den Unterschied zwischen Interframe- und Intraframe-Kompression.

Videokompression

- Bei der Intraframe-Kompression wird jedes Einzelbild komprimiert.
- Bei der Interframe-Kompression werden zwei aufeinander folgende Vollbilder verglichen und die Differenz zwischen beiden ermittelt. Gleichbleibende Bildelemente werden dann zu Bildergruppen zusammengefasst.

13d.15 Erklären Sie, was in der Videokompression unter Keyframes verstanden wird.

Videokompression

In der Videokompression sind Keyframes (auch Intraframes) Einzelbilder, die unabhängig von den anderen sie umgebenden Bildern kodiert werden. Sie liegen vollständig vor und dienen dem Codec als Referenzpunkte für die auf sie folgenden Interframes.

13d.16 Definieren Sie das YCbCr-Farbmodell.

Farbmetrik

Das YCbCr-Farbmodell beschreibt die Farben in Helligkeit Y und in zwei Farbkomponenten Cb (Blue-Yellow Chrominance) bzw. Cr (Red-Green Chrominance).

13d.17 Zur Reduktion der Datenmenge eines Videos wird die Farbunterabtastung angewendet.
a) Erläutern Sie das Prinzip der Farbunterabtastung.
b) Erklären Sie, was in diesem Zusammenhang die Angabe 4:2:0 bedeutet.

Videokompression

a) Die Farbunterabtastung ist ein Verfahren, bei dem die Chrominanz (Farbformation) mit einer im Vergleich zur Luminanz (Helligkeitsinformation) reduzierten Abtastrate gespeichert wird. Ziel ist die Reduktion der Datenmenge.

b) Die Farbunterabtastung 4:2:0 wird bei JPEG-Bildern oder Videomaterial im MPEG-Format verwendet. Die Datenrate verringert sich bei 4:2:0 um die Hälfte (8 Byte für die Helligkeitswerte + 4 Byte für insgesamt 2 Farbwerte = 12 Byte für alle 8 Pixel).

13d.18 Ein Kunde liefert ein Video mit den folgenden Parametern:
Format: UHD (3 840 × 2 160)
Datentiefe: 24 bit
Bildfrequenz: 25 fps
Dauer: 2 min
a) Berechnen Sie die Datenrate des unkomprimierten Videos in Gbit / s.
b) Berechnen Sie die Datenmenge des unkomprimierten Videos in GiB.

Datenberechnung

a) $3\,840 \cdot 2\,160 \cdot 24\,bit \cdot 25\,fps : 1\,000^3\,bit / Ggbit = 4{,}97\,Gbit / s$

b) $3\,840 \cdot 2\,160 \cdot 24\,bit \cdot 25\,fps \cdot 120\,s : 8\,bit / Byte : 1\,024^3\,Byte / GiB = 69{,}52\,GiB$

13d.19 Ein Kunde liefert ein Video mit der Länge von 11 Minuten.
Format: FullHD (1 920 × 1 080)
Datentiefe: 24 bit
Bildfrequenz: 30 fps
Berechnen Sie den Kompressionsfaktor, der erforderlich ist, um die Datenmenge auf 12 GiB zu reduzieren.

Datenberechnung

$1\,920 \cdot 1\,080 \cdot 24\,bit \cdot 30\,fps \cdot 660\,s : 8\,bit / Byte : 1\,024^3\,Byte / GiB = 114{,}71\,GiB$

$(12\,GiB : 12\,GiB) : (114{,}71\,GB : 12\,GiB) \approx 1 : 9{,}55$

13d.20 Zur Übertragung von Bildsignalen werden verschiedene Videoschnittstellen verwendet.

Benennen Sie die Schnittstellen und geben Sie an, ob das Signal analog oder digital übertragen wird.

Videoschnittstellen

a) DVI (digital), b) Displayport (digital), c) Mini-DVI (digital) , d) VGA (analog),

e) HDMI (digital), f) Mini-Displayport / Thunderbolt (digital)

13d.21 In Videokameras kommen sogenannte Bildsensoren zum Einsatz.
a) Beschreiben Sie die Funktion eines Bildsensors in einer Kamera.
b) Nennen Sie 2 Arten von Bildsensoren.

Kameratechnik

a) Der Bildsensor ist ein Chip zur Aufnahme von zweidimensionalen Abbildern

aus Licht durch elektrische Wandlung. Dabei speichert der Chip einzelne Bild-

punkte bzw. Pixel.

b) CCD-Sensor, CMOS-Sensor

13d.22 Definieren Sie den Begriff Weißabgleich.

Kameratechnik

Der Weißabgleich stellt eine Kamera auf die Farbtemperatur des Lichtes am Auf-

nahmeort ein. Der Weißabgleich kann auch als Korrektur der aufgenommenen

Daten durchgeführt werden.

13d.23 In Filmaufnahmen werden zur Weiterverarbeitung sogenannte Timecodes verwendet.
a) Begründen Sie die Notwendigkeit des Einsatzes eines Timecodes.
b) Erläutern Sie die Timecode-Angabe einer Kamera bei 01 : 34 : 24 : 24.

Aufnahmetechnik

a) Durch den Einsatz von Timecode können die Aufnahmen einer Szene exakt

synchronisiert werden, z. B. für den Schnitt von Bild und Ton in der Postpro-

duktion.

b) Der Timecode bezeichnet Stunde : Minute : Sekunde : Frame.

13d.24 Eine Videokamera hat zur Verbesserung der Aufnahmen verschiedene Einstellungsoptionen. Erläutern Sie:
a) ND-Filter und
b) Gain.

Kameratechnik

a) Der ND-Filter kann die durch das Objektiv einfallende Lichtmenge vermindern,

um Überbelichtung zu vermeiden, wenn bei vorgegebener Filmempfindlichkeit

das Aufnahmelicht zu hell ist.

b) Das Gain ist die auf das Bild angewendete elektronische Verstärkung zur Erhö-

hung der Helligkeit. Dabei wird immer das Bildrauschen verstärkt.

13d.25 Bei bewegten Aufnahmen wird zur Reduktion von Verwacklungen ein Bildstabilisator eingesetzt. Unterscheiden Sie einen optischen und einem digitalen Bildstabilisator.

Kameratechnik

Ein digitaler Bildstabilisator ist ein softwaregesteuerter Mechanismus. Dabei wird

z. B. nur ein Teilbereich des Bildsensors für die Aufnahme verwendet. Ein optischer

Bildstabilisator ist eine mechanische Vorrichtung, die ohne Auswirkung auf die

Bildqualität arbeitet. Dabei wird versucht, durch Elektromotoren und Ultraschall-

antriebe die Bewegung des Objektivs auszugleichen.

13d.26 Erklären Sie die folgenden Kamera-Operationen als Stilmittel:
a) Schwenken,
b) Zoomen.

Filmgestaltung

a) Beim Schwenken wird die Kamera über eine Einstellung oder Szene bewegt,

um dem Zuschauer z. B. einen Überblick der Umgebung zu verschaffen.

b) Der Zoom dient dazu, den entsprechenden Bildausschnitt durch die Wahl der

Brennweite einzustellen. Er lenkt z. B. Aufmerksamkeit auf ein Objekt.

13d.27 In professionellen Videoaufnahmen ist die Aufnahme-Kontinuität von großer Bedeutung. Verdeutlichen Sie den Begriff anhand eines Beispiels.

Produktionsplanung

Unter Aufnahmekontinuität wird verstanden, dass z. B. ein Schauspieler einen

Gegenstand vor und nach dem Schnitt in der gleichen Hand hat. Vor und nach

dem Schnitt müssen Dinge noch am gleichen Platz liegen, z.B. dürfen die Uhr-

zeiger ihre Position nicht wesentlich verändern.

LF 13d

13d.28 Bestimmte Szenen verlangen nach speziellen Einstellungsgrößen (Framing). Benennen Sie die aufgeführten Einstellungen 1 bis 4 jeweils mit dem Fachbegriff.

Filmgestaltung

1. Detail / Extrem Groß,   2. Nah,

3. Halbnah,   4. Amerikanisch

13d.29 Erläutern Sie die jeweiligen Aufnahmewinkel und geben Sie an, welchen Effekt die genannte Perspektive erzielt, bei
  a) Untersicht,
  b) Aufsicht.

Filmgestaltung

a) Die Untersicht ist eine Kameraperspektive unterhalb der „normalen" Augenhöhe. Viele Objekte wirken grösser (Froschperspektive). Dieser Effekt kann bewusst eingesetzt werden, um Dominanz und Macht darzustellen.

b) Eine Kameraperspektive oberhalb der „normalen" Augenhöhe, wird als Obersicht bezeichnet. Sie kann eingesetzt werden, um beim Betrachter gezielt Emotionen auszulösen (Vogelperspektive).

13d.30 Für die Aufnahme eines Interviews soll eine Person optimal im Bild platziert werden. Zeichnen Sie die Person (Silhouette) in das vorgegebene Videoframe ein.

Filmgestaltung

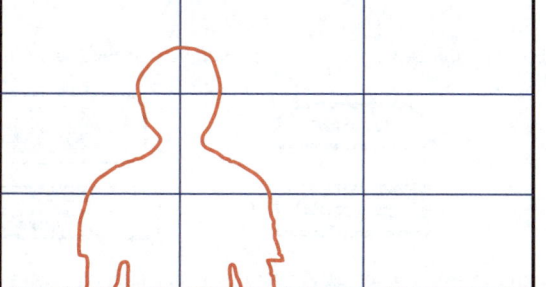

13d.31 Erläutern Sie, was man bei der Aufnahme eines Interviews unter den Begriffen versteht:
  a) Schuss und Gegenschuss,
  b) Achsensprung,
  c) Cutaway.

Produktionsplanung

a) Man bezeichnet damit eine Sequenz von Einstellungen, die vor allem in Dialogszenen Anwendung findet. Dabei werden die agierenden Personen während des Dialogs abwechselnd gezeigt.

b) Ein Achsensprung liegt vor, wenn die Handlungsachse einer Szene von der Kamera übersprungen wird. Die Achse beschreibt die Beziehung zwischen zwei Punkten und setzt als gedachte Linie z. B. zwei Personen ein.

c) Ein Cutaway oder Wegschnitt ist ein Motivwechsel innerhalb einer Szene. Der Handlungsverlauf wird unterbrochen, von einer Haupthandlung wird auf ein nebensächliches Detail umgeschnitten, um z. B. ein Interview zu verkürzen.

13d.32 Zur Beleuchtung eines Objekts kommt die Drei-Punkt-Beleuchtungstechnik zum Einsatz.
  a) Skizzieren Sie die Drei-Punkt-Beleuchtungstechnik in die gegebene Aufnahmesituation.
  b) Beschriften Sie die eingesetzten Lampen jeweils mit dem Fachbegriff.

Beleuchtung

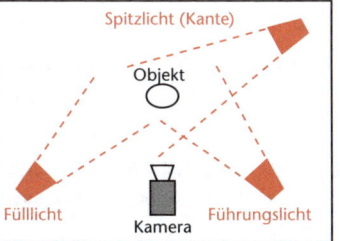

13d.33 Für die Aufnahme von Studiopräsentationen wird das Chroma-Key-Verfahren verwendet.
  a) Erklären Sie das Chroma-Key-Verfahren.
  b) Begründen Sie den Einsatz bestimmter Hintergundfarben im Chroma-Key-Verfahren.

Videoschnitt

a) Das Chroma-Key-Verfahren ist eine Postproduktionstechnik, bei der eine Chrominanz zum Freistellen von Videomaterial verwendet wird.

b) Die am häufigsten verwendeten Farben sind Grün und Blau, weil sie sich am besten vom Hautton unterscheiden lassen.

13d.34 Im Workflow des Videoschnitts erkennt man verschiedene Produktionsstufen. Erklären Sie die Abschnitte: Sichten, Rohschnitt, Feinschnitt und Export.

Videoschnitt

- Bei Sichten wird zunächst das ganze Videomaterial zur Durchsicht eingeholt. Fehlerhafte Szenen und Einstellungen werden entfernt.
- Der Rohschnitt ist die erste Auswahl und Anordnung des Videomaterials, um Rhythmus und Grundstruktur zufinden. Der Rohschnitt ergibt die erste Schnittfassung Projekts ohne Effekte oder Musik.
- Der Feinschnitt ist die Fertigstellung des Schnitts eines Videos. Tempo und Wirkung der Einstellungen und Szenen werden endgültig festgelegt.
- Der Export stellt das finale Stadium des Videoschnitts dar. Das gesamte Material wird als kompletter Film in ein neues Datei- oder Videoformat überführt.

13d.35 In der Planung für eine Filmproduktion werden Exposé, Drehbuch und Schnittplan verwendet.
     a) Gliedern Sie die genannten Dokumente in ihrer Reihenfolge im Produktionsprozess.
     b) Erklären Sie die Aufgabe der jeweiligen Dokumente im Produktionsablauf.

Videoschnitt

a) Exposé, Drehbuch, Schnittplan
b) Das Exposé ist eine sehr verkürzte Zusammenfassung des zu drehenden Films. Es ist der erste Konzeptionstext einer Filmidee. Das Drehbuch ist der komplette Arbeitstext, der die Story eines Filmes in allen relevanten Einzelheiten beschreibt und die Dialoge der Schauspieler sowie Szenenbeschreibungen enthält. Der Schnittplan enthält alle Sequenzen inkl. Zeiten sowie detaillierte Schnittreihenfolgen.

13d.36 Im Film wird als Stilmittel häufig ein Voice Over verwendet.
     a) Definieren Sie den Begriff.
     b) Beschreiben Sie einen Effekt, den ein Voice Over als Stilmittel erzielen kann.

Audio

a) Das Voice Over ist die Tonaufnahme einer Stimme, die über eine andere Tonaufnahme oder über einen Film gelegt wird.
b) Das Voice Over dient z. B. als Reflexion eines Sprechers, z. B. in einer Dokumentation, oder gibt als innerer Monolog die nicht ausgesprochenen Gedanken einer Person wieder.

13d.37 Zur Erzeugung von räumlichem Klang wird in der Filmpräsentation Surround Sound eingesetzt.
     a) Geben Sie die Lautsprecher-Standorte eines 5.1-Surround-Systems an.
     b) Nennen Sie 2 Audiodateiformate, die Mehrkanalton enthalten können.

Audio

a) Hauptlautsprecher links (Lf), Mitte (Lc) und rechts (Lr), Surroundlautsprecher links und rechts hinten (Ls / Rs), Tieftonlautsprecher (Sub).
b) Dolby Digital, DTS

13d.38 Ein Storyboard ist ein oft benutztes Planungswerkzeug in der Film- und Animationsindustrie.
     a) Erläutern Sie den Einsatz eines Storyboards in der Produktionsplanung.
     b) Beschreiben Sie, welche Informationen ein Storyboard enthalten kann.

Storyboard

a) Die Grundlage der Storyboardgestaltung ist das Drehbuch. Das Storyboard visualisiert zeichnerisch die einzelnen Szenen für alle Mitarbeiter einer Produktion. Es gibt dabei eine schematische Übersicht über die Ablaufstruktur der Einstellungen.
b) Das Storyboard kann Informationen enthalten zu: Einstellungsgrößen, Kamerafahrten, Schauplätzen, Beleuchtung, Kostümen, Timings, usw.

13d.39 Wichtige Werkzeuge in der Produktionsplanung sind Moodboards und Animatics. Beschreiben Sie jeweils die Werkzeuge und unterscheiden Sie diese zum Storyboard.

Storyboard

- Anders als ein Storyboard visualisiert ein Moodboard keinen Prozessablauf. Es dient in der Produktionsplanung als Kommunikations- und Präsentationsmittel und stellt z. B. ein Szenenbild oder Kostümbild dar.
- Ein Animatic ist ein animiertes Storyboard, dessen Einzelbilder verwendet werden, um Timing und Abläufe zu prüfen. Ggf. werden rudimentäre Dialoge und ein Soundtrack hinzugefügt.

13d.40 Ein Videoprodukt wird auf Webseiten vorzugsweise als Video-Stream veröffentlicht.
     a) Erläutern Sie 3 Vorteile von Video-Streams.
     b) Nennen Sie 3 Dateiformate, die zum Video-Streaming verwendet werden können.

Streaming

a) Man kann Videos unmittelbar anschauen und muss nicht auf den gesamten Download warten. Streaming Content kann mit Digital Rights Management (DRM) vor dem Kopieren geschützt werden. Live-Streaming ist möglich.
b) WMV (Windows Media Video), RV (Real Video), OGG (Ogg Media), MOV (Quicktime)

2 Schriftliche Prüfungen

Die Struktur der Prüfungen mit den Prüfungsbereichen ist in der *Verordnung über die Berufsausbildung zum Mediengestalter Digital und Print und zur Mediengestalterin Digital und Print* festgelegt. Die Regelungen gelten für alle IHK- und Handwerkskammerbezirke in Deutschland.
Einmal im Jahr findet die Zwischenprüfung statt. Termine zur Abschlussprüfung gibt es zweimal im Jahr, im Frühjahr und im Herbst.
Die Prüfungsaufgaben werden vom ZFA, dem Zentral-Fachausschuss Berufsbildung Druck und Medien (www.zfamedien.de), für die 3 Fachrichtungen *Beratung und Planung, Konzeption und Visualisierung* sowie *Gestaltung und Technik* mit der Vertiefung in *Print* oder *Digital*, erstellt.

2.1 Schriftliche Zwischenprüfung

Zur Überprüfung Ihres Ausbildungsstands müssen Sie in der zweiten Hälfte des zweiten Ausbildungsjahres eine schriftliche und praktische Zwischenprüfung ablegen. Dabei werden die Fertigkeiten, Kenntnisse und Fähigkeiten geprüft, die Sie in den ersten drei Halbjahren Ihrer Berufsausbildung in der Berufsschule und im Ausbildungsbetrieb erworben haben.

Die Zwischenprüfung ist in drei Prüfungsbereiche gegliedert:
- **PB 1:** Gestaltung und Realisation eines Medienproduktes (praktische Prüfung),
- **PB 2:** Gestaltungsgrundlagen und Medienproduktion (schriftliche Prüfung),
- **PB 3:** Kommunikation, Arbeits- und Sozialrecht (schriftliche Prüfung).
Die Aufgaben der schriftlichen Zwischenprüfung sind für die drei Fachrichtungen gleich.

PB 1: Gestaltung und Realisation eines Medienproduktes

Die praktischen Aufgabenstellungen unterscheiden sich nicht nach den Fachrichtungen, sondern nach der Vertiefung in Print- und Digitalmedien.

Aufgabe 1: Prüfungsgebiet Medienintegration
Arbeiten mit Standardsoftware zur Bild- und Grafikbearbeitung

Aufgabe 2: Prüfungsgebiet Gestaltung
Gestaltung und Realisierung eines Teilprodukts für ein Print- oder Digitalmedienprodukt

Prüfungszeit
Bearbeitungszeit insgesamt: 5 Stunden

PB 2: Gestaltungsgrundlagen und Medienproduktion

Die Struktur dieser schriftlichen Prüfung orientiert sich an der Gliederung des Lehrplans in Lernfelder:
- **Lernfeld 1:** Medienprodukte typografisch gestalten
- **Lernfeld 2:** Den Medienbetrieb und seine Produkte präsentieren
- **Lernfeld 3:** Ausgabedateien druckverfahrensorientiert erstellen
- **Lernfeld 4:** Computerarbeitsplatz und Netzwerke nutzen, pflegen und konfigurieren
- **Lernfeld 5:** Eine Website gestalten, erfassen und bearbeiten
- **Lernfeld 6:** Bilder gestalten, erfassen und bearbeiten
- **Lernfeld 7:** Daten für verschiedene Ausgabeprozesse aufbereiten

Aufgabenauswahl, Prüfungszeit und zugelassene Hilfsmittel
- Sie müssen 6 von 7 Aufgaben bearbeiten. Die Auswahl der Aufgaben steht Ihnen frei.
- Bearbeitungszeit: 60 Minuten
- Zugelassene Hilfsmittel: nicht programmierbarer Taschenrechner

PB 3: Kommunikation / Arbeits- und Sozialrecht

Der Prüfungsbereich *Kommunikation / Arbeits- und Sozialrecht* gliedert sich in 3 Teile:
- Deutschaufgabe
- Englischaufgabe
- Arbeits- und Sozialrecht (WiSo) mit den Themenbereichen:
  - Berufsausbildung
  - Arbeitsrecht / Tarifrecht / Arbeitsschutz
  - Betriebliche Mitbestimmung
  - Sozialversicherung
  - Arbeits- und Sozialgerichtsbarkeit

Aufgabenauswahl, Prüfungszeit und zugelassene Hilfsmittel
- Sie müssen 6 von 8 Aufgaben aus dem Arbeits- und Sozialrecht (WiSo) bearbeiten. Die Auswahl der Aufgaben steht Ihnen frei.
- Bearbeitungszeit: 60 Minuten
- Zugelassene Hilfsmittel: deutschsprachiges Rechtschreibnachschlagewerk, englisches Wörterbuch: Englisch-Deutsch / Deutsch-Englisch, englisches Fachwörterbuch

Bestehensregelung

Die Leistungen der Zwischenprüfung werden bewertet. Zum Bestehen der Zwischenprüfung genügt die Teilnahme an der praktischen und den beiden schriftlichen Prüfungen.

2.1.1 Prüfungsbereich 2: Gestaltungsgrundlagen und Medienproduktion

Stichworte:
Druckverfahren, Printmedien, Anzeigengestaltung, Bilddateiformate, Datenspeicher, Responsive Webdesign, Mobile first, Bildverarbeitung, Überfüllung

2.1.1.1 Sie arbeiten in einem Betrieb, der Akzidenzen im Bogenoffsetdruck herstellt.
    a) Erläutern Sie den Begriff Akzidenzen.
    b) Erläutern Sie das technische Prinzip des Offsetdrucks.
    c) Im Digitaldruck unterscheidet man zwei prinzipiell unterschiedliche Verfahren.
       Nennen Sie die beiden Verfahren.

Druckverfahren, Printmedien

a) Akzidenzen sind Gelegenheitsdrucksachen, die unregelmäßig erscheinen,
   z. B. Broschüren, Familiendrucksachen, Flyer.

b) Technisches Prinzip des Offsetdrucks:
- Druckende und nicht druckende Elemente der Druckform (Offsetplatte) liegen auf einer Ebene.
- Die Offsetplatte wird zuerst mit Wasser befeuchtet. An den nicht druckenden Stellen bleibt ein Feuchtfilm zurück.
- Danach wird die Platte mit Druckfarbe eingefärbt. An den druckenden Stellen bleibt die Farbe haften. An den nicht druckenden Stellen verhindert der Feuchtfilm, dass Farbe angenommen wird.
- Das seitenrichtige Druckbild auf der Offsetplatte wird auf einen Gummizylinder übertragen.
- Ein Gegendruckzylinder presst den Bedruckstoff gegen den Gummizylinder und ermöglicht somit die Informationsübertragung.

c) Digitaldruckverfahren
- Tonerbasierte Verfahren, wie z. B. Laserdruck
- Tintenbasierte Drucktechniken, z. B. Ink-Jet-Druck

2.1.1.2 Die nachfolgende Anzeige erscheint im Rahmen einer Werbekampagne in verschiedenen Reisezeitschriften.
    a) Analysieren Sie Blickfang und Blickführung der Anzeige.
    b) Analysieren Sie die Schrift in der Anzeige hinsichtlich der möglichen Zielgruppe.

Anzeigengestaltung

a) Der leicht schräg verlaufende Turm bildet eine vertikale Blickachse. Die Blickrichtung wird durch den Turm in Richtung Himmel und Bildrand oder umgekehrt von oben nach unten geführt. Der gelbe Schriftzug dient dabei als auffälliger Störer und bildet ein Gegengewicht.

b) Die serifenlose Schrift in Gelb ist schnörkellos und harmoniert mit der glatten Metalloberfläche und Form des Turms. Aufgrund des Kontrastes zum blauen Hintergrund ist sie gut erkennbar. Der Betrachter wird zum Aufruf der Internetadresse motiviert. Mögliche Zielgruppen sind Personen mit einer Vorliebe für moderne Baukunst und Technik im Vordergrund.

2.1.1.3 Eine Bilddatei soll in Photoshop im EPS-Format gespeichert werden. Im Dialogfenster EPS-Optionen bietet Photoshop die Option „Druckkennlinie mitspeichern".
a) Erklären Sie die Funktion der Druckkennlinie.
b) Wählen Sie hier die Option „Druckkennlinie mitspeichern"? Begründen Sie Ihre Antwort.

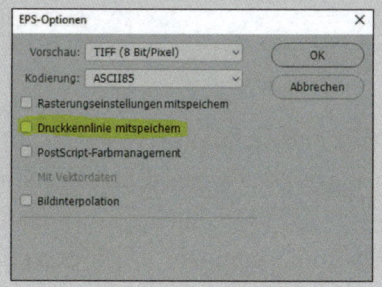

Bilddateiformate

a) Die Druckkennlinie charakterisiert die Tonwertübertragung von der Druckform auf den Bedruckstoff. Der Kennlinienverlauf ist abhängig vom Druckverfahren, der Druckfarbe und dem Bedruckstoff.

b) In der Bildverarbeitung ist die Speicherung der Druckkennlinie nicht sinnvoll, da die Anpassung an die Prozessparameter des Drucks bei der Druckformherstellung erfolgt. Davor sollte die Speicherung der Bilddatei möglichst verfahrensunabhängig erfolgen.

2.1.1.4 In der Datenverarbeitung kommen zunehmend SSDs zum Einsatz.
a) Erläutern Sie den Begriff SSD.
b) Nennen Sie 3 Vorteile gegenüber konventionellen Festplatten.
c) Nennen Sie 3 Nachteile gegenüber konventionellen Festplatten.
d) Nennen Sie 2 Schnittstellen, über die SSDs zumeist angeschlossen werden.

Datenspeicher

a) Ein Solid-State-Drive ist ein elektronisches Speichermedium mit nichtflüchtigem Speicher. Bewegliche Teile sind nicht enthalten. Sie finden Einsatz in Workstations, Laptops und Servern.

b) Vorteile: Mechanische Robustheit, niedrigere Zugriffszeit, geringere Geräuschentwicklung, niedrigerer Stromverbrauch, fehlende Notwendigkeit zur Defragmentierung, Verschleiß- und Ausfallvorhersage (Self-Monitoring, Analysis and Reporting Technology S.M.A.R.T.).

c) Nachteile: Höherer Preis, niedrigere Gesamtkapazitäten, niedrigere Lebenszeit, ggf. Firmware-Upgrades notwendig.

d) S-ATA, PCIe, SAS (weitere Möglichkeiten: P-ATA, mSATA, SCSI)

2.1.1.5 Im Workflow des zeitgemäßen Webdesigns werden Websites zuerst für mobile Endgeräte konzipiert („Mobile First").
Beschreiben Sie diese Vorgehensweise und nehmen Sie zu dieser Aussage Stellung.

Responsive Webdesign, Mobile first

Die Mobile-First-Vorgehensweise besagt, dass eine Website zuerst für die Ansicht auf einem mobilen Endgerät (Smartphone) entwickelt wird, weil diese Ansicht in der Regel niederkomplex bzw. einspaltig ist. Erst im nächsten Schritt werden die Anpassungen an die womöglich komplexeren bzw. mehrspaltigen Layouts vorgenommen. Diese Vorgehensweise ist in vielen Projekten praktikabel. Allerdings können je nach verwendeter Software das Projektthema oder das Projektziel nicht passend sein. So kann bei der Verwendung von Frameworks die Vorgehensweise vom mehrspaltigen zum einspaltigen Layout einfacher sein. Desweiteren kann die Entwicklung der Ansicht für ein überwiegend verwendetes Endgerät maßgeblich für die Vorgehensweise sein.

2.1.1.6 Ein Kunde möchte eine Bilddatei aus seiner Bilddatenbank für eine Plakatproduktion mit folgenden technischen Vorgaben nutzen:
Endformat: DIN A1, Rasterweite: 60 l/cm, Farbe: 4c.
Er fragt an, welches Pixelmaß und welchen Farbmodus die Bilddatei haben muss.
a) Lösen Sie die Aufgabe rechnerisch.
b) Formulieren Sie eine kurze Antwort auf die Anfrage.
c) Welchen Farbmodus sollte die Datei für die Verarbeitung haben?

Bildverarbeitung

a) Berechnung:

Format DIN A1: 594 mm x 841 mm

$60\,l/cm \cdot QF\,2 = 120\,px/cm = 12\,px/mm$

$594\,mm \cdot 12\,px/mm = 7128\,px$

$841\,mm \cdot 12\,px/mm = 10092\,px$

b) Die Datei muss ein Pixelmaß von 7128 px x 10092 px haben.

c) Die Datei kann im RGB-Modus oder im CMYK-Modus bearbeitet werden. Wenn die Produktion grundsätzlich im ausgabeneutralen PDF-Workflow erfolgt, wäre der RGB-Modus mit abschließender In-RIP-Separation besser, weil er medienneutral ist. Die Konvertierung in den Ausgabefarbraum erfolgt erst im RIP (Raster Image Processor) durch das Ausgabefarbprofil.

2.1.1.7 Grafikdateien aus einem Vorauftrag sollen beim Seitenaufbau im Layoutprogramm zusammen mit neu erstellten Grafiken verwendet werden. Die gelieferten Grafikdateien sind überfüllt. Die neu erstellten Grafiken sind nicht überfüllt.
a) Erläutern Sie den Begriff Überfüllung.
b) Wie kann das Problem der unterschiedlichen Überfüllungseinstellungen in der Praxis gelöst werden?

Überfüllung

a) Durch verfahrensbedingte Schwankungen der Positionierung der einzelnen Druckfarben auf dem Druckbogen kann es zu Passerdifferenzen und damit zu Blitzern kommen. Bei der Überfüllung werden die hellen Flächen an den Grenzlinien zu benachbarten dunkleren Fläche etwas vergrößert. Die daraus resultierende geringfügige Überlappung der Flächen verhindert Blitzer.

b) Im RIP-Prozess werden die bestehenden Überfüllungseinstellungen ignoriert und nach den in der Ausgabedatei eingestellten Überfüllungen-Vorgaben für alle Elemente neu berechnet.

2.1.2 Prüfungsbereich 3: Kommunikation, Arbeits- und Sozialrecht

2.1.2.1 Sie erhalten das Manuskript für ein Fachbuch über den Siebdruck. Beim Durchlesen des Textes stellen Sie fest, dass Fehler enthalten sind. Korrigieren Sie den Text unter Verwendung der neuen Rechtschreibung und der gültigen Korrekturzeichen nach DIN 16 511.

Deutsch

Siebdruck-Formenherstellung

Beim Siebdruckverfahren wird die Druckfarbe durch eine Schablone auf den Bedruckstof hindurchgerückt. Siebdruck-Formherstellung bedeutet in erster Linie Schablonenherstellung. Das Siebdruckgewebe erfüllt nur eine Hilfsfunktion, es enthält die einzelne Schablonenteile unverrückbar an ihrem Platz fest. Will man den Buchstaben „O" von einer Schablone ohne untergelegtes Gewebe drucken, so muss man den Innentail des Buchstaben durch Stege befestigen, die nach dem Druck sichtbar sind. Wird eine solche Schablone jedoch auf ein Gewerbe geklebt, so können die wenigen stapilen und breiten Stege entfallen. Sie sind durch viele feine Fäden ersetzt. Diese lassen die Druckfarbe hindurch und bilden sich nicht auf dem Bedruckstoff ab, die da unter Farbe ihnen zusammenfließt wieder.

Das Sieb besteht aus einem rechtwinkligen Rahmen, auf der ein farbundurchlässiges Gewebe in der Art eines ganz feines Siebes aufgespannt ist. Der Siebdruckrahmen ist in der Regel aus Leichtmetall- oder Stahlrohrprofielen hergestellt.

2.1.2.2 Ihre Werbeagentur erhält den Auftrag für eine internationale Messe Werbeflyer für den Messestand eines Unternehmens in englischer Sprache zu gestalten. Sie erhalten hierzu englische Texte im Wordformat und nachfolgenden Auszug aus den Design Guidelines in englischer Sprache.

Englisch

Typography
Use of typography

38 | 69

Various weights – preferred use

Bosch Sans Light
Bosch Sans Light is used for headlines and anywhere we want to emphasize the elegance, refinement, and technological modernity of the product.

Bosch Sans Regular
Bosch Sans Regular is available for long, contiguous reading texts or in instances where Bosch Sans Light is too thin and the characters need extra weight.

Bosch Sans Bold
Bosch Sans Bold is used for pull-outs and highlighting purposes. This may be to highlight certain product information or calls to action.

Typography color

Black, white, and single-color typography

Our default text color is black. On dark backgrounds, white fonts are mandatory. We can use colors from our color palette for our typography, but make sure only one of our eight CD colors is used

per application. The black and white can be used in conjunction with one CD color.

Exceptional cases: only for print and online headlines

Bosch gradient

Two colors

Using the full spectrum of our color palette, we can run a gradient through headlines at a master-brand level to create impact. This should be used with restraint, and never in conjunction with the master-brand Supergraphic.

A bicolor gradient, consisting of two colors lying next to each other, may be used.

© Robert Bosch GmbH

a) Nennen Sie die Einsatzbereiche der drei Schriftschnitte. Ergänzen Sie hierzu die Tabelle.

Schrift	Einsatzbereiche
Bosch Sans Light	Überschriften, überall wo Eleganz, Raffinesse und technische Modernität der Produkte herausgestellt werden soll
Bosch Sans Regular	Lange, umfangreiche Texte (Lesetexte) oder wenn Bosch Sans Light zu schmal ist und die Schrift mehr Stärke benötigt
Bosch Sans Bold	Auszüge, Hervorhebungen

b) Sie möchten einen Teil der Texte farbig darstellen. Welche Textfarben sind gemäß Design-Guideline zulässig? (Hinweis: CD = Corporate Design)

b) Standardfarbe ist Schwarz. Auf dunklen Hintergründen ist Weiß verbindlich. Es darf eine der 8 Farben aus dem CD verwendet werden. Schwarz und Weiß dürfen in Verbindung mit einer CD-Farbe verwendet werden.

2.1.2.3 Zur Durchführung des Auftrags benötigen Sie noch folgende Informationen:
• Auflagengröße
• Internet-Adresse (URL) zum Download der Schrift Bosch Sans
Verfassen Sie hierzu eine E-Mail in englischer Sprache an folgende Adresse: cd-help@boschdesignservice.de. Beachten Sie dabei grundlegende Angaben wie Betreffzeile, Anrede und Schlussformel.

Englisch

To: cd-help@boschdesignservice.de

Subject: required information for your brochure

Dear Sir or Madam,

in order to fulfil your order we require the following information:

- size of print run

- url web-address for the download of the font Bosch sans

Yours Sincerely

2.1.2.4 Lisa Müller beginnt am 1.8.2019 ihre Ausbildung zur Mediengestalterin Digital und Print. Sie ist zum Zeitpunkt des Ausbildungsbeginns 18 Jahre alt und hat einen 3-jährigen Ausbildungsvertrag unterschrieben. Die Probezeit beträgt 6 Monate. Lisa Müller ist hiermit nicht einverstanden und wünscht eine Probezeit von 14 Tagen. Ist dieser Wunsch korrekt? Nennen Sie die maximale und die minimale Probezeit bei Ausbildungsverträgen.

Arbeits- und Sozialrecht

Nein, in einem Ausbildungsvertrag darf, nach § 20 Berufsbildungsgesetz, die

Probezeit maximal 4 Monate und minimal 1 Monat betragen.

2.1.2.5 Lisa Müller hatte auf ihrem Arbeitsweg einen Unfall und ist richtig arbeitsunfähig. Welche der folgenden Aussagen ist in diesem Zusammenhang richtig. Kreuzen Sie an.

Arbeits- und Sozialrecht

Der Ausbildungsbetrieb muss den Unfall der Krankenversicherung melden.	
Der Auszubildenden wird für die ersten drei Krankheitstage die Ausbildungsvergütung gekürzt.	
Der Ausbildungsbetrieb muss den Unfall der Berufsgenossenschaft melden.	X
Der Ausbildungsbetrieb muss den Rentenversicherungsträger der Auszubildenden umgehend informieren.	
Der Auszubildenden werden für die Dauer der krankheitsbedingten Fehltage die Urlaubstage gekürzt.	

2.1.2.6 Ein Medienbetrieb hat arbeitsrechtliche Regelungen zu beachten. Ordnen Sie den folgenden Sachverhalten die richtigen Rechtsgrundlagen zu:
1. Berufsbildungsgesetz
2. Kündigungsschutzgesetz
3. Tarifvertrag
4. Betriebsverfassungsgesetz
5. Mutterschutzgesetz
6. Jugendarbeitsschutzgesetz

Arbeits- und Sozialrecht

Eine schwangere Angestellte darf nicht zwischen 20 und 6 Uhr beschäftigt werden.	5
Hier wird die regelmäßige wöchentliche Arbeitszeit einer Branche festgelegt.	3
Die Mitarbeiter einer Werbeagentur wählen Mitglieder für einen Betriebsrat.	4
Der Ausbildungsbetrieb muss den Rentenversicherungsträger der Auszubildenden umgehend informieren.	6
Die Kündigung eines Mitarbeiters ist wirksam, wenn sie sozial gerechtfertigt ist.	2
Ein Auszubildender kündigt nach der Probezeit seinen Ausbildungsvertrag aus einem wichtigem Grund.	1

2.2 Schriftliche Abschlussprüfung

Die Abschlussprüfung ist in 5 Prüfungsbereiche gegliedert:
- **PB 1:** Praktische Prüfung
- **PB 2 bis 5:** Schriftliche Prüfung

PB 2 Konzeption und Gestaltung und PB 3 Medienproduktion

Zu den beiden Prüfungsbereichen werden jeweils 12 handlungsorientierte offene Aufgaben zu den Fachinhalten der Lernfelder des Lehrplans gestellt, im Prüfungsbereich 2 mit konzeptionell-gestalterischer Ausrichtung, im Prüfungsbereich 3 mit medienproduktionstechnischem Fokus. Die Lernfelder lauten:
- **Lernfeld 1:** Medienprodukte typografisch gestalten
- **Lernfeld 2:** Den Medienbetrieb und seine Produkte präsentieren
- **Lernfeld 3:** Ausgabedateien druckverfahrensorientiert erstellen
- **Lernfeld 4:** Computerarbeitsplatz und Netzwerke nutzen, pflegen und konfigurieren
- **Lernfeld 5:** Eine Website gestalten, erfassen und bearbeiten
- **Lernfeld 6:** Bilder gestalten, erfassen und bearbeiten
- **Lernfeld 7:** Daten für verschiedene Ausgabeprozesse aufbereiten
- **Lernfeld 8:** Medien datenbankgestützt erstellen
- **Lernfeld 9:** Logos entwickeln und Corporate Design umsetzen

Fachrichtung Beratung und Planung
- **Lernfeld 10a:** Kunden beraten und Marketingziele bestimmen (gleiche Inhalte wie **LF 10b**)
- **Lernfeld 11a:** Medienprodukte konzipieren und präsentieren (gleiche Inhalte wie **LF 11b**)
- **Lernfeld 12a:** Druckprodukte planen und kalkulieren
- **Lernfeld 13a:** Digitalmedienprodukte planen und kalkulieren

Fachrichtung Konzeption und Visualisierung
- **Lernfeld 10b:** Kunden beraten und Marketingziele bestimmen (gleiche Inhalte wie **LF 10a**)
- **Lernfeld 11b:** Medienprodukte konzipieren und präsentieren (gleiche Inhalte wie **LF 11a**)
- **Lernfeld 12b:** Printmedien gestalten und Grafiken erstellen
- **Lernfeld 13b:** Konzeptionen für Digitalmedien gestalterisch umsetzen

Fachrichtung Gestaltung und Technik (Print und Digital)
- **Lernfeld 10c:** Medienelemente gestaltungsorientiert integrieren
- **Lernfeld 11c:** Ein Medienprojekt realisieren

Vertiefung Print
Lernfeld 12c: Farbmanagement nutzen und pflegen
Lernfeld 13c: Ausgabetechnik nutzen

Vertiefung Digital
Lernfeld 12d: Dynamische Websites konzipieren und programmieren
Lernfeld 13d: Digitalmedien gestalten und bearbeiten

Die Lernfelder **11a**, **11b** und **11c** sind Querschnittslernfelder. Ihre Inhalte werden nicht einer einzelnen Prüfungsaufgabe zugeordnet, sondern sie sind in die 12 lernfeldbezogenen Prüfungsaufgaben der Prüfungsbereiche 2 *Konzeption und Gestaltung* und 3 *Medienproduktion* integriert.

Aufgabenauswahl, Prüfungszeit und zugelassene Hilfsmittel
- Sie müssen in Prüfungsbereich 2 und Prüfungsbereich 3 10 von 12 Aufgaben bearbeiten. Die Auswahl der Aufgaben steht Ihnen frei.
- Bearbeitungszeit: jeweils 90 Minuten
- Zugelassene Hilfsmittel: Taschenrechner

PB 4 Kommunikation

Der Prüfungsbereich Kommunikation gliedert sich in 2 Teile:
- Deutschaufgabe, Gewichtung: 50 %
- Englischaufgabe, Gewichtung: 50 %

Prüfungszeit und zugelassene Hilfsmittel
- Bearbeitungszeit: 60 Minuten
- Zugelassene Hilfsmittel: Rechtschreib-Nachschlagewerk, englisches Fachwörterbuch, englisches Wörterbuch: Englisch-Deutsch / Deutsch-Englisch

PB 5 Wirtschafts- und Sozialkunde (WISO)

Die Aufgaben des Prüfungsbereichs 5, Wirtschafts- und Sozialkunde, werden nicht vom ZFA erstellt. Außer in Baden-Württemberg werden in allen Kammerbezirken die Prüfungsaufgaben von PAL, der Prüfungsaufgaben- und Lehrmittelentwicklungsstelle, verwendet. In Baden-Württemberg bekommen Sie in der Prüfung die landeseinheitliche WISO-Prüfungaufgaben für alle gewerblichen Berufe.

PAL-WISO-Prüfung: Aufgabenauswahl, Prüfungszeit und zugelassene Hilfsmittel
- Sie müssen 15 von 18 Multiple-Choice-Aufgaben und 5 von 6 offenen Aufgaben bearbeiten. Die Auswahl der Aufgaben steht Ihnen frei.
- Bearbeitungszeit: 60 Minuten
- Hilfsmittel: Anlage 1 mit Auszügen aus Gesetzestexten

Baden-Württemberg-WISO-Prüfung: Aufgabenauswahl, Prüfungszeit und zugelassene Hilfsmittel
- Sie müssen 3 von 4 offenen Aufgaben bearbeiten. Die Auswahl der Aufgaben steht Ihnen frei.
- Bearbeitungszeit: 60 Minuten
- Hilfsmittel: Anlagen zu den jeweiligen Prüfungsaufgaben.

Gewichtung der Prüfungsbereiche und Bestehensregelung

Die einzelnen Prüfungsbereiche werden wie folgt gewichtet:
- PB 1: Praktische Prüfung 50 %
- PB 2: Konzeption und Gestaltung 15 %
- PB 3: Medienproduktion 15 %
- PB 4: Kommunikation 10 %
- PB 5: Wirtschafts- und Sozialkunde 10 %

Sie haben mit folgenden Leistungen die Abschlussprüfung bestanden:
- im Gesamtergebnis mit mindestens „ausreichend",
- im Prüfungsbereich 1 mit mindestens „ausreichend",
- in mindestens drei weiteren Prüfungsbereichen mit mindestens „ausreichend" und
- in keinem Prüfungsbereich mit „ungenügend".

2.2.1 Prüfungsbereich 2: Konzeption und Gestaltung
Fachrichtung Beratung und Planung

Stichworte:

Kreativitätstechniken, Kostenarten, Druckausgabedatei, IPv6, Interface-Design, Bildgestaltung, Fontformate, Database-Publishing, Logo, Medienrecht, Platzkostenrechnung, Online-Marketing

2.2.1.1 Ein Kunde beauftragt Sie mit der Entwicklung einer Verpackung für eine 100-Gramm-Schokoladentafel. Design und Materialauswahl sind noch offen. In einem ersten Team-Meeting sollen verschieden Lösungsvorschläge für den Kunden erarbeitet werden. Hierzu sollen geeignete Kreativitätstechniken eingesetzt werden.
   a) Erläutern Sie die folgenden Kreativitätstechniken: 635-Methode (Brainwriting), Kopfstandtechnik, Clicking-Methode.
   b) Erstellen Sie mit Hilfe eines Morphologischen Kastens eine Entscheidungshilfe für die Verpackungsausführung mit folgenden Parametern: Material, Wiederverschließbarkeit, Recycling mit je 3 möglichen Ausprägungen.

Kreativitätstechniken

a) Kreativitätstechniken

- 635-Methode:

  6 Teilnehmer erhalten jeweils ein Blatt. Oben auf dem Blatt steht die Problemstellung. Das Blatt ist in drei Spalten geteilt. Jeder Teilnehmer schreibt 3 Ideen in die Spalten. Es wird fünfmal weitergereicht. Die bereits genannten Ideen werden jeweils aufgegriffen und weiterentwickelt.

- Kopfstandtechnik:

  Bei der Kopfstandmethode führt der Perspektivwechsel zu Problemlösung. Das Thema wird zunächst formuliert um dann für die Fragestellung des Brainstormings in das genaue Gegenteil verkehrt zu werden. Es fällt leichter negative Aspekte zu nennen, deshalb führt die Kopfstandmethode rasch zu vielfältigen Ideen. Zum Schluss wird im moderierten Gespräch eine positive Lösung formuliert.

- Clicking-Methode:

  Basis der Clicking-Methode ist ein Fragenkatalog. Die Fragen betreffen ganz unterschiedliche Aspekte und Perspektiven des Problems. Aus dem Fragenkatalog werden zufälig einzelne Fragen herausgepickt und lösungsorientiert bearbeitet. Aus den Rohlösungen wird die finale Lösung entwickelt.

b)

Parameter	Ausprägung 1	Ausprägung 2	Ausprägung 3
Material	Papier	PET-Folie	Verbundfolie / PE-Alu
Wiederverschließbarkeit	Klebepunkt	Klettverschluss	Papier
Recycling	Hausmüll	Gelber Sack	Papier

2.2.1.2 Eine 4-seitige Broschüre, 4/4-farbig im Format DIN A5, wird im Bogenoffset mit einer Auflage von 5 000 Stück hergestellt.
   a) Ordnen Sie mittels der Tabelle die nachfolgenden Kosten den Einzelkosten bzw. Gemeinkosten zu: Papier 80 g/m², Druckfarbe, Gummitücher, Wartung Druckmaschine, Rüsten der Druckmaschine, Energiekosten Deckenbeleuchtung, Laminierung des Umschlags bei externem Dienstleister.
   b) Erklären Sie in diesem Zusammenhang die Begriffe Gemeinkosten und Einzelkosten.

Kostenarten

a)

Kostenart	Einzelkosten	Gemeinkosten
Papier 80 g/m²	X	
Druckfarbe	X	
Gummitücher		X
Wartung Druckmaschine		X
Rüsten der Druckmaschine	X	
Energiekosten Deckenbeleuchtung		X
Laminierung Fremdarbeit	X	

b)

- Einzelkosten lassen sich direkt einem konkreten Auftrag zuordnen.
- Gemeinkosten sind nicht direkt zuordnungsfähig. Die Zuordnung erfolgt indirekt über einen Verteilungsschlüssel

2.2.1.3 Ein Druckvorstufenbetrieb hat auf seiner Firmenhomepage ein Upload-Center.
a) Nennen Sie 4 Vorteile, die diese Onlineschnittstelle gegenüber der Datenübernahme auf Datenträgern bietet.
b) Vergleichen Sie die Risiken beider Übernahmearten hinsichtlich der Informationssicherheit.
c) Welche Schutzmaßnahmen können diese Risiken minimieren?

Druckausgabedatei

a) Vorteile

- Die Datenübertragung geschieht in Echtzeit und ist damit wesentlich schneller als der Transport eines Datenträgers durch Boten oder auf dem Postweg.
- Die Datenübertragung ist kostengünstig.
- Die Datenübertagung ist asynchron und kann jeder Zeit erfolgen.
- Der Kunde bewegt sich auf der Homepage nicht nur im Upload-Center, es erschließt sich ein zusätzlicher Kommunikationsweg.

b) Im Upload-Center haben die Kunden direkten Zugriff auf den Server, natürlich nur auf einen dezidiert zugewiesenen Bereich, es bleibt aber ein zusätzliches Risiko. Auf einem Datenträger können versteckte Dateien mit Schadsoftware eingeschleust werden. Das Risiko „verseuchter" Dateien ist bei beiden Übernahmewegen dasselbe.

c) Schutzmaßnahmen

- Eigener Server zur Datenübernahme mit entsprechender Schutzsoftware, wie Firewall und Virenscanner.
- Eigener Computer mit Laufwerken und Schnittstellen zur Datenübernahme, Einsatz von Schutzsoftware wie Firewall und Virenscanner.
- Eindeutige Regeln für die Datenübernahme und Schulung der Mitarbeiter.

2.2.1.4 Das Internet Protocol Version 6 (IPv6) ist der Nachfolger des überwiegend verwendeten Protokolls 4 (IPv4).
a) Erklären Sie den Unterschied in der Adressnotation zwischen IPv4 und IPv6 und geben Sie jeweils ein Beispiel an.
b) Erläutern Sie 3 Vorteile von IPv6 gegenüber IPv4.
c) Erklären Sie, was man im Zusammenhang mit IPv6 als „Dual Stack" versteht.

IPv6

a) IPv6-Adressen sind hexadezimal anzugeben. 8 Blöcke werden durch Doppelpunkte voneinander getrennt. IPv4-Adressen sind hingegen dezimal anzugeben. 4 Blöcke werden durch Punkte getrennt.

Beispiel-IPv4-Adresse 172.19.55.212

Beispiel-IPv6-Adresse 2001:0cb8:0000:0000:0000:21f3:dd6b:0001

b) IPv6 erhöht den Adressraum von 32 auf 128 Bit. Dadurch steigt die Gesamtzahl der weltweit möglichen IP-Adressen immens an. IPv6 vermeidet damit die Notwendigkeit von NAT (Network-Address-Translation). IPv6 verbessert das Routing und macht es effizienter. Netzwerke können die Vorränge von Datenströmen besser erkennen und Weiterleiten. Mit IPv6 sind Datenpakete bis zu 4 GByte möglich (Jumbograms).

c) Mit Dual Stack bezeichnet man den Parallelbetrieb von IPv4 und IPv6. Da keine direkte Umstellung von IPv4 auf IPv6 möglich und auch nicht sinnvoll ist, sieht diese Übergangsstrategie vor, dass alle Netzknoten sowohl IPv4 als auch IPv6 beherrschen.

2.2.1.5 Beschreiben Sie die 3 Bereiche des Interface-Designs.

Interface-Design

1. Screen-Design: Eine detaillierte visuelle Darstellung einer Webseiten. In der Regel werden auch Effekte, wie zum Beispiel Mausover, gezeigt.
2. Informations-Design: Eine schematische Visualisierung, wie die Seiten einer Website miteinander verlinkt sind. Zum Beispiel eine „Sitemap".
3. Interaktionsdesign: Eine Beschreibung der Interaktionsmöglichkeiten, die ein Benutzer hat. Zum Beispiel der Ablauf einer Warenauswahl, eine Bestellung, ein Bezahlvorgang, ein Kontaktformular u. a.

2.2.1.6 In der Bildgestaltung gibt es verschiedene Regeln zur Komposition eines Bildes. Erläutern Sie die beiden Gestaltungsregeln
a) Goldener Schnitt und
b) Drittel-Regel.
c) Zeichnen Sie in das Bild einen Bildausschnitt mit dem Seitenverhältnis 4:3 ein. Das Hauptmotiv soll nach der Drittelregel positioniert sein.

Bildgestaltung

a) Der Goldene Schnitt ist ein Harmoniegesetz zur Gliederung und Aufteilung von Flächen nach folgender Zahlenreihe 3 : 5, 5 : 8, 8 : 13, 13 : 21 usw. Für die Bildkomposition bedeutet dies, dass der Blickpunkt des Hauptmotivs im Schnittpunkt der Teilungslinien des Bildformats platziert wird.

b) Das Bildformat wird nach der Drittelregel in neun gleich große Felder aufgeteilt. Das Hauptmotiv wird im Schnittpunks zweier Linien positioniert.

c) Der Bildausschnitt nach der Drittelregel ist im Bild eingezeichnet.

2.2.1.7 Der Geschäftsbericht einer international tätigen Firma soll neu erstellt und gedruckt werden. Die Hausschrift gibt es in unterschiedlichen Fontformaten.
a) Erläutern Sie die Unterschiede der verschiedenen Fontformate.
b) Welches Fontformat wählen Sie für diesen Auftrag. Begründen Sie Ihre Auswahl.

Fontformate

a) In der Druckvorstufe werden drei verschiedene Fontformate eingesetzt:

das Type1-Format, das TrueType-Format und das OpenType-Format.

Die beiden erstgenannten Formate sind betriebssystemabhängig in ihrer

Verwendung. Ihre Codierung basiert auf dem ASCII-Code mit maximal

256 Zeichen. Das OpenType-Format ist betriebssystemübergreifend.

Es basiert auf dem Unicode mit in der Regel 65 536 Zeichen.

b) Der Geschäftsbericht einer international tätigen Firma wird in mehreren

Sprachen veröffentlicht. Damit kommt nur ein OpenType-Font in Frage, da

er durch die Unicode-Codierung alle Zeichen der Sprachen enthält.

2.2.1.8 Ein Kunde möchte Weihnachtskarten mit aufgedruckten individuellen Adressen drucken lassen. Erklären Sie ihm die Grundlagen einer datenbasierten Produktion (Database-Publishing).

Database-Publishing

Die Produktion von Print- und Nonprintmedien, die sich auf Inhalte einer

Datenbank stützt, nennt man Database-Publishing. In diesem Fall werden die

Adressen in Form einer Datenbank benötigt, damit sie in den Produktionsprozess

eingebunden werden können.

2.2.1.9 Logos können in unterschiedlicher Art ausgeführt sein. Ein Logotyp sind Wort-Bild-Marken. Sie werden nach der Art der Elementanordnung eingeteilt. Erläutern Sie die Darstellungsoptionen:
a) Lok-Prinzip,
b) Schub-Prinzip,
c) Star-Prinzip,
d) Anker-Prinzip,
e) Triebwagen-Prinzip.

Logo

a) Lok-Prinzip: Das Bildzeichen steht vor dem Wortzeichen. So zieht das

Bildzeichen das Wortzeichen wie eine Lokomotive.

b) Schub-Prinzip: Das Bildzeichen steht hinter dem Wortzeichen.

Das Wortzeichen schiebt das Bildzeichen.

c) Star-Prinzip: Das Bildzeichen leuchtet wie ein Stern über dem Wortzeichen.

d) Anker-Prinzip: Das Bildzeichen hängt unter dem Wortzeichen.

e) Triebwagen-Prinzip: Das Bildzeichen steht innerhalb des Wortzeichens.

Dabei sollte das Wortzeichen möglichst in sinnvolle Teile aufgeteilt werden.

2.2.1.10 Worin besteht der Unterschied zwischen einem gemeinfreien Werk und einem Werk, das unter einer CC-Lizenz (Creative Commons) genutzt werden darf. Erläutern Sie die beiden Begriffe mit Hilfe eines Beispiels.

Medienrecht

Bei gemeinfreien Werken sind die Urheberrechte verfallen, da der Urheber 70 Jahre tot ist. Beispiel: Ein Gedicht von Goethe darf von jedermann verwendet und neu gedruckt werden.

Werke, die mit Creative Commons versehen sind, unterliegen dem Urheberrecht. Sie dürfen aber unter Berücksichtigung verschiedener Einschränkungen verwendet werden. Hierzu stellt die Non-Profit-Organisation Creative Commons verschiedene Lizenzverträge zur Verfügung. Beispiel: Ein Foto in einer wissenschaftlichen Arbeit wird im Internet unter eine CC-Lizenz gestellt, da der Wissenschaftler an einer Verbreitung seiner wissenschaftlichen Erkenntnisse interessiert ist.

2.2.1.11 Beschäftigungsgrad B° und der Nutzungsgrad N° sind entscheidende Kennzahlen der Kapazitätsplanung.
a) Beschreiben Sie, was diese beiden Kennzahlen angeben.
b) Ein Arbeitsplatz an einer Vierfarben-Offsetdruckmaschine in einer Druckerei hat eine Arbeitsplatzkapazität von 1 758 Stunden im Jahr. Der Beschäftigungsgrad liegt bei 84 %. Der Nutzungsgrad beträgt 91 %.
Berechnen Sie, wie viele Fertigungsstunden pro Jahr an diesem Arbeitsplatz produziert werden.
c) Die Arbeitsplatzkosten der Vierfarben-Offsetdruckmaschine betragen im abgelaufenen Jahr 842 590 €.
Berechnen Sie den Stundensatz für den Arbeitsplatz in € / Stunde.

Platzkostenrechnung

a) Beschäftigungs- und Nutzungsgrad

Der Beschäftigungsgrad ist das Maß für die tatsächliche Nutzung der Kapazität. Er gibt an, inwieweit die verfügbare Kapazität auch genutzt wird.

B° (Beschäftigungsgrad) = (Plankapazität / Arbeitsplatzkapazität) · 100 %

Der Nutzungsgrad ist das Maß für den Anteil der Fertigungsstunden an der Gesamtarbeitszeit (Plankapazität).

N° (Nutzungsgrad) = (Fertigungsstunden / Plankapazität) · 100 %

b) Plankapazität = 1 758 Stunden / Jahr · 0,84 = 1 476,7 Stunden / Jahr

Fertigungsstunden = 1 476,7 Stunden im Jahr · 0,91 = 1 343,8 Stunden / Jahr

c) 842 590 € / 1 343,8 Stunden = 627,02 € / Stunde

2.2.1.12 Ein Unternehmen möchte bei der Online-Vermarktung seiner Produkte Affiliate-Marketing einsetzen.
a) Erklären Sie, was unter Affilite-Marketing im Bereich Online-Marketing verstanden wird.
b) Im Bereich Affiliate-Maketing kommen verschiedene Abrechnungsmodelle zum Einsatz. Erklären Sie die Abrechnungsmodelle:
• Pay per Click (PPC)
• Pay per Lead (PPL)
• Pay per Sale (PPS)
c) Nennen Sie 2 Methoden, mit denen die Online-Transaktionen erfasst werden können.

Online-Marketing

a) Unter Affiliate-Marketing wird der Bereich des Online-Marketings verstanden, bei dem ein Internetseitenbetreiber auf seiner Internetseite einen Link zu Angeboten Dritter platziert. Für die Weiterleitung auf das Angebot erhält der Internetseitenbetreiber eine Vermittlungsprovision.

b) Abrechnungsmodelle:

• Pay per Click (PPC): Der Klick mit der Weiterleitung zur Internetseite des Anbieters wird bezahlt.

• Pay per Lead (PPL): Die Lieferung von Kundenkontaktdaten durch den Vermittler wird bezahlt.

• Pay per Sale (PPS): Bei der Vermittlung einer Kundenbestellung wird bezahlt.

c) Device-Tracking, Cookies

2.2.1 Prüfungsbereich 2: Konzeption und Gestaltung
Fachrichtung Konzeption und Visualisierung

Stichworte:

Kreativitätstechniken, Kostenarten, Druckausgabedatei, IPv6, Interface-Design, Bildgestaltung, Fontformate, Database-Publishing, Logo, Medienrecht, Infografik, Projektmanagement

2.2.1.1 Ein Kunde beauftragt Sie mit der Entwicklung einer Verpackung für eine 100-Gramm-Schokoladentafel. Design und Materialauswahl sind noch offen. In einem ersten Teammeeting sollen verschieden Lösungsvorschläge für den Kunden erarbeitet werden. Hierzu sollen geeignete Kreativitätstechniken eingesetzt werden.
   a) Erläutern Sie die folgenden Kreativitätstechniken: 635-Methode (Brainwriting), Kopfstandtechnik, Clicking-Methode.
   b) Erstellen Sie mit Hilfe eines Morphologischen Kastens eine Entscheidungshilfe für die Verpackungsausführung mit folgenden Parametern: Material, Wiederverschließbarkeit, Recycling mit je 3 möglichen Ausprägungen.

Kreativitätstechniken

a) Kreativitätstechniken

- 635-Methode:

  6 Teilnehmer erhalten jeweils ein Blatt. Oben auf dem Blatt steht die Problemstellung. Das Blatt ist in drei Spalten geteilt. Jeder Teilnehmer schreibt 3 Ideen in die Spalten. Es wird fünfmal weitergereicht. Die bereits genannten Ideen werden jeweils aufgegriffen und weiterentwickelt.

- Kopfstandtechnik:

  Bei der Kopfstandmethode führt der Perspektivwechsel zu Problemlösung. Das Thema wird zunächst formuliert um dann für die Fragestellung des Brainstormings in das genaue Gegenteil verkehrt zu werden. Es fällt leichter negative Aspekte zu nennen, deshalb führt die Kopfstandmethode rasch zu vielfältigen Ideen. Zum Schluss wird im moderierten Gespräch eine positive Lösung formuliert.

- Clicking-Methode:

  Basis der Clicking-Methode ist ein Fragenkatalog. Die Fragen betreffen ganz unterschiedliche Aspekte und Perspektiven des Problems. Aus dem Fragenkatalog werden zufälig einzelne Fragen herausgepickt und lösungsorientiert bearbeitet. Aus den Rohlösungen wird die finale Lösung entwickelt.

b)

Parameter	Ausprägung 1	Ausprägung 2	Ausprägung 3
Material	Papier	PET-Folie	Verbundfolie PE-Alu
Wiederverschließbarkeit	Klebepunkt	Klettverschluss	Papier
Recycling	Hausmüll	Gelber Sack	Papier

2.2.1.2 Eine 4-seitige Broschüre, 4/4-farbig im Format DIN A5, wird im Bogenoffset mit einer Auflage von 5 000 Stück hergestellt.
   a) Ordnen Sie mittels der Tabelle die nachfolgenden Kosten den Einzelkosten bzw. Gemeinkosten zu: Papier 80 g/m², Druckfarbe, Gummitücher, Wartung Druckmaschine, Rüsten der Druckmaschine, Energiekosten Deckenbeleuchtung, Laminierung des Umschlags bei externem Dienstleister.
   b) Erklären Sie in diesem Zusammenhang die Begriffe Gemeinkosten und Einzelkosten.

Kostenarten

a)

Kostenart	Einzelkosten	Gemeinkosten
Papier 80 g/m²	X	
Druckfarbe	X	
Gummitücher		X
Wartung Druckmaschine		X
Rüsten der Druckmaschine	X	
Energiekosten Deckenbeleuchtung		X
Laminierung Fremdarbeit	X	

b)

- Einzelkosten lassen sich direkt einem konkreten Auftrag zuordnen.
- Gemeinkosten sind nicht direkt zuordnungsfähig. Die Zuordnung erfolgt indirekt über einen Verteilungsschlüssel

2.2.1.3 Ein Druckvorstufenbetrieb hat auf seiner Firmenhomepage ein Upload-Center.
a) Nennen Sie 4 Vorteile, die diese Onlineschnittstelle gegenüber der Datenübernahme auf Datenträgern bietet.
b) Vergleichen Sie die Risiken beider Übernahmearten hinsichtlich der Informationssicherheit.
c) Welche Schutzmaßnahmen können diese Risiken minimieren?

Druckausgabedatei

a) Vorteile

- Die Datenübertragung geschieht in Echtzeit und ist damit wesentlich schneller als der Transport eines Datenträgers durch Boten oder auf dem Postweg.
- Die Datenübertragung ist kostengünstig.
- Die Datenübertagung ist asynchron und kann jeder Zeit erfolgen.
- Der Kunde bewegt sich auf der Homepage nicht nur im Upload-Center, es erschließt sich ein zusätzlicher Kommunikationsweg.

b) Im Upload-Center haben die Kunden direkten Zugriff auf den Server, natürlich nur auf einen dezidiert zugewiesenen Bereich, es bleibt aber ein zusätzliches Risiko. Auf einem Datenträger können versteckte Dateien mit Schadsoftware eingeschleust werden. Das Risiko „verseuchter" Dateien ist bei beiden Übernahmewegen dasselbe.

c) Schutzmaßnahmen

- Eigener Server zur Datenübernahme mit entsprechender Schutzsoftware, wie Firewall und Virenscanner.
- Eigener Computer mit Laufwerken und Schnittstellen zur Datenübernahme, Einsatz von Schutzsoftware wie Firewall und Virenscanner.
- Eindeutige Regeln für die Datenübernahme und Schulung der Mitarbeiter.

2.2.1.4 Das Internet Protocol Version 6 (IPv6) ist der Nachfolger des überwiegend verwendeten Protokolls 4 (IPv4).
a) Erklären Sie den Unterschied in der Adressnotation zwischen IPv4 und IPv6 und geben Sie jeweils ein Beispiel an.
b) Erläutern Sie 3 Vorteile von IPv6 gegenüber IPv4.
c) Erklären Sie, was man im Zusammenhang mit IPv6 als „Dual Stack" versteht.

IPv6

a) IPv6-Adressen sind hexadezimal anzugeben. 8 Blöcke werden durch Doppelpunkte voneinander getrennt. IPv4-Adressen sind hingegen dezimal anzugeben. 4 Blöcke werden durch Punkte getrennt.

Beispiel-IPv4-Adresse 172.19.55.212

Beispiel-IPv6-Adresse 2001:0cb8:0000:0000:0000:21f3:dd6b:0001

b) IPv6 erhöht den Adressraum von 32 auf 128 Bit. Dadurch steigt die Gesamtzahl der weltweit möglichen IP-Adressen immens an. IPv6 vermeidet damit die Notwendigkeit von NAT (Network-Address-Translation). IPv6 verbessert das Routing und macht es effizienter. Netzwerke können die Vorränge von Datenströmen besser erkennen und Weiterleiten. Mit IPv6 sind Datenpakete bis zu 4 GByte möglich (Jumbograms).

c) Mit Dual Stack bezeichnet man den Parallelbetrieb von IPv4 und IPv6. Da keine direkte Umstellung von IPv4 auf IPv6 möglich und auch nicht sinnvoll ist, sieht diese Übergangsstrategie vor, dass alle Netzknoten sowohl IPv4 als auch IPv6 beherrschen.

2.2.1.5 Beschreiben Sie die 3 Bereiche des Interface-Designs.

Interface-Design

1. Screen-Design: Eine detaillierte visuelle Darstellung einer Webseiten. In der Regel werden auch Effekte, wie zum Beispiel Mausover, gezeigt.
2. Informations-Design: Eine schematische Visualisierung, wie die Seiten einer Website miteinander verlinkt sind. Zum Beispiel eine „Sitemap".
3. Interaktionsdesign: Eine Beschreibung der Interaktionsmöglichkeiten, die ein Benutzer hat. Zum Beispiel der Ablauf einer Warenauswahl, eine Bestellung, ein Bezahlvorgang, ein Kontaktformular u. a.

2.2.1.6 In der Bildgestaltung gibt es verschiedenen Regeln zur Komposition eines Bildes. Erläutern Sie die beiden Gestaltungsregeln
     a) Goldener Schnitt und
     b) Drittel-Regel.
     c) Zeichnen Sie in das Bild einen Bildausschnitt mit dem Seitenverhältnis 4:3 ein. Das Hauptmotiv soll nach der Drittelregel positioniert sein.

Bildgestaltung

a) Der Goldene Schnitt ist ein Harmoniegesetz zur Gliederung und Aufteilung von Flächen nach folgender Zahlenreihe 3 : 5, 5 : 8, 8 : 13, 13 : 21 usw. Für die Bildkomposition bedeutet dies, dass der Blickpunkt des Hauptmotivs im Schnittpunkt der Teilungslinien des Bildformats platziert wird.

b) Das Bildformat wird nach der Drittelregel in neun gleich große Felder aufgeteilt. Das Hauptmotiv wird im Schnittpunks zweier Linien positioniert.

c) Der Bildausschnitt nach der Drittelregel ist im Bild eingezeichnet.

2.2.1.7 Der Geschäftsbericht einer international tätigen Firma soll neu erstellt und gedruckt werden. Die Hausschrift gibt es in unterschiedlichen Fontformaten.
     a) Erläutern Sie die Unterschiede der verschiedenen Fontformate.
     b) Welches Fontformat wählen Sie für diesen Auftrag. Begründen Sie Ihre Auswahl.

Fontformate

a) In der Druckvorstufe werden drei verschiedene Fontformate eingesetzt: das Type1-Format, das TrueType-Format und das OpenType-Format. Die beiden erstgenannten Formate sind betriebssystemabhängig in ihrer Verwendung. Ihre Codierung basiert auf dem ASCII-Code mit maximal 256 Zeichen. Das OpenType-Format ist betriebssystemübergreifend. Es basiert auf dem Unicode mit in der Regel 65 536 Zeichen.

b) Der Geschäftsbericht einer international tätigen Firma wird in mehreren Sprachen veröffentlicht. Damit kommt nur ein OpenType-Font in Frage, da er durch die Unicode-Codierung alle Zeichen der Sprachen enthält.

2.2.1.8 Ein Kunde möchte Weihnachtskarten mit aufgedruckten individuellen Adressen drucken lassen. Erklären Sie ihm die Grundlagen einer datenbasierten Produktion (Database-Publishing).

Database-Publishing

Die Produktion von Print- und Nonprintmedien, die sich auf Inhalte einer Datenbank stützt, nennt man Database-Publishing. In diesem Fall werden die Adressen in Form einer Datenbank benötigt, damit sie in den Produktionsprozess eingebunden werden können.

2.2.1.9 Logos können in unterschiedlicher Art ausgeführt sein. Ein Logotyp sind Wort-Bild-Marken. Sie werden nach der Art der Elementanordnung eingeteilt. Erläutern Sie die Darstellungsoptionen:
     a) Lok-Prinzip,
     b) Schub-Prinzip,
     c) Star-Prinzip,
     d) Anker-Prinzip,
     e) Triebwagen-Prinzip.

Logo

a) Lok-Prinzip: Das Bildzeichen steht vor dem Wortzeichen. So zieht das Bildzeichen das Wortzeichen wie eine Lokomotive.

b) Schub-Prinzip: Das Bildzeichen steht hinter dem Wortzeichen. Das Wortzeichen schiebt das Bildzeichen.

c) Star-Prinzip: Das Bildzeichen leuchtet wie ein Stern über dem Wortzeichen.

d) Anker-Prinzip: Das Bildzeichen hängt unter dem Wortzeichen.

e) Triebwagen-Prinzip: Das Bildzeichen steht innerhalb des Wortzeichens. Dabei sollte das Wortzeichen möglichst in sinnvolle Teile aufgeteilt werden

2.2.1.10 Worin besteht der Unterschied zwischen einem gemeinfreien Werk und einem Werk, das unter einer CC-Lizenz (Creative Commons) genutzt werden darf. Erläutern Sie die beiden Begriffe mit Hilfe eines Beispiels.

Medienrecht

Bei gemeinfreien Werken sind die Urheberrechte verfallen, da der Urheber 70 Jahre tot ist. Beispiel: Ein Gedicht von Goethe darf von jedermann verwendet und neu gedruckt werden.

Werke, die mit Creative Commons versehen sind, unterliegen dem Urheberrecht. Sie dürfen aber unter Berücksichtigung verschiedener Einschränkungen verwendet werden. Hierzu stellt die Non-Profit-Organisation Creative Commons verschiedene Lizenzverträge zur Verfügung. Beispiel: Ein Foto in einer wissenschaftlichen Arbeit wird im Internet unter eine CC-Lizenz gestellt, da der Wissenschaftler an einer Verbreitung seiner wissenschaftlichen Erkenntnisse interessiert ist.

2.2.1.11 Für ein Schulmagazin sollen die in der nachfolgenden Tabelle aufgeführten Ergebnisse einer Befragung von Schülern zum Einsatz von Smartphones in der Schule in Form von Infografiken dargestellt werden.

Smartphones jederzeit uneingeschränkt nutzen	Smartphones in den Pausen verwenden	Keine Nutzung von Smartphones in der Schule
Männlich: 95 Personen	Männlich: 12 Personen	Männlich: 2 Personen
Weiblich: 87 Personen	Weiblich: 32 Personen	Weiblich: 12 Personen
Gesamt: 182 Personen	Gesamt: 44 Personen	Gesamt: 14 Personen

a) Nennen Sie 4 gestalterische Anforderungen, die an Infografiken gestellt werden.
b) Nennen Sie 4 grundlegende Diagrammarten, die zur Darstellung von statistischen Daten geeignet sind.
c) Wählen Sie eine geeignete Diagrammart aus. Begründen Sie Ihre Auswahl und skizzieren Sie das Diagramm.

Infografik

a) Gestalterische Anforderungen

- Prägnanz durch Reduktion auf das Wesentliche
- Der Inhalt muss übersichtlich strukturiert dargestellt sein.
- Die Kernaussage muss erkennbar und verständlich visualisiert sein.
- Die Datenquelle muss angegeben werden.
- Die Infografik darf nicht manipulativ sein, bei Mengendarstellungen müssen die Verhältnisse gewahrt werden.

b) Balkendiagramm, Säulendiagramm, Liniendiagramm, Flächendiagramm, Kreisdiagramm/Tortendiagramm

c) Es eignet sich hier nur ein Säulen- oder ein Balkendiagramm. Die Darstellung als Kreis- oder Tortendiagramm ist nur bedingt geeignet, da sich die drei Rubriken jeweils nach dem Geschlecht der befragten Personen unterscheiden. Eine mögliche Lösung auf der nächsten Seite:

c) Teil 2

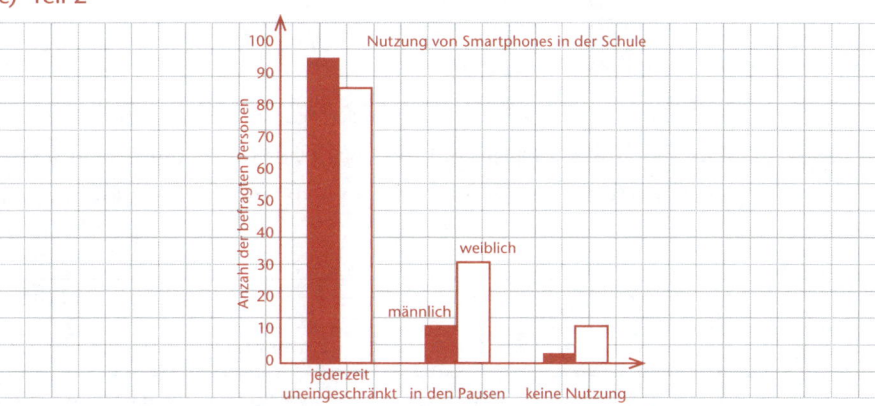

2.2.1.12 Ein Hersteller von Kinderspielzeug plant für ein neues Computerspiel eine Werbekampagne. Als Vertreter einer Werbeagentur werden Sie zu einem Briefing eingeladen.
a) Welche der nachfolgenden Vorgänge werden in einem Lastenheft oder in einem Pflichtenheft erfasst? Kreuzen Sie die Zuordnung in der unten stehenden Tabelle an.
b) Erklären Sie in diesem Zusammenhang die Begriffe: Briefing, Re-Briefing, Lastenheft und Pflichtenheft.

Projektmanagement

a)

Vorgang	Lastenheft	Pflichtenheft
Allgemeine Designrichtlinien, Corporate Designvorgaben	X	
Geplanter Produktpreis	X	
Projektstrukturplan		X
Angaben zum Budgetrahmen	X	
Allgemeine Produktinformationen	X	
Detaillierte Mediaplanung		X

b)
- Briefing: Schriftliche oder mündliche Erteilung eines Werbeauftrags an einen Medienbetrieb mit grundlegenden Zielvorgaben, z. B. Zeitplan.
- Re-Briefing: Nachbesprechung und Abstimmung des Auftrags mit dem Kunden nach der Auftragserteilung.
- Lastenheft: Grundlegende Angaben des Auftraggebers zum Produkt zu den Anforderungen an die Werbeagentur hinsichtlich der Werbekampagne.
- Pflichtenheft: Beschreibung, wie und womit die Werbeagentur die Aufgabenstellungen aus dem Lastenheft zu lösen plant.

2.2.1 Prüfungsbereich 2: Konzeption und Gestaltung
Fachrichtung Gestaltung und Technik – Print

Stichworte:

Kreativitätstechniken, Kostenarten, Druckausgabedatei, IPv6, Interface-Design, Bildgestaltung, Fontformate, Database-Publishing, Logo, Dateiformate, Color Management, Proof

2.2.1.1 Ein Kunde beauftragt Sie mit der Entwicklung einer Verpackung für eine 100-Gramm-Schokoladentafel. Design und Materialauswahl sind noch offen. In einem ersten Teammeeting sollen verschieden Lösungsvorschläge für den Kunden erarbeitet werden. Hierzu sollen geeignete Kreativitätstechniken eingesetzt werden.
   a) Erläutern Sie die folgenden Kreativitätstechniken: 635-Methode (Brainwriting), Kopfstandtechnik, Clicking-Methode.
   b) Erstellen Sie mit Hilfe eines Morphologischen Kastens eine Entscheidungshilfe für die Verpackungsausführung mit folgenden Parametern: Material, Wiederverschließbarkeit, Recycling mit je 3 möglichen Ausprägungen.

Kreativitätstechniken

a) Kreativitätstechniken

- 635-Methode:

  6 Teilnehmer erhalten jeweils ein Blatt. Oben auf dem Blatt steht die Problemstellung. Das Blatt ist in drei Spalten geteilt. Jeder Teilnehmer schreibt 3 Ideen in die Spalten. Es wird fünfmal weitergereicht. Die bereits genannten Ideen werden jeweils aufgegriffen und weiterentwickelt.

- Kopfstandtechnik:

  Bei der Kopfstandmethode führt der Perspektivwechsel zu Problemlösung. Das Thema wird zunächst formuliert um dann für die Fragestellung des Brainstormings in das genaue Gegenteil verkehrt zu werden. Es fällt leichter negative Aspekte zu nennen, deshalb führt die Kopfstandmethode rasch zu vielfältigen Ideen. Zum Schluss wird im moderierten Gespräch eine positive Lösung formuliert.

- Clicking-Methode:

  Basis der Clicking-Methode ist ein Fragenkatalog. Die Fragen betreffen ganz unterschiedliche Aspekte und Perspektiven des Problems. Aus dem Fragenkatalog werden zufällig einzelne Fragen herausgepickt und lösungsorientiert bearbeitet. Aus den Rohlösungen wird die finale Lösung entwickelt.

b)

Parameter	Ausprägung 1	Ausprägung 2	Ausprägung 3
Material	Papier	PET-Folie	Verbundfolie / PE-Alu
Wiederverschließbarkeit	Klebepunkt	Klettverschluss	Papier
Recycling	Hausmüll	Gelber Sack	Papier

2.2.1.2 Eine 4-seitige Broschüre, 4/4-farbig im Format DIN A5, wird im Bogenoffset mit einer Auflage von 5 000 Stück hergestellt.
   a) Ordnen Sie mittels der Tabelle die nachfolgenden Kosten den Einzelkosten bzw. Gemeinkosten zu: Papier 80 g/m², Druckfarbe, Gummitücher, Wartung Druckmaschine, Rüsten der Druckmaschine, Energiekosten Deckenbeleuchtung, Laminierung des Umschlags bei externem Dienstleister.
   b) Erklären Sie in diesem Zusammenhang die Begriffe Gemeinkosten und Einzelkosten.

Kostenarten

a)

Kostenart	Einzelkosten	Gemeinkosten
Papier 80 g/m²	X	
Druckfarbe	X	
Gummitücher		X
Wartung Druckmaschine		X
Rüsten der Druckmaschine	X	
Energiekosten Deckenbeleuchtung		X
Laminierung Fremdarbeit	X	

b)

- Einzelkosten lassen sich direkt einem konkreten Auftrag zuordnen.
- Gemeinkosten sind nicht direkt zuordnungsfähig. Die Zuordnung erfolgt indirekt über einen Verteilungsschlüssel.

2.2.1.3 Ein Druckvorstufenbetrieb hat auf seiner Firmenhomepage ein Upload-Center.
a) Nennen Sie vier Vorteile, die diese Onlineschnittstelle gegenüber der Datenüber-nahme auf Datenträgern bietet?
b) Vergleichen Sie die Risiken beider Übernahmearten hinsichtlich der Informations-sicherheit.
c) Welche Schutzmaßnahmen können diese Risiken minimieren?

Druckausgabedatei

a) Vorteile

- Die Datenübertragung geschieht in Echtzeit und ist damit wesentlich schneller als der Transport eines Datenträgers durch Boten oder auf dem Postweg.
- Die Datenübertragung ist kostengünstig.
- Die Datenübertagung ist asynchron und kann jeder Zeit erfolgen.
- Der Kunde bewegt sich auf der Homepage nicht nur im Upload-Center, es erschließt sich ein zusätzlicher Kommunikationsweg.

b) Im Upload-Center haben die Kunden direkten Zugriff auf den Server, natürlich nur auf einen dezidiert zugewiesenen Bereich, es bleibt aber ein zusätzliches Risiko. Auf einem Datenträger können versteckte Dateien mit Schadsoftware eingeschleust werden. Das Risiko „verseuchter" Dateien ist bei beiden Über-nahmewegen dasselbe.

c) Schutzmaßnahmen

- Eigener Server zur Datenübernahme mit entsprechender Schutzsoftware, wie Firewall und Virenscanner.
- Eigener Computer mit Laufwerken und Schnittstellen zur Datenübernahme, Einsatz von Schutzsoftware wie Firewall und Virenscanner.
- Eindeutige Regeln für die Datenübernahme und Schulung der Mitarbeiter.

2.2.1.4 Das Internet Protocol Version 6 (IPv6) ist der Nachfolger vom überwiegend verwendeten Protokoll 4 (IPv4).
a) Erklären Sie den Unterschied in der Adressnotation zwischen IPv4 und IPv6 und geben Sie jeweils ein Beispiel an.
b) Erläutern Sie drei Vorteile von IPv6 gegenüber IPv4.
c) Erklären Sie, was man im Zusammenhang mit IPv6 als „Dual Stack" versteht.

IPv6

a) IPv6-Adressen sind hexadezimal anzugeben. 8 Blöcke werden durch Doppel-punkte voneinander getrennt. IPv4-Adressen hingegen sind dezimal anzuge-ben. 4 Blöcke werden durch Punkte getrennt.

Beispiel IPv4 Adresse 172.19.55.212

Beispiel IPv6 Adresse 2001:0cb8:0000:0000:0000:21f3:dd6b:0001

b) IPv6 erhöht den Adressraum von 32 auf 128 Bit. Dadurch steigt die Gesamt-anzahl der weltweit möglichen IP-Adressen immens an. IPv6 vermeidet damit die Notwendigkeit von NAT (Network-Address-Translation). IPv6 verbessert das Routing und macht es effizienter. Netzwerke können die Vorränge von Daten-strömen besser erkennen und weiterleiten. Mit IPv6 sind Datenpakete bis 4 GByte möglich (Jumbograms).

c) Mit Dual Stack bezeichnet man den Parallelbetrieb von IPv4 und IPv6. Da keine direkte Umstellung von IPv4 auf IPv6 möglich und auch nicht sinnvoll ist, sieht diese Übergangsstrategie vor, dass alle Netzknoten sowohl IPv4 als auch IPv6 beherrschen.

2.2.1.5 Beschreiben Sie die 3 Bereiche des Interface-Designs.

Interface-Design

1. Screen-Design: Eine detaillierte visuelle Darstellung einer Webseiten. In der Regel werden auch Effekte, wie zum Beispiel Mausover, gezeigt.
2. Informations-Design: Eine schematische Visualisierung, wie die Seiten einer Website miteinander verlinkt sind. Zum Beispiel eine „Sitemap".
3. Interaktionsdesign: Eine Beschreibung der Interaktionsmöglichkeiten, die ein Benutzer hat. Zum Beispiel der Ablauf einer Warenauswahl, eine Bestellung, ein Bezahlvorgang, ein Kontaktformular u. a.

2.2.1.6 In der Bildgestaltung gibt es verschiedenen Regeln zur Komposition eines Bildes. Erläutern Sie die beiden Gestaltungsregeln
a) Goldener Schnitt und
b) Drittel-Regel.
c) Zeichnen Sie in das Bild einen Bildausschnitt mit dem Seitenverhältnis 4 : 3 ein. Das Hauptmotiv soll nach der Drittelregel positioniert sein.

Bildgestaltung

a) Der Goldene Schnitt ist ein Harmoniegesetz zur Gliederung und Aufteilung von Flächen nach folgender Zahlenreihe 3 : 5, 5 : 8, 8 : 13, 13 : 21 usw. Für die Bildkomposition bedeutet dies, dass der Blickpunkt des Hauptmotivs im Schnittpunkt der Teilungslinien des Bildformats platziert wird.

b) Das Bildformat wird nach der Drittelregel in neun gleich große Felder aufgeteilt. Das Hauptmotiv wird im Schnittpunks zweier Linien positioniert.

c) Der Bildausschnitt nach der Drittelregel ist im Bild eingezeichnet.

2.2.1.7 Der Geschäftsbericht einer international tätigen Firma soll neu erstellt und gedruckt werden. Die Hausschrift gibt es in unterschiedlichen Fontformaten.
a) Erläutern Sie die Unterschiede der verschiedenen Fontformate.
b) Welches Fontformat wählen Sie für diesen Auftrag. Begründen Sie Ihre Auswahl.

Fontformate

a) In der Druckvorstufe werden drei verschiedene Fontformate eingesetzt: das Type1-Format, das TrueType-Format und das OpenType-Format. Die beiden erstgenannten Formate sind betriebssystemabhängig in ihrer Verwendung. Ihre Codierung basiert auf dem ASCII-Code mit maximal 256 Zeichen. Das OpenType-Format ist betriebssystemübergreifend. Es basiert auf dem Unicode mit in der Regel 65 536 Zeichen.

b) Der Geschäftsbericht einer international tätigen Firma wird in mehreren Sprachen veröffentlicht. Damit kommt nur ein OpenType-Font in Frage, da er durch die Unicode-Codierung alle Zeichen der Sprachen enthält.

2.2.1.8 Ein Kunde möchte Weihnachtskarten mit aufgedruckten individuellen Adressen drucken lassen. Erklären Sie ihm die Grundlagen einer datenbasierten Produktion (Database-Publishing).

Database-Publishing

Die Produktion von Print- und Nonprintmedien, die sich auf Inhalte einer Datenbank stützt, nennt man Database-Publishing. In diesem Fall werden die Adressen in Form einer Datenbank benötigt, damit sie in den Produktionsprozess eingebunden werden können.

2.2.1.9 Logos können in unterschiedlicher Art ausgeführt sein. Ein Logotyp sind Wort-Bild-Marken. Sie werden nach der Art der Elementanordnung eingeteilt. Erläutern Sie die Darstellungsoptionen:
a) Lok-Prinzip,
b) Schub-Prinzip,
c) Star-Prinzip,
d) Anker-Prinzip,
e) Triebwagen-Prinzip.

Logo

a) Lok-Prinzip: Das Bildzeichen steht vor dem Wortzeichen. So zieht das Bildzeichen das Wortzeichen wie eine Lokomotive.

b) Schub-Prinzip: Das Bildzeichen steht hinter dem Wortzeichen. Das Wortzeichen schiebt das Bildzeichen.

c) Star-Prinzip: Das Bildzeichen leuchtet wie ein Stern über dem Wortzeichen.

d) Anker-Prinzip: Das Bildzeichen hängt unter dem Wortzeichen.

e) Triebwagen-Prinzip: Das Bildzeichen steht innerhalb des Wortzeichens. Dabei sollte das Wortzeichen möglichst in sinnvolle Teile aufgeteilt werden.

2.2.1.10 Ein Kunde liefert für ein Multimediaprojekt Dateien mit verschiedenen Dateiformaten: PNG, TIF, WOFF2, DOC, WMV, MP3, MP4, EOT, M4A, AAC, RTF, AVI, TXT, JPG, SVG. Ordnen Sie die Formate den in der Tabelle angegebenen Bereichen zu.

Dateiformate

Webfontformate	Textverarbeitung	Audiodateien	Videodateien	Bildformate
WOFF2	DOC	MP3	WMV	PNG
EOT	RTF	M4A	MP4	TIF
	TXT	AAC	AVI	JPG
				SVG

2.2.1.11 Der Druck einer Broschüre soll in einer Druckerei erfolgen, für die Ihre Firma bisher keine Vorstufenaufträge bearbeitet hat. Im Downloadbereich der Druckerei werden eigene Farbprofile zum Herunterladen angeboten.
a) Erläutern Sie die Bedeutung von Farbprofilen in der Printmedienproduktion.
b) Beschreiben Sie, in welcher Weise Sie die Farbprofile behandeln.

Color Management

a) Im Farbmanagementworkflow erfolgt die farbliche Charakterisierung der Prozessstationen und der Dateien mittels Farbprofilen. Durch sie ist es möglich, konsistente Farbraumtransformationen zwischen RGB und CMYK durchzuführen. Der Ausgabefarbraum wird als Arbeitsfarbraum schon in der Druckvorstufe berücksichtigt.

b) 1. Farbprofil auf den Arbeitsplatzrechner laden

2. Farbprofil im System installieren

3. Farbprofil als Arbeitsfarbraum in den beteiligten Programmen auswählen.

Falls mit Adobe CS oder CC gearbeitet wird, mit Bridge synchronisieren.

2.2.1.12 Ein Hersteller von Kinderspielzeug plant für ein neues Computerspiel eine Werbekampagne. Als Vertreter einer Werbeagentur werden Sie zu einem Briefing eingeladen.
a) Welche der nachfolgenden Vorgänge werden in einem Lastenheft oder in einem Pflichtenheft erfasst? Kreuzen Sie die Zuordnung in der unten stehenden Tabelle an.
b) Erklären Sie in diesem Zusammenhang die Begriffe: Briefing, Re-Briefing, Lastenheft und Pflichtenheft.

Projektmanagement

a)

Vorgang	Lastenheft	Pflichtenheft
Allgemeine Designrichtlinien, Corporate Designvorgaben	X	
Geplanter Produktpreis	X	
Projektstrukturplan		X
Angaben zum Budgetrahmen	X	
Allgemeine Produktinformationen	X	
Detaillierte Mediaplanung		X

b) • Briefing: Schriftliche oder mündliche Erteilung eines Werbeauftrags an einen Medienbetrieb mit grundlegenden Zielvorgaben, z. B. Zeitplan.

• Re-Briefing: Nachbesprechung und Abstimmung des Auftrags mit dem Kunden nach der Auftragserteilung.

• Lastenheft: Grundlegende Angaben des Auftraggebers zum Produkt zu den Anforderungen an die Werbeagentur hinsichtlich der Werbekampagne.

• Pflichtenheft: Beschreibung, wie und womit die Werbeagentur die Aufgabenstellungen aus dem Lastenheft zu lösen plant.

2.2.1 Prüfungsbereich 2: Konzeption und Gestaltung
Fachrichtung Gestaltung und Technik – Digital

Stichworte:
Kreativitätstechniken, Kostenarten, Druckausgabedatei, IPv6, Interface-Design, Bildgestaltung, Fontformate, Database-Publishing, Logo, Dateiformate, Übertragungsprotokolle, High Definition

2.2.1.1 Ein Kunde beauftragt Sie mit der Entwicklung einer Verpackung für eine 100-Gramm-Schokoladentafel. Design und Materialauswahl sind noch offen. In einem ersten Teammeeting sollen verschieden Lösungsvorschläge für den Kunden erarbeitet werden. Hierzu sollen geeignete Kreativitätstechniken eingesetzt werden.
a) Erläutern Sie die folgenden Kreativitätstechniken: 635-Methode (Brainwriting), Kopfstandtechnik, Clicking-Methode.
b) Erstellen Sie mit Hilfe eines Morphologischen Kastens eine Entscheidungshilfe für die Verpackungsausführung mit folgenden Parametern: Material, Wiederverschließbarkeit, Recycling mit je 3 möglichen Ausprägungen.

Kreativitätstechniken

a) Kreativitätstechniken

• 635-Methode:

6 Teilnehmer erhalten jeweils ein Blatt. Oben auf dem Blatt steht die Problemstellung. Das Blatt ist in drei Spalten geteilt. Jeder Teilnehmer schreibt 3 Ideen in die Spalten. Es wird fünfmal weitergereicht. Die bereits genannten Ideen werden jeweils aufgegriffen und weiterentwickelt.

• Kopfstandtechnik:

Bei der Kopfstandmethode führt der Perspektivwechsel zu Problemlösung. Das Thema wird zunächst formuliert um dann für die Fragestellung des Brainstormings in das genaue Gegenteil verkehrt zu werden. Es fällt leichter negative Aspekte zu nennen, deshalb führt die Kopfstandmethode rasch zu vielfältigen Ideen. Zum Schluss wird im moderierten Gespräch eine positive Lösung formuliert.

• Clicking-Methode:

Basis der Clicking-Methode ist ein Fragenkatalog. Die Fragen betreffen ganz unterschiedliche Aspekte und Perspektiven des Problems. Aus dem Fragenkatalog werden zufälig einzelne Fragen herausgepickt und lösungsorientiert bearbeitet. Aus den Rohlösungen wird die finale Lösung entwickelt.

b)

Parameter	Ausprägung 1	Ausprägung 2	Ausprägung 3
Material	Papier	PET-Folie	Verbundfolie PE-Alu
Wiederverschließbarkeit	Klebepunkt	Klettverschluss	Papier
Recycling	Hausmüll	Gelber Sack	Papier

2.2.1.2 Eine 4-seitige Broschüre, 4/4-farbig im Format DINA5, wird im Bogenoffset mit einer Auflage von 5 000 Stück hergestellt.
a) Ordnen Sie mittels der Tabelle die nachfolgenden Kosten den Einzelkosten bzw. Gemeinkosten zu: Papier 80 g/m², Druckfarbe, Gummitücher, Wartung Druckmaschine, Rüsten der Druckmaschine, Energiekosten Deckenbeleuchtung, Laminierung des Umschlags bei externem Dienstleister.
b) Erklären Sie in diesem Zusammenhang die Begriffe Gemeinkosten und Einzelkosten.

Kostenarten

a)

Kostenart	Einzelkosten	Gemeinkosten
Papier 80 g/m²	X	
Druckfarbe	X	
Gummitücher		X
Wartung Druckmaschine		X
Rüsten der Druckmaschine	X	
Energiekosten Deckenbeleuchtung		X
Laminierung Fremdarbeit	X	

b)

- Einzelkosten lassen sich direkt einem konkreten Auftrag zuordnen.
- Gemeinkosten sind nicht direkt zuordnungsfähig. Die Zuordnung erfolgt indirekt über einen Verteilungsschlüssel

---

2.2.1.3 Ein Druckvorstufenbetrieb hat auf seiner Firmenhomepage ein Upload-Center.
a) Nennen Sie 4 Vorteile, die diese Onlineschnittstelle gegenüber der Datenübernahme auf Datenträgern bietet?
b) Vergleichen Sie die Risiken beider Übernahmearten hinsichtlich der Informationssicherheit.
c) Welche Schutzmaßnahmen können diese Risiken minimieren?

Druckausgabedatei

a) Vorteile
- Die Datenübertragung geschieht in Echtzeit und ist damit wesentlich schneller als der Transport eines Datenträgers durch Boten oder auf dem Postweg.
- Die Datenübertragung ist kostengünstig.
- Die Datenübertagung ist asynchron und kann jeder Zeit erfolgen.
- Der Kunde bewegt sich auf der Homepage nicht nur im Upload-Center, es erschließt sich ein zusätzlicher Kommunikationsweg.

b) Im Upload-Center haben die Kunden direkten Zugriff auf den Server, natürlich nur auf einen dezidiert zugewiesenen Bereich, es bleibt aber ein zusätzliches Risiko. Auf einem Datenträger können versteckte Dateien mit Schadsoftware eingeschleust werden. Das Risiko „verseuchter" Dateien ist bei beiden Übernahmewegen dasselbe.

c) Schutzmaßnahmen
- Eigener Server zur Datenübernahme mit entsprechender Schutzsoftware, wie Firewall und Virenscanner.
- Eigener Computer mit Laufwerken und Schnittstellen zur Datenübernahme, Einsatz von Schutzsoftware wie Firewall und Virenscanner.
- Eindeutige Regeln für die Datenübernahme und Schulung der Mitarbeiter.

2.2.1.4 Das Internet Protocol Version 6 (IPv6) ist der Nachfolger des überwiegend verwendeten Protokolls 4 (IPv4).
a) Erklären Sie den Unterschied in der Adressnotation zwischen IPv4 und IPv6 und geben Sie jeweils ein Beispiel an.
b) Erläutern Sie 3 Vorteile von IPv6 gegenüber IPv4.
c) Erklären Sie, was man im Zusammenhang mit IPv6 als „Dual Stack" versteht.

IPv6

a) IPv6-Adressen sind hexadezimal anzugeben. 8 Blöcke werden durch Doppelpunkte voneinander getrennt. IPv4-Adressen hingegen sind dezimal anzugeben. 4 Blöcke werden durch Punkte getrennt.

Beispiel IPv4 Adresse 172.19.55.212

Beispiel IPv6 Adresse 2001:0cb8:0000:0000:0000:21f3:dd6b:0001

b) IPv6 erhöht den Adressraum von 32 auf 128 Bit. Dadurch steigt die Gesamtanzahl der weltweit möglichen IP-Adressen immens an. IPv6 vermeidet damit die Notwendigkeit von NAT (Network-Address-Translation). IPv6 verbessert das Routing und macht es effizienter. Netzwerke können die Vorränge von Datenströmen besser erkennen und weiterleiten. Mit IPv6 sind Datenpakete bis 4 GByte möglich (Jumbograms).

c) Mit Dual Stack bezeichnet man den Parallelbetrieb von IPv4 und IPv6. Da keine direkte Umstellung von IPv4 auf IPv6 möglich und auch nicht sinnvoll ist, sieht diese Übergangsstrategie vor, dass alle Netzknoten sowohl IPv4 als auch IPv6 beherrschen.

2.2.1.5 Beschreiben Sie die 3 Bereiche des Interface-Designs.

Interface-Design

1. Screen-Design: Eine detaillierte visuelle Darstellung einer Webseiten. In der Regel werden auch Effekte, wie zum Beispiel Mausover, gezeigt.

2. Informations-Design: Eine schematische Visualisierung, wie die Seiten einer Website miteinander verlinkt sind. Zum Beispiel eine „Sitemap".

3. Interaktionsdesign: Eine Beschreibung der Interaktionsmöglichkeiten, die ein Benutzer hat. Zum Beispiel der Ablauf einer Warenauswahl, eine Bestellung, ein Bezahlvorgang, ein Kontaktformular u. a.

2.2.1.6 In der Bildgestaltung gibt es verschiedenen Regeln zur Komposition eines Bildes. Erläutern Sie die beiden Gestaltungsregeln
a) Goldener Schnitt und
b) Drittel-Regel.
c) Zeichnen Sie in das Bild einen Bildausschnitt mit dem Seitenverhältnis 4 : 3 ein. Das Hauptmotiv soll nach der Drittelregel positioniert sein.

Bildgestaltung

a) Der Goldene Schnitt ist ein Harmoniegesetz zur Gliederung und Aufteilung von Flächen nach folgender Zahlenreihe 3 : 5, 5 : 8, 8 : 13, 13 : 21 usw. Für die Bildkomposition bedeutet dies, dass der Blickpunkt des Hauptmotivs im Schnittpunkt der Teilungslinien des Bildformats platziert wird.

b) Das Bildformat wird nach der Drittelregel in neun gleich große Felder aufgeteilt. Das Hauptmotiv wird im Schnittpunks zweier Linien positioniert.

c) Der Bildausschnitt nach der Drittelregel ist im Bild eingezeichnet.

2.2.1.7 Der Geschäftsbericht einer international tätigen Firma soll neu erstellt und gedruckt werden. Die Hausschrift gibt es in unterschiedlichen Fontformaten.
a) Erläutern Sie die Unterschiede der verschiedenen Fontformate.
b) Welches Fontformat wählen Sie für diesen Auftrag. Begründen Sie Ihre Auswahl.

Fontformate

a) In der Druckvorstufe werden drei verschiedene Fontformate eingesetzt: das Type1-Format, das TrueType-Format und das OpenType-Format. Die beiden erstgenannten Formate sind betriebssystemabhängig in ihrer Verwendung. Ihre Codierung basiert auf dem ASCII-Code mit maximal 256 Zeichen. Das OpenType-Format ist betriebssystemübergreifend. Es basiert auf dem Unicode mit in der Regel 65 536 Zeichen.

b) Der Geschäftsbericht einer international tätigen Firma wird in mehreren Sprachen veröffentlicht. Damit kommt nur ein OpenType-Font in Frage, da er durch die Unicode-Codierung alle Zeichen der Sprachen enthält.

2.2.1.8 Ein Kunde möchte Weihnachtskarten mit aufgedruckten individuellen Adressen drucken lassen. Erklären Sie ihm die Grundlagen einer datenbasierten Produktion (Database-Publishing).

Database-Publishing

Die Produktion von Print- und Nonprintmedien, die sich auf Inhalte einer Datenbank stützt, nennt man Database-Publishing. In diesem Fall werden die Adressen in Form einer Datenbank benötigt, damit sie in den Produktionsprozess eingebunden werden können.

2.2.1.9 Logos können in unterschiedlicher Art ausgeführt sein. Ein Logotyp sind Wort-Bild-Marken. Sie werden nach der Art der Elementanordnung eingeteilt.
Erläutern Sie die Darstellungsoptionen:
a) Lok-Prinzip,
b) Schub-Prinzip,
c) Star-Prinzip,
d) Anker-Prinzip,
e) Triebwagen-Prinzip.

Logo

a) Lok-Prinzip: Das Bildzeichen steht vor dem Wortzeichen. So zieht das Bildzeichen das Wortzeichen wie eine Lokomotive.

b) Schub-Prinzip: Das Bildzeichen steht hinter dem Wortzeichen. Das Wortzeichen schiebt das Bildzeichen.

c) Star-Prinzip: Das Bildzeichen leuchtet wie ein Stern über dem Wortzeichen.

d) Anker-Prinzip: Das Bildzeichen hängt unter dem Wortzeichen.

e) Triebwagen-Prinzip: Das Bildzeichen steht innerhalb des Wortzeichens. Dabei sollte das Wortzeichen möglichst in sinnvolle Teile aufgeteilt werden.

2.2.1.10 Ein Kunde liefert für ein Multimediaprojekt Dateien mit verschiedenen Dateiformaten: PNG, TIF, WOFF2, DOC, WMV, MP3, MP4, EOT, M4A, AAC, RTF, AVI, TXT, JPG, SVG. Ordnen Sie die Formate den in der Tabelle angegebenen Bereichen zu.

Dateiformate

Webfontformate	Textverarbeitung	Audiodateien	Videodateien	Bildformate
WOFF2	DOC	MP3	WMV	PNG
EOT	RTF	M4A	MP4	TIF
	TXT	AAC	AVI	JPG
				SVG

2.2.1.11 Eine erfolgreiche Kommunikation zwischen Client und Server erfordert bei jedem Internetdienst ein zugrundeliegendes Protokoll.
a) Beschreiben Sie 2 Aufgaben von Übertragungsprotokollen.
b) Ordnen Sie die Übertragungsprotokolle HTTP, SMTP, FTP, POP3, und HTTPS den entsprechenden Internetdiensten zu:
- World Wide Web
- E-Mail-Versand / Empfang
- Dateiverwaltung

Übertragungsprotokolle

a) • Übertragungsprotolle definieren Regeln und Formate, die den Austausch von Daten zwischen Computern und Prozessen in einem verteilten System ermöglichen.

• Sie dienen als Vermittler zwischen Sender und Empfänger und übernehmen wichtige Aufgaben in der Kommunikation: zuverlässiger Verbindungsaufbau und -abbau, Wahl des Kommunikationsweges durch Routing, Fehlerkorrektur in der Datenübermittlung, Sicherstellen der fehlerfreien Übertragung durch eine Prüfsumme, Verhindern von Manipulation der Daten durch Signaturen, Daten durch Verschlüsselung sowie Zusammenfügen ankommender Pakete.

b)

Internetdienst	Übertragungsprotokoll
World Wide Web	HTTP, HTTPS
E-Mail-Versand / Empfang	SMTP, POP3
Dateiverwaltung	FTP

2.2.1.12 Sie wurden beauftragt, eine kurze Videosequenz von 75 Sekunden zu filmen. Die Aufnahmeeinstellungen der Videokamera lassen folgende Optionen zu:
1. UHD   2160i50
2. QHD   1440p25
3. HD   1080i50
4. HD   720p25
a) Erklären Sie, was die Buchstaben „p" und „i" angeben.
b) Geben für die Optionen 1 bis 4 jeweils die resultierende Videoauflösung in Breite x Höhe an.
c) Berechnen Sie die unkomprimierte Datenmenge, die bei der Auswahl von Option 3 anfällt.

High Definition

a) • „i" steht für interlaced, auf Deutsch übersetzt: Zeilensprung- oder Halbbildverfahren. Es handelt sich um ein Verfahren, das im ersten Durchgang die geraden Linien auf dem Bildschirm zeichnet und im nächsten die ungeraden Linien.

• „p" steht für progressive, auf Deutsch: Vollbildverfahren. Dies ist ein Verfahren, bei dem das Ausgabegerät – anders als beim Zeilensprungverfahren – keine zeilenverschränkten Halbbilder anzeigt, sondern echte Vollbilder.

b) 1. UHD 3 860 x 2 160

   2. QHD 2 560 x 1 440

   4. HD 1 920 x 1 080

   3. HD 1 280 x 720

c) Breite · Höhe · Bilder / s · Dauer · Bittiefe : 8 Bit / Byte : 1 024³ Byte / GiB = 10,86 GiB

1 920 · 1 080 · 25 / s · 75 s · 24 Bit : 8 Bit / Byte : 1 024³ Byte / GiB = 10,86 GiB

2.2.2 Prüfungsbereich 3: Medienproduktion
Fachrichtung Beratung und Planung

Stichworte:
Kalkulation, Farbauszüge, Druckausgabedatei, Drahtlosnetzwerke, HTML, Bildfehler, Dateiformate, Datenbank, Datenkonsistenz, Pixelgrafik, Medienrecht, Produktionsplanung, Web-to-Print

2.2.2.1 Die Angebotskalkulation für einen Druckauftrag ergibt folgende Werte:
• Variante 1: Digitaldruck
Fixe Kosten: 35 €; variable Kosten je 1 000 Exemplare: 175 €
• Variante 2: Bogenoffset
Fixe Kosten: 98 €; variable Kosten je 1 000 Exemplare: 78 €
a) Berechnen Sie die Kosten für eine Auflage von 500 Exemplaren für beide Varianten.
b) Welches Verfahren ist für eine Auflage von 2 000 Exemplaren das Günstigere? (Rechenweg erforderlich)

Kalkulation

a) Digitaldruck: 35 € + (175 € : 2) = 122,50 €

   Bogenoffset: 98 € + (78 € : 2) = 137 €

b) Digitaldruck: 35 € + (175 € · 2) = 385 €

   Bogenoffset: 98 € + (78 € · 2) = 254 €

   Bei einer Auflage von 2 000 Exemplaren ist der Bogenoffset günstiger.

2.2.2.2 Die Anteile der 4 Grundfarben des Mehrfarbendrucks werden als Farbauszüge in einer Datei gespeichert.
a) Markieren Sie im unten stehenden Schema die Flächen mit einem X, die mit dem jeweiligen Farbauszug gedruckt werden.
b) Welche Probleme entstehen, wenn beim Schwarzauszug die 3 Grundfarben (CMY) zu 100 % mit aufgenommen werden?

Farbauszüge

a)

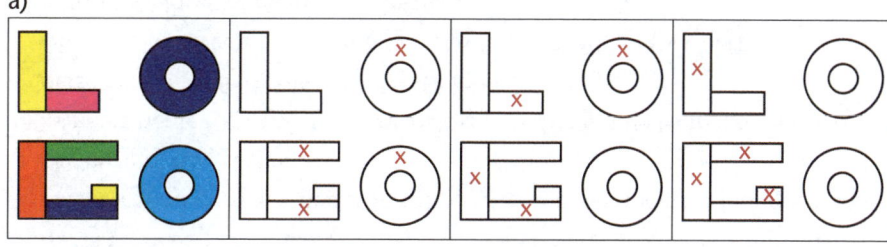

Farbdruck   Cyan-Auszug   Magenta-Auszug   Yellow-Auszug

b) Beim Aufeinanderdruck aller drei Grundfarben plus Schwarz würde sich bei Vollflächen eine Flächendeckung von 400 % ergeben. Diese Farbschichtdicke würde zu Trocknungsproblemen im Druck führen.

2.2.2.3 Überdrucken und Überfüllen sind zwei Prozessparameter, die beim Erstellen einer Druckausgabedatei eingestellt werden müssen.
a) Begründen Sie die Notwendigkeit des Überfüllens.
b) Erklären Sie die Bedeutung des Begriffs Neutraldichte im Zusammenhang mit Überfüllen.
c) Erklären Sie den Begriff Überdrucken.

Druckausgabedatei

a) Überfüllen ist notwendig, um bei Passerdifferenzen im Mehrfarbendruck die
Blitzer zu verhindern.

b) Die Überfüllungsoption „Neutrale Dichte" analysiert die Farbdichte der einzel-
nen Druckfarben und überfüllt dann nach dem Grundsatz „hell unter dunkel".
Das heißt, die Farbfläche mit der höheren Dichte wird von der angrenzenden
Farbfläche mit der geringeren Dichte überfüllt.

c) Überdrucken bedeutet, dass bei zwei übereinanderliegenden Objekten das
untere bei der Belichtung nicht im überlappenden Bereich entfernt wird, sondern auf der entsprechenden Druckform druckt.

2.2.2.4 Drahtlosnetzwerke ermöglichen einen kabellosen Zugang zu Netzwerken.
a) Erläutern Sie jeweils, was man im Zusammenhang mit Drahtlosnetzwerken unter den
Topologien „Ad-hoc" und „Infrastructure" versteht.
b) Um einem gesicherten Netzwerk leichter beizutreten zu können, wird das Wi-Fi Protected Setup (WPS) per Knopfdruckverfahren verwendet. Erläutern Sie den Vorgang.
c) Der Sicherheitsstandard WEP gilt als veraltet. Nennen Sie einen aktuellen Sicherheitsstandard zur Verschlüsselung von Drahtlosnetzwerken.

Drahtlosnetzwerke

a) Ein Ad-hoc-Netzwerk erlaubt es jedem Gerät mit jedem anderen Gerät direkt
zu kommunizieren. Es gibt keinen zentralen Access Point, der die Kommunikation der Geräte kontrolliert. In der Infrastruktur-Variante erfolgt die Kommunikation über Zugangspunkte (Access Points, APs), an denen sich alle Stationen
anmelden. APs fungieren als Brücke zwischen Festnetz und Funknetz.

b) Der Access Point und die in das Netzwerk einzubindenden Geräte besitzen
einen physischen oder per Software implementierten Knopf zur Verbindungsherstellung. Wird dieser gedrückt, beginnt eine zweiminütige Phase, in der
solche Geräte dem Netzwerk beitreten können.

c) WPA/WPA2 (WPA2-Personal/WPA2-Enterprise)

2.2.2.5 Erläutern Sie den Unterschied zwischen einem Inlineelement und einem Blockelement.

HTML

- Blockelemente erzwingen einen Zeilenumbruch, da sie sich über die ganze zur
Verfügung stehenden Fläche erstrecken. Darauf folgende Elemente beginnen
mit einer neuen Zeile. Blockelemente verhalten sich wie eine Box und können
entsprechend dem Boxmodell formatiert werden. Beispiele für Blockelemente:
div, ul, li, p, nav, section.

- Inlineelemente fügen sich in den Text ein. Nachfolgende Elemente liegen in
derselben Zeile. Beispiele für Inline-Elemente: a, img, span.
Ein Verhaltenswechsel kann mit der CSS-Eigenschaft „display" erfolgen
(„display: block" oder „display: inline").

2.2.2.6 Digitale Fotografien können verschiedene technische Bildfehler haben. Erläutern Sie das
Erscheinungsbild und die technischen Ursachen der folgenden Bildfehler.
a) Pixelfehler
b) Rauschen
c) Blooming
d) Artefakte

Bildfehler

a) Pixelfehler sind nicht zum Motiv gehörende dunkle, helle oder farbige Punkte
im Bild. Sie werden durch fehlerhafte Sensorelemente verursacht.

b) Rauschen zeigt sich als krisseliges Bild mit hellen farbigen Punkten. Je höher
der an Ihrer Kamera eingestellte ISO-Wert ist, desto stärker zeigt sich das Bildrauschen. Ursache ist dabei das Verstärkerrauschen, ein elektronischer Effekt,
weil durch die Erhöhung des ISO-Wertes nicht die Empfindlichkeit des Sensors,
sondern lediglich die Verstärkerleistung erhöht wird. Eine weitere Ursache für
das Rauschen kann ein kleiner dichtgepackter Chip sein, bei dem sich die
Signalverarbeitung der Sensorelemente wechselseitig beeinflusst.

c) Der Begriff Blooming beschreibt das Überstrahlen heller Bildbereiche. Ursache
sind Potentialübergänge benachbarter Sensorelemente.

d) Artefakte sind Strukturen und Blockbildung im Bild, die durch die verlustbehaftete Komprimierung im JPEG-Format entstehen. Je höher die Komprimierung
in den Aufnahmeeinstellungen oder der Bildbearbeitungssoftware eingestellt
ist, desto stärker sind die Artefakte im Bild sichtbar.

2.2.2.7 In der Medienproduktion werden Dateien mit verschiedenen Datenformaten verarbeitet. Worin unterscheiden sich
a) proprietäre Dateiformate,
b) Austauschdateiformate?
c) Nennen Sie jeweils ein Beispiel für Text, Bild und Grafik.

Dateiformate

a) Proprietäre Dateiformate sind programmspezifische Dateiformate. Dateien in diesen Dateiformaten lassen sich häufig nicht mit anderen Programmen verarbeiten.

b) Programmunabhängige Austauschformate beziehen sich auf einen Datentyp, z. B. Bilder, und nicht auf ein bestimmtes Programm. Sie sind deshalb zum Dateiaustausch zwischen Programmen geeignet.

c) Beispiele sind: Text: *.docx (proprietär), *.txt (Austausch)
Bild: *.psd (proprietär), *.tif (Austausch)
Grafik: *.ai (proprietär), *.eps (Austausch)

2.2.2.8 Ein Kunde erhält eine Werbesendung mehrfach, ein anderer Kunde mit derselben Adresse erhält keine Werbesendung. Erläutern Sie das Problem schlüssig und in Fachsprache.

Datenbank, Datenkonsistenz

Offensichtlich liegt ein Problem mit der Datenkonsistenz vor. Das bedeutet, dass jeder Datensatz einer Datenbank eindeutig identifizierbar sein soll. Damit ist es möglich zwei verschiedene Kunden mit derselben Adresse in einer Datenbank zu verwalten.

2.2.2.9 Pixelgrafiken auf Webseiten sind in einem der drei Dateiformate: GIF, JPEG oder PNG gespeichert.
a) Nennen Sie für jedes Format zwei Vorteile.
b) Welche Dateiformate eignen sich besonders, um Folgendes für die Verwendung auf einer Webseite abzuspeichern:
• eine Strichzeichnung (S/W),
• einen Text als Grafik,
• ein zweifarbiges Logo,
• einen Farbverlauf,
• ein freigestelltes Objekt.

Pixelgrafik

a) Vorteile der Dateiformate:

GIF: Verlustfreie Kompression, Animation, Transparenz einzelner Farben

JPEG: Wählbare Kompressionsrate, 16,7 Mio. Farben, ICC-Profile

PNG: Transparenz mittels Alphakanal, verlustfreie Kompression

b) Anwendungsbeispiele und passende Dateiformate:

Strichzeichnung: GIF oder PNG-8

Text als Grafik: JPEG oder PNG-24

Zweifarbiges Logo: GIF oder PNG-8

Farbverlauf: JPEG oder PNG-24

c) Freigestelltes Objekt: PNG-24

2.2.2.10 Für einen kommerziellen Reise-Weblog sollen verschiedene Bilder von Bauwerken und Kunstwerken verwendet werden.
a) Beurteilen Sie die Rechtslage der in der unten stehenden Tabelle aufgeführten Bildsituationen.
b) Sie möchten ein Bild vom Brandenburger Tor in Berlin verwenden. Erklären Sie in diesem Zusammenhang den Begriff der Panoramafreiheit.

Medienrecht

a)

Bildsituation	Zulässig ja/nein	Begründung
Kölner Dom von außen	ja	Hier gilt die Panoramafreiheit.
Innenansicht des Kölner Doms	nein	Innenansichten von Kirchen benötigen prinzipiell einer Genehmigung des Eigentümers.
Brunnenfigur eines bekannten Künstlers auf dem Markplatz der Stadt	ja	Hier gilt die Panoramafreiheit. Der Künstler kann für eine dauerhaft angebrachte Skulptur an einem öffentlichen Platz kein Abbildungs- und Veröffentlichungsverbot erwirken.
Bilder vom Karnevalsumzug in Köln	ja	Wer an öffentlichen Veranstaltungen teilnimmt, muss damit rechnen, abgebildet zu werden und muss dies in gewissen Grenzen akzeptieren.

b) Die Wiedergabe von Werken, die sich bleibend an öffentlichen Wegen, Straßen oder Plätzen befinden, ist zulässig. Die zufälligen Passanten sind dabei als Beiwerk in Kauf zu nehmen, da die Aufnahme des Bauwerks im Mittelpunkt steht.

2.2.2.11 In einer Druckerei soll ein Katalog produziert werden. Für diese Druckproduktion liegt die nachfolgende Vorgangsliste vor.

Nr.	Produktionsvorgang	Vorgänger	Nachfolger	Dauer in Tagen
1	Kundendatenanlieferung und -prüfung		2	2
2	Reinzeichnung	1	4	1
3	Digitalproof und Kundenfreigabe	1	4	2
4	Druckplattenherstellung	3	5	2
5	Druck	4	6	3
6	Druckweiterverarbeitung	5	7	1
7	Versand	6		3

a) Die Produktionsplanung soll mit Hilfe eines Balkendiagramms dargestellt werden. Nutzen Sie für die Darstellung die unten stehende Tabelle.
b) Erklären Sie, was in einer Produktion oder einem Projekt unter einem „Meilenstein" verstanden wird.

Produktionsplanung

a)

Nr.	Produktionsvor- gang	Zeit in Tagen														
		1	2	3	4	5	6	7	8	9	10	11	12	13	14	14	16
1	Kundendatenanliefe- rung und -prüfung	■	■														
2	Reinzeichnung			■													
3	Digitalproof und Kundenfreigabe			■	■												
4	Druckplattenherstel- lung					■	■										
5	Druck							■	■	■							
6	Druckweiterverar- beitung										■						
7	Versand											■	■	■			

b) Meilensteine sind definierte, schon in der Produktions- oder Projektplanung festgelegte Kontrollpunkte im Produktions- oder Projektablauf. Sie sind oft mit Schlüsselvorgängen bzw. Schlüsselereignissen verbunden und dienen der Fortschrittskontrolle.

2.2.2.12 Eine Druckerei möchte für die internetbasierte Bestellung von personalisierten Druckprodukten eine Web-to-Print-Anwendung auf ihrer Webseite integrieren.
a) Erläutern Sie, was unter „personalisierten Druckprodukten" verstanden wird.
b) Nennen Sie drei Beispiele für personalisierte Druckprodukte, die sich für die Web-to-Print-Lösung einer Druckerei eignen.
c) Im Zusammenhang mit Web-to-Print-Anwendungen kann zwischen zwei Online-Shop-Systemen unterschieden werden.
d) Erläutern Sie den Unterschied zwischen einem Open-Shop-System und einem Closed-Shop-System.

Web-to-Print

a) Personalisierung ist die individuelle Gestaltung der Inhalte für einen einzelnen Adressaten. In jedem Exemplar einer Printproduktion werden z. B. Texte, Bilder oder Grafiken von Exemplar zu Exemplar ausgetauscht und individuell auf den einzelnen Adressaten angepasst.

b) Visitenkarten, Einladungen mit Namen des Eingeladenen, Direktmailings

c) Ein Open-Shop-System steht jedem Nutzer zur Verfügung und kann ohne Identifizierung genutzt werden.

d) Ein Closed-Shop-System steht nur einem genau festgelegten Nutzerkreis zur Verfügung. Das System ist über eine Zugangskontrolle beispielsweise mit Benutzernamen und Kennwort geschützt.

2.2.2 Prüfungsbereich 3: Medienproduktion
Fachrichtung Konzeption und Visualisierung

Stichworte:
Kalkulation, Farbauszüge, Druckausgabedatei, Drahtlosnetzwerke, HTML, Bildfehler, Dateiformate, Datenbank, Datenkonsistenz, Pixelgrafik, Medienrecht, Infografik, PSO, Druckveredelung

2.2.2.1 Die Angebotskalkulation für einen Druckauftrag ergibt folgende Werte:
- Variante 1: Digitaldruck
  Fixe Kosten: 35 €; variable Kosten je 1 000 Exemplare: 175 €
- Variante 2: Bogenoffset
  Fixe Kosten: 98 €; variable Kosten je 1 000 Exemplare: 78 €
  a) Berechnen Sie die Kosten für eine Auflage von 500 Exemplaren für beide Varianten.
  b) Welches Verfahren ist für eine Auflage von 2 000 Exemplaren das Günstigere?
  (Rechenweg erforderlich)

Kalkulation

a) Digitaldruck: 35 € + (175 € : 2) = 122,50 €

Bogenoffset: 98 € + (78 € : 2) = 137 €

b) Digitaldruck: 35 € + (175 € · 2) = 385 €

Bogenoffset: 98 € + (78 € · 2) = 254 €

Bei einer Auflage von 2 000 Exemplaren ist der Bogenoffset günstiger.

2.2.2.2 Die Anteile der 4 Grundfarben des Mehrfarbendrucks werden als Farbauszüge in einer Datei gespeichert.
  a) Markieren Sie im unten stehenden Schema die Flächen mit einem X, die mit dem jeweiligen Farbauszug gedruckt werden.
  b) Welche Probleme entstehen, wenn beim Schwarzauszug die drei Grundfarben (CMY) zu 100 % mit aufgenommen werden?

Farbauszüge

a)
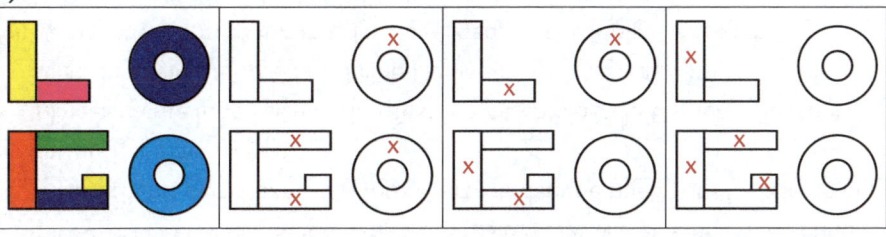

| Farbdruck | Cyan-Auszug | Magenta-Auszug | Yellow-Auszug |

b) Beim Aufeinanderdruck aller drei Grundfarben plus Schwarz würde sich bei Vollflächen eine Flächendeckung von 400 % ergeben. Diese Farbschichtdicke würde zu Trocknungsproblemen im Druck führen.

2.2.2.3 Überdrucken und Überfüllen sind 2 Prozessparameter, die beim Erstellen einer Druckausgabedatei eingestellt werden müssen.
  a) Begründen Sie die Notwendigkeit des Überfüllens.
  b) Erklären Sie die Bedeutung des Begriffs Neutraldichte im Zusammenhang mit Überfüllen.
  c) Erklären Sie den Begriff Überdrucken.

Druckausgabedatei

a) Überfüllen ist notwendig, um bei Passerdifferenzen im Mehrfarbendruck die Blitzer zu verhindern.

b) Die Überfüllungsoption „Neutrale Dichte" analysiert die Farbdichte der einzelnen Druckfarben und überfüllt dann nach dem Grundsatz „hell unter dunkel". Das heißt, die Farbfläche mit der höheren Dichte wird von der angrenzenden Farbfläche mit der geringeren Dichte überfüllt.

c) Überdrucken bedeutet, dass bei zwei übereinanderliegenden Objekten das untere bei der Belichtung nicht im überlappenden Bereich entfernt wird, sondern auf der entsprechenden Druckform druckt.

2.2.2.4 Drahtlosnetzwerke ermöglichen einen kabellosen Zugang zu Netzwerken.
  a) Erläutern Sie jeweils, was man im Zusammenhang mit Drahtlosnetzwerken unter den Topologien „Ad-hoc" und „Infrastructure" versteht.
  b) Um einem gesicherten Netzwerk leichter beizutreten zu können, wird das Wi-Fi Protected Setup (WPS) per Knopfdruckverfahren verwendet. Erläutern Sie den Vorgang.
  c) Der Sicherheitsstandard WEP gilt als veraltet. Nennen Sie einen aktuellen Sicherheitsstandard zur Verschlüsselung von Drahtlosnetzwerken.

Drahtlosnetzwerke

a) Ein Ad-hoc-Netzwerk erlaubt es jedem Gerät mit jedem anderen Gerät direkt zu kommunizieren. Es gibt keinen zentralen Access Point, der die Kommunikation der Geräte kontrolliert. In der Infrastruktur-Variante erfolgt die Kommunikation über Zugangspunkte (Access Points, APs), an denen sich alle Stationen anmelden. APs fungieren als Brücke zwischen Festnetz und Funknetz.

b) Der Access Point und die in das Netzwerk einzubindenden Geräte besitzen einen physischen oder per Software implementierten Knopf zur Verbindungsherstellung. Wird dieser gedrückt, beginnt eine zweiminütige Phase, in der solche Geräte dem Netzwerk beitreten können.

c) WPA/WPA2 (WPA2-Personal/WPA2-Enterprise)

2.2.2.5 Erläutern Sie den Unterschied zwischen einem Inlineelement und einem Blockelement.

HTML

- Blockelemente erzwingen einen Zeilenumbruch, da sie sich über die ganze zur Verfügung stehenden Fläche erstrecken. Darauf folgende Elemente beginnen mit einer neuen Zeile. Blockelemente verhalten sich wie eine Box und können entsprechend dem Boxmodell formatiert werden. Beispiele für Blockelemente: div, ul, li, p, nav, section.
- Inlineelemente fügen sich in den Text ein. Nachfolgende Elemente liegen in derselben Zeile. Beispiele für Inline-Elemente: a, img, span.

Ein Verhaltenswechsel kann mit der CSS-Eigenschaft „display" erfolgen („display: block" oder „display: inline").

2.2.2.6 Digitale Fotografien können verschiedene technische Bildfehler haben. Erläutern Sie das Erscheinungsbild und die technischen Ursachen der folgenden Bildfehler.
  a) Pixelfehler
  b) Rauschen
  c) Blooming
  d) Artefakte

Bildfehler

a) Pixelfehler sind nicht zum Motiv gehörende dunkle, helle oder farbige Punkte im Bild. Sie werden durch fehlerhafte Sensorelemente verursacht.

b) Rauschen zeigt sich als krisseliges Bild mit hellen farbigen Punkten. Je höher der an Ihrer Kamera eingestellte ISO-Wert ist, desto stärker zeigt sich das Bildrauschen. Ursache ist dabei das Verstärkerrauschen, ein elektronischer Effekt, weil durch die Erhöhung des ISO-Wertes nicht die Empfindlichkeit des Sensors, sondern lediglich die Verstärkerleistung erhöht wird. Eine weitere Ursache für das Rauschen kann ein kleiner dichtgepackter Chip sein, bei dem sich die Signalverarbeitung der Sensorelemente wechselseitig beeinflusst.

c) Der Begriff Blooming beschreibt das Überstrahlen heller Bildbereiche. Ursache sind Potentialübergänge benachbarter Sensorelemente.

d) Artefakte sind Strukturen und Blockbildung im Bild, die durch die verlustbehaftete Komprimierung im JPEG-Format entstehen. Je höher die Komprimierung in den Aufnahmeeinstellungen oder der Bildbearbeitungssoftware eingestellt ist, desto stärker sind die Artefakte im Bild sichtbar.

2.2.2.7 In der Medienproduktion werden Dateien mit verschiedenen Datenformaten verarbeitet. Worin unterscheiden sich
  a) proprietäre Dateiformate,
  b) Austauschdateiformate?
  c) Nennen Sie jeweils ein Beispiel für Text, Bild und Grafik.

Dateiformate

a) Proprietäre Dateiformate sind programmspezifische Dateiformate. Dateien in diesen Dateiformaten lassen sich häufig nicht mit anderen Programmen verarbeiten.

b) Programmunabhängige Austauschformate beziehen sich auf einen Datentyp, z. B. Bilder, und nicht auf ein bestimmtes Programm. Sie sind deshalb zum Dateiaustausch zwischen Programmen geeignet.

c) Text: *.docx (proprietär), *.txt (Austausch)

  Bild: *.psd (proprietär), *.tif (Austausch)

  Grafik: *.ai (proprietär), *.eps (Austausch)

2.2.2.8 Ein Kunde erhält eine Werbesendung mehrfach, ein anderer Kunde mit derselben Adresse erhält keine Werbesendung. Erläutern Sie das Problem schlüssig und in Fachsprache.

Datenbank, Datenkonsistenz

Offensichtlich liegt ein Problem mit der Datenkonsistenz vor. Das bedeutet, dass jeder Datensatz einer Datenbank eindeutig identifizierbar sein soll. Damit ist es möglich zwei verschiedene Kunden mit derselben Adresse in einer Datenbank zu verwalten.

2.2.2.9 Pixelgrafiken auf Webseiten sind in einem der drei Dateiformate: GIF, JPEG oder PNG gespeichert.
  a) Nennen Sie für jedes Format zwei Vorteile.
  b) Welche Dateiformate eignen sich besonders, um Folgendes für die Verwendung auf einer Webseite abzuspeichern:
    • eine Strichzeichnung (S/W),
    • einen Text als Grafik,
    • ein zweifarbiges Logo,
    • einen Farbverlauf,
    • ein freigestelltes Objekt.

Pixelgrafik

a) Vorteile der Dateiformate:

  GIF: Verlustfreie Kompression, Animation, Transparenz einzelner Farben

  JPEG: Wählbare Kompressionsrate, 16,7 Mio. Farben, ICC-Profile

  PNG: Transparenz mittels Alphakanal, verlustfreie Kompression

b) Anwendungsbeispiele und passende Dateiformate:

Strichzeichnung: GIF oder PNG-8

Text als Grafik: JPEG oder PNG-24

Zweifarbiges Logo: GIF oder PNG-8

Farbverlauf: JPEG oder PNG-24

c) Freigestelltes Objekt: PNG-24

2.2.2.10 Für einen kommerziellen Reise-Weblog sollen verschiedene Bilder von Bauwerken und Kunstwerken verwendet werden.
a) Beurteilen Sie die Rechtslage der in der unten stehenden Tabelle aufgeführten Bildsituationen.
b) Sie möchten ein Bild vom Brandenburger Tor in Berlin verwenden. Erklären Sie in diesem Zusammenhang den Begriff der Panoramafreiheit.

Medienrecht

a)

Bildsituation	Zulässig ja / nein	Begründung
Kölner Dom von außen	ja	Hier gilt die Panoramafreiheit.
Innenansicht des Kölner Doms	nein	Innenansichten von Kirchen benötigen prinzipiell einer Genehmigung des Eigentümers.
Brunnenfigur eines bekannten Künstlers auf dem Markplatz der Stadt	ja	Hier gilt die Panoramafreiheit. Der Künstler kann für eine dauerhaft angebrachte Skulptur an einem öffentlichen Platz kein Abbildungs- und Veröffentlichungsverbot erwirken.
Bilder vom Karnevalsumzug in Köln	ja	Wer an öffentlichen Veranstaltungen teilnimmt, muss damit rechnen, abgebildet zu werden und muss dies in gewissen Grenzen akzeptieren.

b) Die Wiedergabe von Werken, die sich bleibend an öffentlichen Wegen, Straßen oder Plätzen befinden, ist zulässig. Die zufälligen Passanten sind dabei als Beiwerk in Kauf zu nehmen, da die Aufnahme des Bauwerks im Mittelpunkt steht.

2.2.2.11 Für ein Schulmagazin, das sowohl gedruckt als auch digital per Internet verbreitet wird, sollen Infografiken erstellt werden.
a) Nennen Sie 2 technische Anforderungen, die an Infografiken gestellt werden.
b) Nennen Sie 3 Dateiformate, die sich für das Speichern und zur Weitergabe von Infografiken eignen.
c) Der Druck des Schulmagazins erfolgt durch eine Druckerei, die eine PSO-Zertifizierung besitzt. Erläutern Sie die Abkürzung PSO und drei wichtige Ziele, das das Drucken nach PSO hat.

Infografik, PSO

a) Technische Anforderungen
- Skalierbarkeit, deshalb Eignung für verschiedene Print- und Digitalmedien, dies wird in der Regel mittels Vektordarstellung erreicht.
- Verfahrenstechnisch darstellbar, Eignung für das entsprechende Druckverfahren

b) Dateiformate
- EPS, Encapsulated PostScript
- PDF, Portable Document Format
- SVG, Scalable Vector Graphics

c) PSO ist die Abkürzung für Prozess Standard Offset. Wichtige Ziele des PSO sind:
- Gewährleistung reproduzierbare Druckergebnisse.
- Beschreibung und Definition der Produktionsqualität von der Datenerfassung bis zum fertigen Druckprodukt.
- Durch das Einhalten von Sollwerten und Toleranzen wird ein Qualitätsstandard definiert und dokumentiert.

2.2.2.12 Ein Verlag plant für die Jubiläumsausgabe einer Zeitschrift für Eisenbahnfreunde einen Zeitschriftenumschlag, der sich von den üblichen Ausgaben abhebt.

a) Beraten Sie den Verlag, was unter den nachfolgenden Druckveredelungsverfahren zu verstehen ist:
   - Heißfolienprägung
   - Spotlackierung
   - Prägung

b) Der Verlag möchte seinen Kunden den Geruch einer Dampflokomotive vermitteln. Hierzu soll ein Duftlack eingesetzt werden. Erläutern Sie die Funktionsweise eines Duftlackes bei der Herstellung von Printpodukten.

Druckveredelung

a) Druckveredelungsverfahren

- Heißfolienprägung: Mittels eines geheizten Messingstempels werden meist auf einer separaten Prägemaschine hochglänzende Folien mit Gold- oder Silbertönen auf den Bedruckstoff übertragen. Dadurch entsteht eine glatte glänzende Oberfläche, die mittels der üblichen Druckverfahren für Gold- oder Silberfarben nicht erreicht werden kann.

- Spotlackierung: Partieller oder teilflächiger Druck eines glänzenden oder matten Lacks, der meist noch UV-gedruckt wird. Dabei können verschieden optische und haptische Eindrücke erzielt werden.

- Prägung: Verformung von Papier mittels einer Matrize und Patrize (Prägestempel). Die Verformung kann erhaben oder vertieft sein. Dadurch ergeben sich optische und haptische Eindrücke.

b) Duftlacke beinhalten Duftstoffe, die mikroverkapselt sind. Die Mikrokapseln werden einem Lack beigemischt, er kann mit den üblichen konventionellen Druckverfahren aufgebracht werden. Durch Reibung an der gedruckten Oberfläche zerplatzen die Mikrokapseln und geben den Duft frei.

2.2.2 Prüfungsbereich 3: Medienproduktion
Fachrichtung Gestaltung und Technik – Print

Stichworte:
Kalkulation, Farbauszüge, Druckausgabedatei, Drahtlosnetzwerke, HTML, Bildfehler, Dateiformate, Datenbank, Datenkonsistenz, Pixelgrafik, Infografik, Spektralfotometrische Messung, Bildberechnung

2.2.2.1 Die Angebotskalkulation für einen Druckauftrag ergibt folgende Werte:
- Variante 1: Digitaldruck
  Fixe Kosten: 35 €; variable Kosten je 1 000 Exemplare: 175 €
- Variante 2: Bogenoffset
  Fixe Kosten: 98 €; variable Kosten je 1 000 Exemplare: 78 €

a) Berechnen Sie die Kosten für eine Auflage von 500 Exemplaren für beide Varianten.

b) Welches Verfahren ist für eine Auflage von 2 000 Exemplaren das Günstigere? (Rechenweg erforderlich)

Kalkulation

a) Digitaldruck: 35 € + (175 € : 2) = 122,50 €

Bogenoffset: 98 € + (78 € : 2) = 137 €

b) Digitaldruck: 35 € + (175 € · 2) = 385 €

Bogenoffset: 98 € + (78 € · 2) = 254 €

Bei einer Auflage von 2 000 Exemplaren ist der Bogenoffset günstiger.

2.2.2.2 Die Anteile der 4 Grundfarben des Mehrfarbendrucks werden als Farbauszüge in einer Datei gespeichert.

a) Markieren Sie im unten stehenden Schema die Flächen mit einem X, die mit dem jeweiligen Farbauszug gedruckt werden.

b) Welche Probleme entstehen, wenn beim Schwarzauszug die drei Grundfarben (CMY) zu 100 % mit aufgenommen werden?

Farbauszüge

a)

Farbdruck   Cyan-Auszug   Magenta-Auszug   Yellow-Auszug

b) Beim Aufeinanderdruck aller drei Grundfarben plus Schwarz würde sich bei Vollflächen eine Flächendeckung von 400 % ergeben. Diese Farbschichtdicke würde zu Trocknungsproblemen im Druck führen.

2.2.2.3 Überdrucken und Überfüllen sind zwei Prozessparameter, die beim Erstellen einer Druckausgabedatei eingestellt werden müssen.
a) Begründen Sie die Notwendigkeit des Überfüllens.
b) Erklären Sie die Bedeutung des Begriffs Neutraldichte im Zusammenhang mit Überfüllen.
c) Erklären Sie den Begriff Überdrucken.

Druckausgabedatei

a) Überfüllen ist notwendig, um bei Passerdifferenzen im Mehrfarbendruck die
Blitzer zu verhindern.

b) Die Überfüllungsoption „Neutrale Dichte" analysiert die Farbdichte der einzel-
nen Druckfarben und überfüllt dann nach dem Grundsatz „hell unter dunkel".
Das heißt, die Farbfläche mit der höheren Dichte wird von der angrenzenden
Farbfläche mit der geringeren Dichte überfüllt.

c) Überdrucken bedeutet, dass bei zwei übereinanderliegenden Objekten das
untere bei der Belichtung nicht im überlappenden Bereich entfernt wird, sondern auf der entsprechenden Druckform druckt.

2.2.2.4 Drahtlosnetzwerke ermöglichen einen kabellosen Zugang zu Netzwerken.
a) Erläutern Sie jeweils, was man im Zusammenhang mit Drahtlosnetzwerken unter den
Topologien „Ad-hoc" und „Infrastructure" versteht.
b) Um einem gesicherten Netzwerk leichter beizutreten zu können, wird das Wi-Fi Protected Setup (WPS) per Knopfdruckverfahren verwendet. Erläutern Sie den Vorgang.
c) Der Sicherheitsstandard WEP gilt als veraltet. Nennen Sie einen aktuellen Sicherheitsstandard zur Verschlüsselung von Drahtlosnetzwerken.

Drahtlosnetzwerke

a) Ein Ad-hoc-Netzwerk erlaubt es jedem Gerät mit jedem anderen Gerät direkt
zu kommunizieren. Es gibt keinen zentralen Access Point, der die Kommunikation der Geräte kontrolliert. In der Infrastruktur-Variante erfolgt die Kommunikation über Zugangspunkte (Access Points, APs), an denen sich alle Stationen
anmelden. APs fungieren als Brücke zwischen Festnetz und Funknetz.

b) Der Access Point und die in das Netzwerk einzubindenden Geräte besitzen
einen physischen oder per Software implementierten Knopf zur Verbindungsherstellung. Wird dieser gedrückt, beginnt eine zweiminütige Phase, in der
solche Geräte dem Netzwerk beitreten können.

c) WPA / WPA2 (WPA2-Personal / WPA2-Enterprise)

2.2.2.5 Erläutern Sie den Unterschied zwischen einem Inlineelement und einem Blockelement.

HTML

- Blockelemente erzwingen einen Zeilenumbruch, da sie sich über die ganze zur
Verfügung stehenden Fläche erstrecken. Darauf folgende Elemente beginnen
mit einer neuen Zeile. Blockelemente verhalten sich wie eine Box und können
entsprechend dem Boxmodell formatiert werden. Beispiele für Blockelemente:
div, ul, li, p, nav, section.

- Inlineelemente fügen sich in den Text ein. Nachfolgende Elemente liegen in
derselben Zeile. Beispiele für Inline-Elemente: a, img, span.
Ein Verhaltenswechsel kann mit der CSS-Eigenschaft „display" erfolgen
(„display: block" oder „display: inline").

2.2.2.6 Digitale Fotografien können verschiedene technische Bildfehler haben. Erläutern Sie das
Erscheinungsbild und die technischen Ursachen der folgenden Bildfehler.
a) Pixelfehler
b) Rauschen
c) Blooming
d) Artefakte

Bildfehler

a) Pixelfehler sind nicht zum Motiv gehörende dunkle, helle oder farbige Punkte
im Bild. Sie werden durch fehlerhafte Sensorelemente verursacht.

b) Rauschen zeigt sich als krisseliges Bild mit hellen farbigen Punkten. Je höher
der an Ihrer Kamera eingestellte ISO-Wert ist, desto stärker zeigt sich das Bildrauschen. Ursache ist dabei das Verstärkerrauschen, ein elektronischer Effekt,
weil durch die Erhöhung des ISO-Wertes nicht die Empfindlichkeit des Sensors,
sondern lediglich die Verstärkerleistung erhöht wird. Eine weitere Ursache für
das Rauschen kann ein kleiner dichtgepackter Chip sein, bei dem sich die
Signalverarbeitung der Sensorelemente wechselseitig beeinflusst.

c) Der Begriff Blooming beschreibt das Überstrahlen heller Bildbereiche. Ursache
sind Potentialübergänge benachbarter Sensorelemente.

d) Artefakte sind Strukturen und Blockbildung im Bild, die durch die verlustbehaftete Komprimierung im JPEG-Format entstehen. Je höher die Komprimierung
in den Aufnahmeeinstellungen oder der Bildbearbeitungssoftware eingestellt
ist, desto stärker sind die Artefakte im Bild sichtbar.

2.2.2.7 In der Medienproduktion werden Dateien mit verschiedenen Datenformaten verarbeitet.
Worin unterscheiden sich
a) proprietäre Dateiformate,
b) Austauschdateiformate?
c) Nennen Sie jeweils ein Beispiel für Text, Bild und Grafik.

Dateiformate

a) Proprietäre Dateiformate sind programmspezifische Dateiformate. Dateien in diesen Dateiformaten lassen sich häufig nicht mit anderen Programmen verarbeiten.

b) Programmunabhängige Austauschformate beziehen sich auf einen Datentyp, z. B. Bilder, und nicht auf ein bestimmtes Programm. Sie sind deshalb zum Dateiaustausch zwischen Programmen geeignet.

c) Beispiele sind: Text: *.docx (proprietär), *.txt (Austausch)

Bild: *.psd (proprietär), *.tif (Austausch)

Grafik: *.ai (proprietär), *.eps (Austausch)

2.2.2.8 Ein Kunde erhält eine Werbesendung mehrfach, ein anderer Kunde mit derselben Adresse erhält keine Werbesendung. Erläutern Sie das Problem schlüssig und in Fachsprache.

Datenbank, Datenkonsistenz

Offensichtlich liegt ein Problem mit der Datenkonsistenz vor. Das bedeutet, dass jeder Datensatz einer Datenbank eindeutig identifizierbar sein soll. Damit ist es möglich zwei verschiedene Kunden mit derselben Adresse in einer Datenbank zu verwalten.

2.2.2.9 Pixelgrafiken auf Webseiten sind in einem der drei Dateiformate: GIF, JPEG oder PNG gespeichert.
a) Nennen Sie für jedes Format zwei Vorteile.
b) Welche Dateiformate eignen sich besonders, um Folgendes für die Verwendung auf einer Webseite abzuspeichern:
• eine Strichzeichnung (S/W),
• einen Text als Grafik,
• ein zweifarbiges Logo,
• einen Farbverlauf,
• ein freigestelltes Objekt.

Pixelgrafik

a) Vorteile der Dateiformate:

GIF: Verlustfreie Kompression, Animation, Transparenz einzelner Farben

JPEG: Wählbare Kompressionsrate, 16,7 Mio. Farben, ICC-Profile

PNG: Transparenz mittels Alphakanal, verlustfreie Kompression

b) Anwendungsbeispiele und passende Dateiformate:

Strichzeichnung: GIF oder PNG-8

Text als Grafik: JPEG oder PNG-24

Zweifarbiges Logo: GIF oder PNG-8

Farbverlauf: JPEG oder PNG-24

Freigestelltes Objekt: PNG-24

2.2.2.10 Eine Umfrage zu Marktanteilen mobiler Betriebssysteme zeigt folgende Ergebnisse:
• Android   52,5%
• iOS   22,5%
• Windows 16,0%
• Blackberry 9,0%
a) Berechnen Sie die Marktanteile für die Darstellung in einem Kreisdiagramm.
b) Fertigen Sie eine skizzierte Darstellung des Kreisdiagramms an.

Infografik

a) $52,5\% \cdot 360° = 189°$ $16,0\% \cdot 360° = 57,6°$

$22,5\% \cdot 360° = \ 81°$ $9,0\% \cdot 360° = 32,4°$

b)

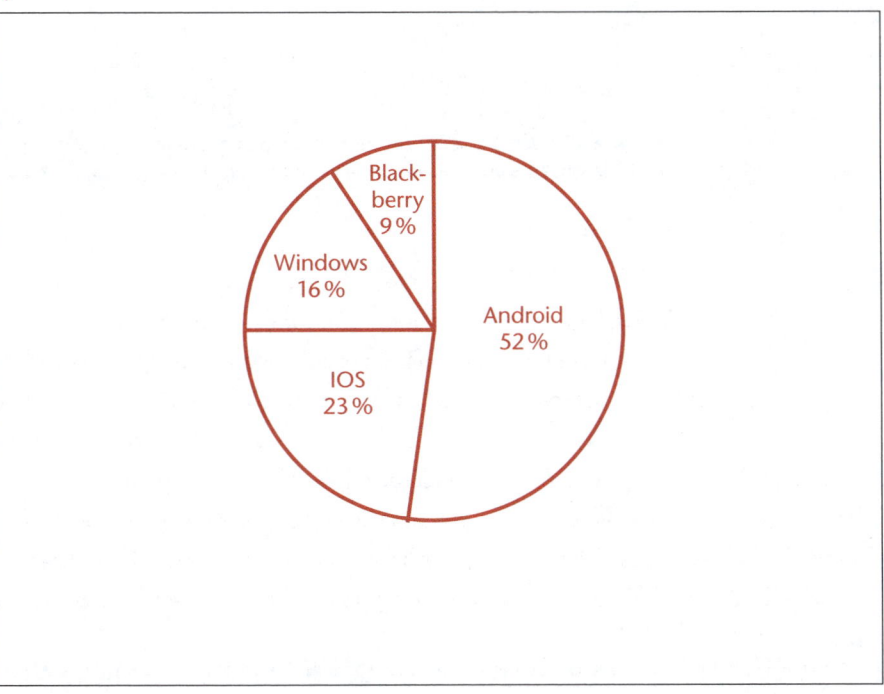

2.2.2.11 Zur Qualitätskontrolle werden im Druck Spektralfotometer eingesetzt. Um eine Vergleichbarkeit der Messwerte zu gewährleisten, gelten bestimmte Messbedingungen. Nennen und erläutern Sie 5 Einstellungsgrößen und deren Einstellungswerte.

Spektralfotometrische Messung

- Lichtquelle D50 (Tageslicht 5000K)
- Messwinkel 2°. Die zweite Option von 10° wird in der Medienproduktion nicht eingesetzt.
- Messgeometrie 45 / 0, Lichteinstrahlung unter 45° und Messung unter 0°
- Kein Polarisationsfilter
- Weißer Untergrund. Weil der Bedruckstoff nicht vollständig deckend ist, würde ein farbiger oder schwarzer Untergrund zu anderen Messwerten führen.

2.2.2.12 Eine Digitalfotografie hat ein Pixelmaß von 3 216 px x 2 136 px.
  a) Können Sie daraus ein Poster im Format DIN A2 mit einer Rasterweite von 60 l/cm erstellen? Begründen Sie Ihre Antwort rechnerisch.
  b) Wie groß ist das maximale Ausgabebildformat für diese Bilddatei?

Bildberechnung

a) DIN A2: 42,0 cm · 59,4 cm

   60 L/cm · 2 px/L = 120 ppcm

   2 136 px : 120 ppcm = 17,8 cm

   3 216 px : 120 ppcm = 26,8 cm

   Die Anzahl der Pixel reicht nicht aus.

b) Das maximale Bildformat ist 17,8 cm x 26,8 cm.

2.2.2 Prüfungsbereich 3: Medienproduktion
Fachrichtung Gestaltung und Technik – Digital

Stichworte:
Kalkulation, Farbauszüge, Druckausgabedatei, Drahtlosnetzwerke, HTML, Bildfehler, Dateiformate, Datenbank, Datenkonsistenz, Pixelgrafik, Infografik, Webserver Dateirechte, Farbunterabtastung

2.2.2.1 Die Angebotskalkulation für einen Druckauftrag ergibt folgende Werte:
  - Variante 1: Digitaldruck
    Fixe Kosten: 35 €; variable Kosten je 1 000 Exemplare: 175 €
  - Variante 2: Bogenoffset
    Fixe Kosten: 98 €; variable Kosten je 1 000 Exemplare: 78 €
  a) Berechnen Sie die Kosten für eine Auflage von 500 Exemplaren für beide Varianten.
  b) Welches Verfahren ist für eine Auflage von 2 000 Exemplaren das Günstigere? (Rechenweg erforderlich)

Kalkulation

a) Digitaldruck: 35 € + (175 € : 2) = 122,50 €

   Bogenoffset: 98 € + (78 € : 2) = 137 €

b) Digitaldruck: 35 € + (175 € · 2) = 385 €

   Bogenoffset: 98 € + (78 € · 2) = 254 €

   Bei einer Auflage von 2 000 Exemplaren ist der Bogenoffset günstiger.

2.2.2.2 Die Anteile der 4 Grundfarben des Mehrfarbendrucks werden als Farbauszüge in einer Datei gespeichert.
  a) Markieren Sie im unten stehenden Schema die Flächen mit einem X, die mit dem jeweiligen Farbauszug gedruckt werden.
  b) Welche Probleme entstehen, wenn beim Schwarzauszug die drei Grundfarben (CMY) zu 100 % mit aufgenommen werden?

Farbauszüge

a)

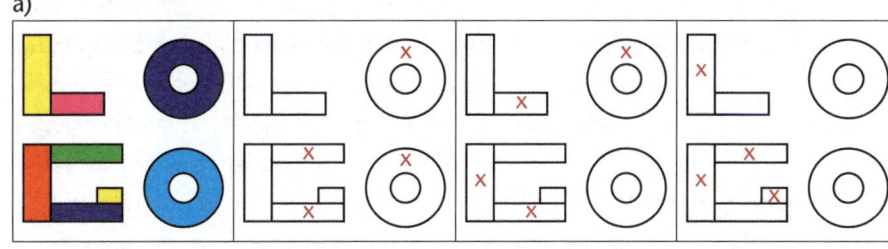

Farbdruck   Cyan-Auszug   Magenta-Auszug   Yellow-Auszug

b) Beim Aufeinanderdruck aller drei Grundfarben plus Schwarz würde sich bei Vollflächen eine Flächendeckung von 400 % ergeben. Diese Farbschichtdicke würde zu Trocknungsproblemen im Druck führen.

2.2.2.3 Überdrucken und Überfüllen sind 2 Prozessparameter, die beim Erstellen einer Druckausgabedatei eingestellt werden müssen.
a) Begründen Sie die Notwendigkeit des Überfüllens.
b) Erklären Sie die Bedeutung des Begriffs Neutraldichte im Zusammenhang mit Überfüllen.
c) Erklären Sie den Begriff Überdrucken.

Druckausgabedatei

a) Überfüllen ist notwendig, um bei Passerdifferenzen im Mehrfarbendruck die Blitzer zu verhindern.

b) Die Überfüllungsoption „Neutrale Dichte" analysiert die Farbdichte der einzelnen Druckfarben und überfüllt dann nach dem Grundsatz „hell unter dunkel". Das heißt, die Farbfläche mit der höheren Dichte wird von der angrenzenden Farbfläche mit der geringeren Dichte überfüllt.

c) Überdrucken bedeutet, dass bei zwei übereinanderliegenden Objekten das untere bei der Belichtung nicht im überlappenden Bereich entfernt wird, sondern auf der entsprechenden Druckform druckt.

2.2.2.4 Drahtlosnetzwerke ermöglichen einen kabellosen Zugang zu Netzwerken.
a) Erläutern Sie jeweils, was man im Zusammenhang mit Drahtlosnetzwerken unter den Topologien „Ad-hoc" und „Infrastructure" versteht.
b) Um ein gesichertes Netzwerk leichter beizutreten zu können, wird das Wi-Fi Protected Setup (WPS) per Knopfdruckverfahren verwendet. Erläutern Sie den Vorgang.
c) Der Sicherheitsstandard WEP gilt als veraltet. Nennen Sie einen aktuellen Sicherheitsstandard zur Verschlüsselung von Drahtlosnetzwerken.

Drahtlosnetzwerke

a) Ein Ad-hoc-Netzwerk erlaubt es jedem Gerät mit jedem anderen Gerät direkt zu kommunizieren. Es gibt keinen zentralen Access Point, der die Kommunikation der Geräte kontrolliert. In der Infrastruktur-Variante erfolgt die Kommunikation über Zugangspunkte (Access Points, APs), an denen sich alle Stationen anmelden. APs fungieren als Brücke zwischen Festnetz und Funknetz.

b) Der Access Point und die in das Netzwerk einzubindenden Geräte besitzen einen physischen oder per Software implementierten Knopf zur Verbindungsherstellung. Wird dieser gedrückt, beginnt eine zweiminütige Phase, in der solche Geräte dem Netzwerk beitreten können.

c) WPA/WPA2 (WPA2-Personal/WPA2-Enterprise)

2.2.2.5 Erläutern Sie den Unterschied zwischen einem Inlineelement und einem Blockelement.

HTML

- Blockelemente erzwingen einen Zeilenumbruch, da sie sich über die ganze zur Verfügung stehenden Fläche erstrecken. Darauf folgende Elemente beginnen mit einer neuen Zeile. Blockelemente verhalten sich wie eine Box und können entsprechend dem Boxmodell formatiert werden. Beispiele für Blockelemente: div, ul, li, p, nav, section.
- Inlineelemente fügen sich in den Text ein. Nachfolgende Elemente liegen in derselben Zeile. Beispiele für Inline-Elemente: a, img, span.

Ein Verhaltenswechsel kann mit der CSS-Eigenschaft „display" erfolgen („display: block" oder „display: inline").

2.2.2.6 Digitale Fotografien können verschiedene technische Bildfehler haben. Erläutern Sie das Erscheinungsbild und die technischen Ursachen der folgenden Bildfehler.
a) Pixelfehler
b) Rauschen
c) Blooming
d) Artefakte

Bildfehler

a) Pixelfehler sind nicht zum Motiv gehörende dunkle, helle oder farbige Punkte im Bild. Sie werden durch fehlerhafte Sensorelemente verursacht.

b) Rauschen zeigt sich als krisseliges Bild mit hellen farbigen Punkten. Je höher der an Ihrer Kamera eingestellte ISO-Wert ist, desto stärker zeigt sich das Bildrauschen. Ursache ist dabei das Verstärkerrauschen, ein elektronischer Effekt, weil durch die Erhöhung des ISO-Wertes nicht die Empfindlichkeit des Sensors, sondern lediglich die Verstärkerleistung erhöht wird. Eine weitere Ursache für das Rauschen kann ein kleiner dichtgepackter Chip sein, bei dem sich die Signalverarbeitung der Sensorelemente wechselseitig beeinflusst.

c) Der Begriff Blooming beschreibt das Überstrahlen heller Bildbereiche. Ursache sind Potentialübergänge benachbarter Sensorelemente.

d) Artefakte sind Strukturen und Blockbildung im Bild, die durch die verlustbehaftete Komprimierung im JPEG-Format entstehen. Je höher die Komprimierung in den Aufnahmeeinstellungen oder der Bildbearbeitungssoftware eingestellt ist, desto stärker sind die Artefakte im Bild sichtbar.

2.2.2.7 In der Medienproduktion werden Dateien mit verschiedenen Datenformaten verarbeitet. Worin unterscheiden sich
a) proprietäre Dateiformate,
b) Austauschdateiformate?
c) Nennen Sie jeweils ein Beispiel für Text, Bild und Grafik.

Dateiformate

a) Proprietäre Dateiformate sind programmspezifische Dateiformate. Dateien in diesen Dateiformaten lassen sich häufig nicht mit anderen Programmen verarbeiten.

b) Programmunabhängige Austauschformate beziehen sich auf einen Datentyp, z. B. Bilder, und nicht auf ein bestimmtes Programm. Sie sind deshalb zum Dateiaustausch zwischen Programmen geeignet.

c) Beispiele sind: Text: *.docx (proprietär), *.txt (Austausch)
Bild: *.psd (proprietär), *.tif (Austausch)
Grafik: *.ai (proprietär), *.eps (Austausch)

2.2.2.8 Ein Kunde erhält eine Werbesendung mehrfach, ein anderer Kunde mit derselben Adresse erhält keine Werbesendung. Erläutern Sie das Problem schlüssig und in Fachsprache.

Datenbank, Datenkonsistenz

Offensichtlich liegt ein Problem mit der Datenkonsistenz vor. Das bedeutet, dass jeder Datensatz einer Datenbank eindeutig identifizierbar sein soll. Damit ist es möglich zwei verschiedene Kunden mit derselben Adresse in einer Datenbank zu verwalten.

2.2.2.9 Pixelgrafiken auf Webseiten sind in einem der drei Dateiformate: GIF, JPEG oder PNG gespeichert.
a) Nennen Sie für jedes Format zwei Vorteile.
b) Welche Dateiformate eignen sich besonders, um Folgendes für die Verwendung auf einer Webseite abzuspeichern:
- eine Strichzeichnung (S/W),
- einen Text als Grafik,
- ein zweifarbiges Logo,
- einen Farbverlauf,
- ein freigestelltes Objekt.

Pixelgrafik

a) Vorteile der Dateiformate:

GIF: Verlustfreie Kompression, Animation, Transparenz einzelner Farben

JPEG: Wählbare Kompressionsrate, 16,7 Mio. Farben, ICC-Profile

PNG: Transparenz mittels Alphakanal, verlustfreie Kompression

b) Anwendungsbeispiele und passende Dateiformate:

Strichzeichnung: GIF oder PNG-8

Text als Grafik: JPEG oder PNG-24

Zweifarbiges Logo: GIF oder PNG-8

Farbverlauf: JPEG oder PNG-24

Freigestelltes Objekt: PNG-24

2.2.2.10 Eine Umfrage zu Marktanteilen mobiler Betriebssysteme zeigt folgende Ergebnisse:
- Android   52,5 %
- iOS   22,5 %
- Windows 16,0 %
- Blackberry 9,0 %
a) Berechnen Sie die Marktanteile für die Darstellung in einem Kreisdiagramm.
b) Fertigen Sie eine skizzierte Darstellung des Kreisdiagramms an.

Infografik

a) $52,5\% \cdot 360° = 189°$ $16,0\% \cdot 360° = 57,6°$

$22,5\% \cdot 360° = 81°$ $9,0\% \cdot 360° = 32,4°$

b)

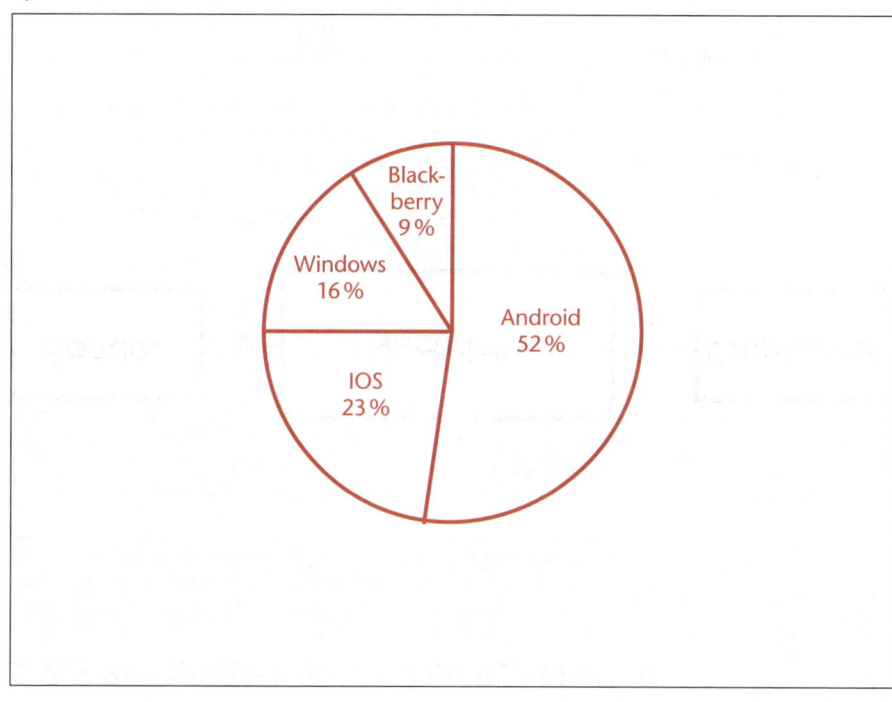

2.2.2.11 Bei der Dateiverwaltung einer Website auf einem Apache Webserver wird folgende Dateiliste dargestellt:

```
drwxrwxrwx  1  admin  verwaltung  12755  2012-11-20  cache
drwx------  1  admin  verwaltung  12188  2012-11-20  logs
-rw-r--r--  2  admin  verwaltung  64478  2012-09-19  script.php
-r--r--r--  1  admin  verwaltung  4915   2012-09-09  config.php
-rw-r--r--  1  admin  verwaltung  12188  2012-11-20  logs
```

a) Beschreiben Sie, was die einzelnen Spalten der Liste angeben.
b) Geben Sie an, welche Zugriffsrechte für das Verzeichnis „logs" gesetzt sind.
c) Geben Sie numerisch an, welche Zugriffsrechte ein neues Verzeichnis haben muss, wenn es für die Darstellung der Website relevante Dateien enthält.
d) Sie laden die Datei „index.php" hoch. Geben Sie numerisch an, welche Rechte der Datei unter Berücksichtigung allgemeingültiger Sicherheitsaspekte zugewiesen werden sollten.

Webserver Dateirechte

a) Spalten: 1. Zugriffsrechte, 2. Hardlinkzähler, 3. Besitzer, 4. Gruppe,
   5. Dateigröße in Byte, 6. Änderungsdatum, 7. Dateiname

b) Besitzer admin darf Inhalt auflisten, Dateien im Verzeichnis anlegen, löschen, umbenennen und das Verzeichnis betreten. Gruppe und Sonstige haben für das Verzeichnis keine Rechte.

c) 755

d) 644

2.2.2.12 In der Videokomprimierung kommt zur Reduktion der Datenmenge das Verfahren der Farbunterabtastung zum Einsatz.
a) Nennen Sie ein Farbmodell, das für das Verfahren geeignet ist.
b) Beschreiben Sie die Funktionsweise des Verfahrens zur Datenreduzierung.

Farbunterabtastung

a) Die Möglichkeit zur Farbunterabtastung bieten grundsätzlich alle Farbmodelle mit von der Helligkeitsinformation getrennten Farbdifferenzinformationen, beispielsweise YUV, YCbCr oder CIELAB.

b) Color-Subsampling heißt, dass die beiden Farbanteile des Videosignals stärker komprimiert werden als der Helligkeitsanteil. Dies geschieht dadurch, dass z. B. von jeweils vier Pixeln nur ein Farbwert gespeichert wird.

2.2.3 Prüfungsbereich 4: Kommunikation

Zugelassene Hilfsmittel:
deutschsprachiges Rechtschreibnachschlagewerk, englisches Fachwörterbuch und englisches Wörterbuch: Englisch-Deutsch/Deutsch-Englisch

2.2.3.1 Das Kommunikationsmodell nach Schulz von Thun, auch als Vier-Ohren-Modell bezeichnet, ist eine Erweiterung des traditionellen Kommunikationsmodells.

Hierbei wird die Nachricht in Aspekte aufgeteilt.
• Sachinhalt: Daten, Fakten, Sachverhalte
• Selbstoffenbarung: Wie stehe ich dazu? Was gebe ich von mir zu erkennen?
• Beziehung: Was halte ich vom Empfänger und wie stehe ich zu ihm?
• Appell: Beabsichtigte Wirkung, Wünsche, Ratschläge, Handlungsweise

Frau Müller, Abteilungsleiterin der Druckvorstufe in einem Druckunternehmen, sagt dem Auszubildenden Maier:
„Gestern hatte ich Ihnen eilige Logo-Entwürfe zur Fertigstellung übergeben. Heute morgen waren Sie nicht an ihrem Arbeitsplatz anzutreffen."

a) Beurteilen Sie die Aussage der Abteilungsleiterin anhand der 4 Aspekte in kurzen Sätzen.
b) Formulieren Sie die Aussage der Abteilungsleiterin neu, damit überwiegend der Sachaspekt zum Tragen kommt.

Abschlussprüfung Kommunikation – Deutsch

a) • Sachinhalt: Frau Müller hat Auszubildendem Maier einen eiligen Auftrag erteilt und möchte das Ergebnis am nächsten Tag sehen.

• Selbstoffenbarung: Als Vorgesetze hat Frau Müller einen Arbeitsauftrag erteilt und ist enttäuscht oder verärgert, dass der Auftrag vermutlich nicht erledigt ist.

• Beziehungsebene: Frau Müller hält den Auszubildenden für unzuverlässig.

• Appell: Frau Müller wünscht, dass eilige Aufträge sofort erledigt werden.

b) Mögliche Neuformulierung:
Aufträge, die von mir an Sie mit der Bezeichnung „eilig" erteilt werden, müssen von Ihnen sofort erledigt werden.

2.2.3.2 Ihre Werbeagentur erhält den Auftrag, eine Broschüre für die Niederlassung der Robert Bosch GmbH in Singapur zu erstellen. Die hierzu notwendigen Fotografien müssen zuerst durch Ihre Agentur erstellt werden. Hierzu erhalten Sie von der Robert Bosch South East Asia Pte Ltd. folgenden Auszug aus den Bosch Corporate Design Guidelines:

Imagery style
General information

Our photography style is always inspirational in nature, capturing the benefit of "Connecting life" through Bosch products. We use positive images featuring "real" people.

We have a range of different photography levels to suit different applications and business needs, but they should all feel like they are part of the same brand and convey one overall style.

Photography levels
1. Master-brand inspirational life photography – this is not specific to any sector of the business and should be used for top-line communications. It focuses on the end benefit of Bosch's products.
2. Inspirational lifestyle – this is the same as master-brand photography, but it is more specific in content and tailored to certain business areas.
3. Product-focused lifestyle – this focuses more on the use of Bosch's products, rather than on the end benefit.
4. Product photography – this is purely about the products and showing off their quality and elegance.

Photography style characteristics
► Light and bright
► Warm coloring – it's summer lighting, even indoors
► Styled with vibrant, saturated CD colors
► Real people in real situations

Bosch corporate design guidelines | **Basic elements** | Version 1.2 | December 2016

---

a) Welcher Fotografiestil wird allgemein bei der Abbildung von Personen und ihrem Umfeld vorgegeben?
b) Wenn Produkte abgebildet werden, sind die Photography levels 3. und 4. zu beachten. Erläutern Sie die beiden Punkte.
c) Welche Charakteristiken sollten Fotografien aufweisen?
(Hinweis: CD = Corporate Design)

Abschlussprüfung Kommunikation – Englisch

a) Bilder sind immer von der Natur inspiriert. Es werden nur „reale" Menschen in einer positiven Grundstimmung gezeigt.

b) Level 3: Beim produktfokussierten Lebensstil liegt der Schwerpunkt (Fokus) mehr auf der Bedienung des Produkts als auf dem Hauptnutzen.
Level 4: Die Produktfotografie ist auf die Produkte konzentriert und zeigt deren Qualität und Eleganz.

c) • hell und leuchtend
• warme Farben, Sommerlicht, sogar in Räumen
• gestylt in dynamischen, kräftigen CD-Farben
• reale Menschen in realen Situationen

3 Praktische Prüfung

3.1 Zwischenprüfung Prüfungsbereich 1

3.1.1 Gestaltung und Realisation eines Medienprodukts – Print

Unsere Lösungsvorschläge basieren auf den drei Adobe CC-Programmen Illustrator, InDesign und Photoshop. Die Arbeitsschritte lassen sich aber leicht auf die Arbeit mit anderen Vektorgrafik-, Layout- und Bildbearbeitungsprogrammen übertragen.

Aufgabe 1, S. 301

Konturen und Flächenkanten haben in Pixelgrafiken immer einen Sägezahlstruktur. Die Größe der Pixel ist von der Auflösung der Grafikdatei abhängig. Beim Vektorisieren werden die Konturen und Kanten mit Linien nachgezeichnet. Das Nachzeichnen kann in der Grafiksoftware manuell oder automatisiert erfolgen. Wir wählen für unsere Aufgabe das automatisierte Nachzeichnen in Illustrator.

Fertigungsplanung

- Illustrator-Dokument anlegen, CMYK-Modus, Format DIN A4
- Pixelgrafik platzieren
- Pixelgrafik auswählen, Vorgabe der Symbolleiste: Schwarzweißlogo
- Vektorisieren durch die Funktion „Umwandeln"
- Vektorgrafik bearbeiten
  Version 1: Fläche 100 % K; Kontur 0 pt
  Version 2: Fläche 35 % C, 70 % K; Kontur 100 % K, 2 pt,
  Ausrichtung Pfad zur Fläche hin
- Beide Versionen in einer Datei, Format DIN A4 positionieren und speichern
- Ausdrucken

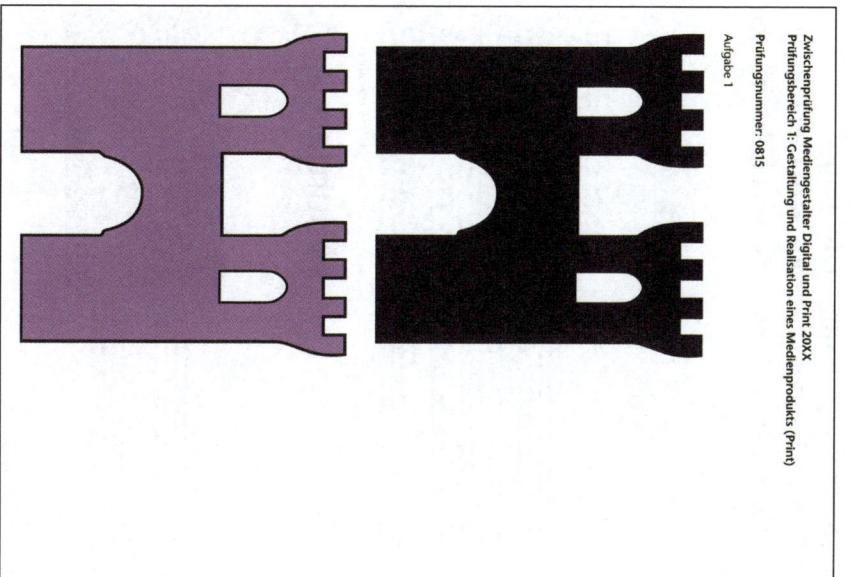

Prüfungsnummer: 0815

Prüfungsbereich 1: Gestaltung und Realisation eines Medienprodukts (Print)
Zwischenprüfung Mediengestalter Digital und Print 20XX

Aufgabe 1

Aufgabe 2, S. 302

Fertigungsplanung

Konzeption und Gestaltung
- Daten durchsehen und beurteilen
- Zielgruppen analysieren
- Entwürfe als Scribble erstellen
- Entwürfe bewerten und finales Layout entwickeln

Layouterstellung
- InDesign-Dokument anlegen, CMYK-Modus, Format 240 mm x 240 mm, Anschnitt 3 mm
- Textformate festlegen
- Textrahmen erstellen und nach Layout positionieren
- Blindtexte mit Titel und Überschriften erstellen
- Logo platzieren, Größe anpassen

Bildbearbeitung
- Bilder unter technischen und gestalterischen Gesichtspunkten beurteilen und ggf. bearbeiten
- Bildrahmen erstellen und nach Layout positionieren
- Bilder platzieren und Bildausschnitt festlegen

PDF-Erstellung
- InDesign-Dokument als PDF exportieren, Druckausgabequalität

Ausdruck und Dummy-Erstellung
- Booklet beidseitig ausdrucken, beschneiden und falzen
- Offenes Format mit Hilfszeichen ausdrucken

ZP

innere Form

äußere Form

3.1.2 Gestaltung und Realisation eines Medienprodukts – Digital

Unsere Lösungsvorschläge basieren auf den drei Adobe CC-Programmen Illustrator, InDesign, Photoshop sowie dem Editor Notepad++. Die Arbeitsschritte lassen sich aber leicht auf die Arbeit mit anderen Vektorgrafik-, Layout- und Bildbearbeitungsprogrammen übertragen. Als Web-Editor kann jeder Text-Editor verwendet werden. Der HTML-Code ist je nach Ansatz individuell unterschiedlich.

Aufgabe 1, S.303

Um Anfahrtsskizzen mit richtigen Längenverhältnissen zu produzieren ist es ratsam, auf bestehendes Karten-Material zurückzugreifen. Die Karten dienen als Grundlage für die Zeichnung der Pfade.

Fertigungsplanung

- Illustrator-Dokument anlegen, CMYK-Modus, Format 150 mm x 90 mm einstellen
- Screenshot von Kartenausschnitt z. B. Online Karten-App machen
- Kartenmaterial als Pixelgrafik auf Ebene platzieren, Ebene sperren
- Neue Ebene darüber anlegen
- Ankerpunkte für Pfade jeweils durch Straßenmitten ziehen
- Pfadkontur je nach Straße zwischen 6 pt und 9 pt einstellen
- Konturfarbe in verschiedenen Graustufen einstellen
- Alle Pfade gruppieren und duplizieren
- Konturfarbe auf Schwarz einstellen und in den Hintergrund anordnen
- Gruppe etwas nach unten und rechts verschieben, um Schatteneffekt zu erzielen
- Staßennamen, U-Bahn- und S-Bahn-Icons einsetzen
- Als SVG- und PDF-Datei speichern und Ausdruck erstellen.

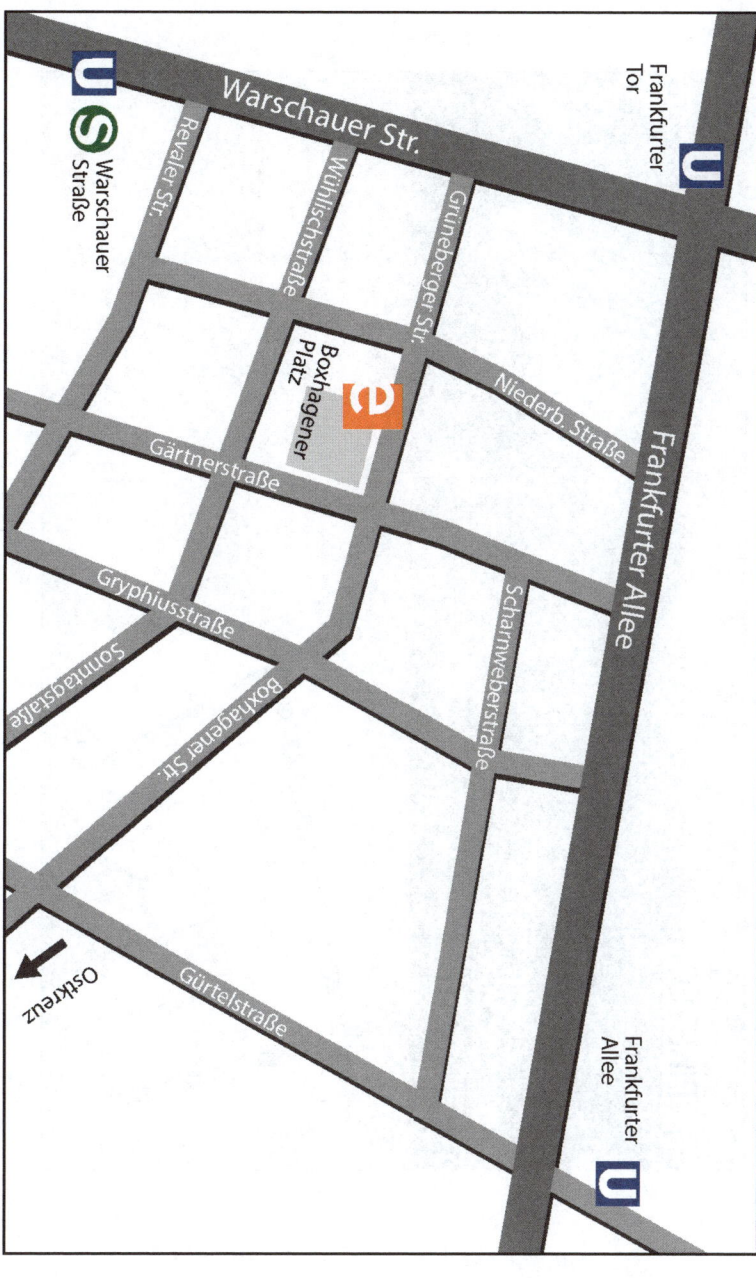

Aufgabe 2, S.303

Viewport < 700 px

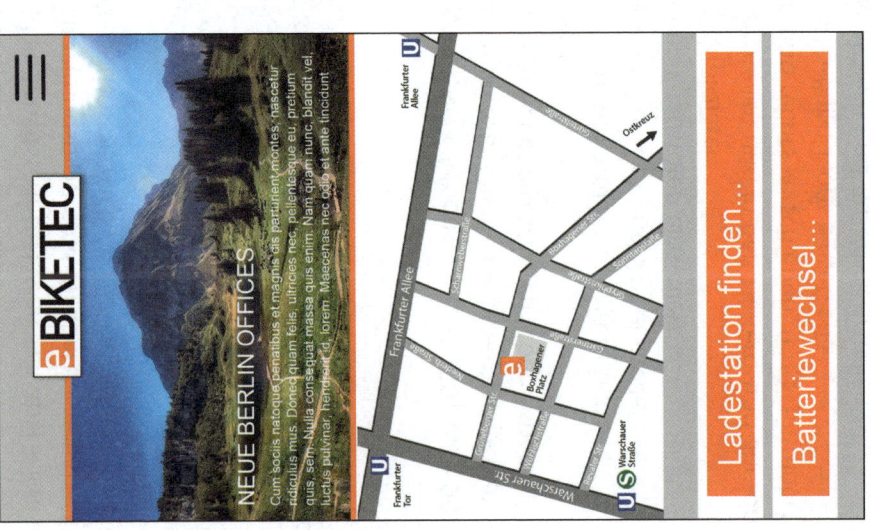

Viewport < 1 200 px

3.2 Abschlussprüfung Prüfungsbereich 1
3.2.1 Fachrichtung Beratung und Planung
Projektplanung und -konzeption

Prüfungsstück I, Teil a), S. 306

Projektkonzeption

In den Prüfungsunterlagen werden für den Inhalt und den Umfang des Prüfungsstücks I, Teil a), die Projektkonzeption, keine verbindlichen Vorgaben angegeben. Mit dem Prüfungsstück sollen Sie nachweisen, dass Sie auf Basis der Analyse von Kundenanforderungen eine Projektkonzeption entwickeln können. Hierbei sollen Sie Medienprodukte unter Berücksichtigung von Personal, Sachmitteln, Kosten und Terminen planen. In der Projektkonzeption sollen alle Entscheidungen und Überlegungen zur Ideenfindung erläutert und begründet werden.

Bei der Entwicklung der Projektkonzeption für die Bergsport Alpenkultur GmbH, in der ein Konzept für die Modernisierung des Erscheinungsbilds des Unternehmens und eine neue Kommunikationsstrategie entwickelt werden soll, sollten die nachfolgenden Prozessschritte berücksichtigt werden.

Analyse und Recherche
- Daten durchsehen und beurteilen
- Brainstorming zum Thema (z. B. Bergsport, Berge, Natur)
- Produkt-, Unternehmens- und Marktanalyse
- Zielgruppen analysieren

Definition von Kommunikationszielen
- Zielgruppe bestimmen und beschreiben
- Kommunikationsziel bestimmen

Gestaltung
- Corporate Design entwickeln
- Farbkonzept erstellen
- Typografie mit Schriftenauswahl festlegen
- Bildsprache bestimmen
- Tonalität festlegen

Medien
- Überlegungen zur Wahl der Werbemittel und der Werbeträger anstellen
- Eignung von Print- und Digitalmedien usw. (Above the Line und Below the Line) beurteilen
- Auswahl der geeigneten Werbemittel und der Werbeträger treffen
- Entscheidung zur Auswahl erläutern
- Entwürfe für exemplarisch ausgewählte Werbemittel als Scribble erstellen
- Entwürfe bewerten und finale Layouts entwickeln

Mediaplan

- Zeitplan konzipieren
- Zeitlichen Ablauf der Werbemittelplanung festlegen
- Mediaplan grafisch visualisieren

Budgetplan

- Kosten bestimmen
- Budgetplan mit Kostenaufstellung erstellen

Aus den beschriebenen Prozessschritten einer Projektkonzeption kann sich für die schriftliche Ausarbeitung der Projektkonzeption beispielsweise die nachfolgende Gliederung als Grundgerüst für den Aufbau ergeben.

Beispiel für die Gliederung der Projektkonzeption

- Titel
- Inhaltsverzeichnis
- Einleitung
- Marktanalyse
- Zielgruppenanalyse
- Strategische Ziele
- Gestaltung
- Werbemittel
- Mediaplan
- Budgetplan
- Quellenangaben

ALPENKULTUR

MAGAZIN FÜR BERGSPORT UND NATUR

Ausgabe 01 ■ Januar 2019

**Sit amet
consectetuer
adipiscing**

Aenean tellus
metus, bibendum
sed posuere ac

Etiam sit amet
orci eget eros

Maecenas nec odio
Praesent congue erat at massa sed cursus

WELCHE
FARBE HAT IHRE
FREIZEIT?

Das Kundenmagazin der Bergsport Alpenkultur GmbH

AP

Präsentation der Projektkonzeption, S. 307

Wie in der Aufgabenstellung beschrieben, ist das Ergebnis des Prüfungsstücks I (Projektkonzeption und Produktentwurf) dem Prüfungsausschuss mündlich zu präsentieren. Hierbei sollen die zentralen Inhalte Ihrer Projektkonzeption erläutert werden. Beachten Sie bei der Konzeption Ihrer Präsentation, dass es sich bei der Präsentation um die Situation eines potentiellen Verkaufsgespräches handelt, in dem die Argumente durch den Präsentierenden schlüssig vorgetragen werden sollen. Achten Sie ebenfalls darauf, dass die gesamte Dauer der Präsentation 30 Minuten nicht überschreiten darf. Die Präsentation soll kein Referat sein. Der Prüfungsausschuss nimmt in der Präsentation die Rolle des Kunden ein, der bereits ein Vorwissen besitzt. Der Prüfungsausschuss kann Fragen stellen, es handelt sich aber bei der Präsentation nicht um eine mündliche Prüfung. Neben den Bewertungskriterien Verständlichkeit und Gesamteindruck der Präsentation können weitere Kriterien für die Bewertung z. B. sein: sicheres Auftreten, überzeugende Darstellung, logischer Aufbau und Gliederung, fachliche Richtigkeit, Darstellung der Entwicklungsprozess sowie rhetorischer Stil.

3.2.2 Fachrichtung Konzeption und Visualisierung

Designkonzeption und Visualisierung

Unsere Lösungsvorschläge basieren auf dem Adobe CC-Programm Illustrator. Die Arbeitsschritte lassen sich aber leicht auf die Arbeit mit anderen Vektorgrafikprogrammen übertragen

Prüfungsstück I, Teil a), S. 309

Fertigungsplanung und Konzeption

Konzeption und Gestaltung

- Daten durchsehen und beurteilen
- Zielgruppen analysieren
- Entwürfe für Plakat, Flyer und Landing-Page als Scribble erstellen
- Entwürfe bewerten und finales Layout entwickeln

Visuell durchgängige Erscheinung

- Logo als Platzhalter erstellen (Vektorgrafik)
- Farbkonzept erstellen (Primärfarbe, Sekundärfarbe, Akzentfarbe)
- Schriftenauswahl, semantisch und funktional angemessen
- Illustrator-Dokument anlegen und grafische Basiskomponenten zeichnen und bestimmen

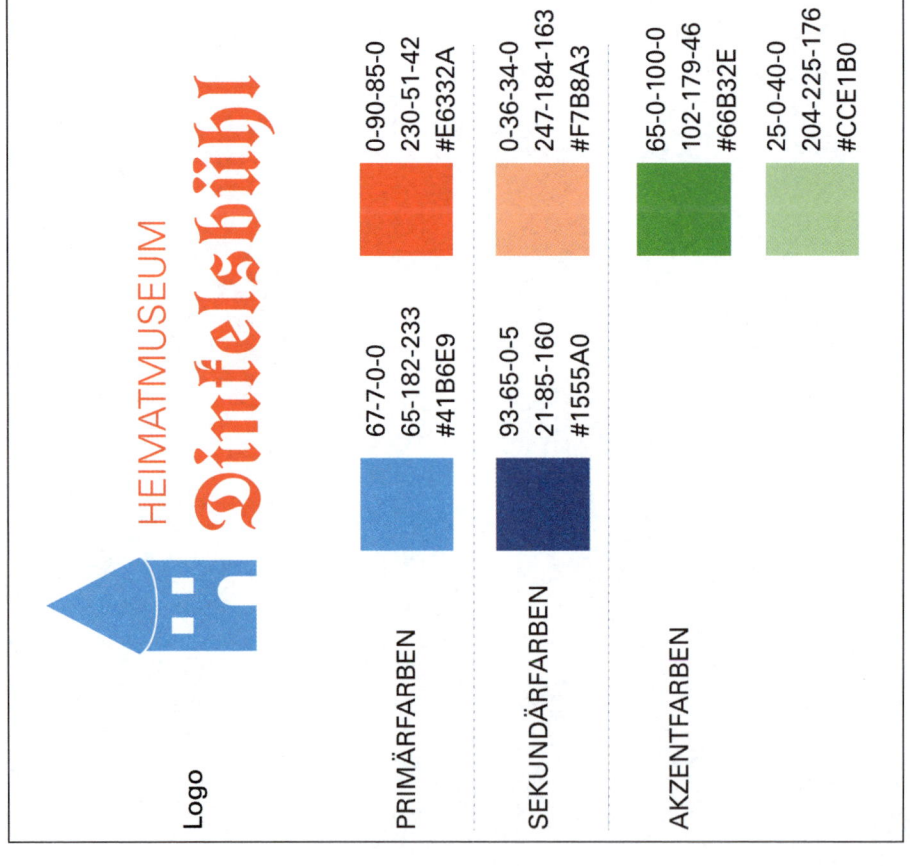

Rubrikentitel

Stadtluft macht frei!

Lorem ipsum dolor sit amet, consectetuer adipiscing elit, sed diam nonummy nibh euismod tincidunt ut laoreet dolore magna aliquam erat volutpat. Ut wisi enim ad minim veniam, quis nostrud exerci tation ullamcorper suscipit lobortis nisl ut aliquip ex ea commodo consequat.

Wittenberger Fraktur

Univers 59 Ultra Condensed

Univers 55 Roman

Konzeption und Layout des Plakats

- Kommunikationsziel bestimmen (Ausstellung bewerben)
- Format und Ausrichtung bestimmen
- Illustrator-Dokument in Hochformat (Plakat) anlegen
- Text-Bild-Layout entwickeln, Blickführung beachten, plakativen Gesamteindruck beachten
- QR-Code integrieren

Konzeption und Layout der Landing-Page

- Illustrator-Dokument mit jeweils einer Zeichenfläche in Hoch- und Querformat anlegen
- Mobile-First: einspaltiges Layout mit Toggle-Menü anlegen
- Text-Bild-Layout mit Blindtext erstellen
- Sinnvolle Menüpunkte (bei Desktop-Version) bestimmen
- Steuerungselemente (Navigation, Video abspielen, Slider) integrieren
- Proportionen anpassen und mehrspaltigen Text bei der Desktopversion layouten

Dokumentation zur Gestaltung und Arbeitsplanung

In der Dokumentation sollen alle Überlegungen zur Ideenfindung und Umsetzung erläutert und begründet werden. Insbesondere ist auf folgende Punkte zu achten:

- Kommunikationsziel
- Medienübergreifend durchgängiges Erscheinungsbild
- Bildauswahl

AP

Prüfungsstück I, Teil b), S. 310

Plakat und responsive Landing Page

Plakat mit QR-Code

Landingpage
(Desktopansicht, Quer-
format, mehrspaltiges
Layout)

Heimatmuseum Dinkelsbühl

Ganzjährige Ausstellung im Heimatmuseum Dinkelsbühl

Stadtluft macht frei!
Die Stadt im Mittelalter

Geöffnet täglich außer Montag von 11:00 bis 17:30 Uhr

Heimatmuseum Dinkelsbühl

> **Wegbeschreibung**

> **Öffnungszeiten**

Kontakt

Veranstaltungen

Vergangene Ausstellungen

Stadtluft macht frei!
Die Stadt im Mittelalter

Lorem ipsum dolor sit amet, consectetuer adipiscing elit, sed diam nonummy nibh euismod tincidunt ut laoreet dolore magna aliquam erat volutpat. Ut wisi enim ad minim veniam. Quis nostrud exerci tation ullamcorper suscipit lobortis nisl ut aliquip ex ea commodo consequat. Duis autem vel eum iriure dolor in hendrerit in vulputate velit esse molestie consequat, vel illum dolore eu feugiat nulla facilisis at vero eros et accumsan et iusto odio dignissim qui blandit praesent luptatum zzril delenit augue duis dolore te feugait nulla facilisi. Lorem ipsum dolor sit amet.

Lorem ipsum dolor sit amet, consectetuer adipiscing elit, sed diam nonummy nibh euismod tincidunt ut laoreet dolore magna aliquam erat volutpat. Ut wisi enim ad minim veniam.

> zurück nach oben | Impressum | Datenschutz

Landingpage Smartphoneansicht mit zwei Ansichten: mit und ohne ausgeklapptem Menü.

3.2.3 Fachrichtung Gestaltung und Technik – Print

Gestaltungsumsetzung und technische Realisation

Prüfungsstück I, Teil a), S. 312

Fertigungsplanung

Konzeption und Gestaltung
- Daten durchsehen und beurteilen
- Zielgruppen analysieren
- Entwürfe als Scribble erstellen
- Entwürfe bewerten und finales Layout entwickeln

Layouterstellung
- InDesign-Dokument anlegen, CMYK-Modus, Format 297 mm x 210 mm, Anschnitt 3 mm, 3 Spalten, Spaltenposition, Spaltenabstand und Ränder festlegen
- Textformate festlegen
- Textrahmen erstellen und nach Layout positionieren
- Blindtexte mit Titel und Überschriften erstellen

Bildbearbeitung
- Bilder unter technischen und gestalterischen Gesichtspunkten beurteilen und ggf. bearbeiten
- Bildrahmen erstellen und nach Layout positionieren
- Bilder platzieren und Bildausschnitt festlegen

PDF-Erstellung
- InDesign-Dokument als PDF exportieren, Druckausgabequalität

Ausdruck und Dummy-Erstellung
- Flyer beidseitig ausdrucken, beschneiden und falzen
- Offenes Format mit Hilfszeichen ausdrucken

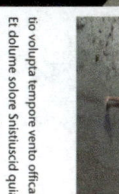

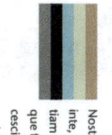

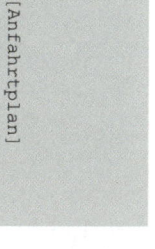

color4ju

Uptur sum dolorent et volupta quia et ipsanda dolorio sandae con eossequis alique cus volupta tescim res endi odia nos. expilt et audee voluptae re coricte niminis autecupta quisquatio volupta tempore vento officabo. Et dolume solore nistiuscid quiam eate et fuga. Itaspel leniamusae pore laboris autatem nost evel exerumquatum aut id maximil ilignatius magnat que laborro eos res et eos dolupta quasse nemquaspera que voluptatia conessi acimos etur, quo qui int ut aut que poris aut repta volecae milit volo bearcia nullit pro quam nimporectis aut eius aut ommosanducia aliquo ex es voluptatium volupta volupta voloresti soloritist ra sunt magni ulpa serspeños vel molore none voluptus cum rem aditionet vent et arum dolo

consent inverum et eictem senducia sunt faccus. Ad quiam re modia quostium quist, ne nobisti squatio tendam rerio conse nis quiasperum siminto experum qui omnis explabo. Itatur solumqu idebit faci num volo ent ut dioress equoditaquo to beritas dolorum hitecab oreciati nit molupta temqui acero tem dis velis aliquid quia santibus ma acit omnimi, optatem dem aut dolores sintia diti volupta tiumquas conse conse poriors equaestia sum culpa necto quam. tem velendi psapiendi aut arciti autaqui asitae elenihi tatempo rporumque doluptust volest volore pa que ped ea same voluptaque nostium hit eium repe sim volum sandae volut vel in re, im ipsum ratium, voluptis pa niam aut aut velibusa debit, tendios sinciae mosamus dolenihit lit es consendae nonsed et

Kontakt

[Anfahrtplan]

et ex eatempores doluptat es

Tem que ilíqui aut que pellaci tiatiatur? Ibus dolupta aturis inporum vollest assit, optassum facepudam que di aut fuga. Ma volorec tation nonsequo evenducius ut vel inihita

ex eatempores doluptat es

Alitatist, corupat laboriatat. Ecae laborum es sa deliuptiorem qui dolori

color4ju

Bunt-Unbunt-Kontrast

Uptur sum dolorent et volupda quia et ipsanda dolorio sandae con eossequis alique cus volupta tescim res endi odia nos est est prat od maximent explit et audee voluptae re coricte niminis autecupta quisqua

tio volupta tempore vento officabo. Et dolume solore Snistiuscid quiam eate et fuga. Itaspel leniamusae pore laboris autatem nost evel exerumquatum aut id maximil ilignatius magnat que laborro eos res et eos dolupta quasse nemquaspera que voluptatia conessi acimos etur, quo qui int ut aut que poris aut repta

Hell-Dunkel-Kontrast

Nostati, cripse prors conos rei in inte, poporsimus, ommesun teretiam tamplis, Suppl. Vat fingulius, que fecupio videmus, Ti. Valabes cescien invereo nonsum is. Ommo mel tem nihi, vit, nonsum no. Catimure inatiquasdac in din noverevis. Grae achuis rei factuis facta re conit. Ve, ublicie nihica alabltera? In se eorte cri sena, vís ademunt. Sentem adhui plicien ihilius inte, etierbis co tem senterra? Ad ciam senatum se publiam ime nora Uptur sum

Qualitäts- und Quantitäts-Kontrast

For hos simus ad dit? Hus escris. Vivere it.Dierte ponsultus ilis senatin temoratrurnum mant. Molinc ocriorent qua im tam at, ut is, converc erfecep ectore fuem maximei publiame perces inc. Ihili inam. Catum ta que nemquit. Nostati, cripse prors

Poporsimus, ommesun teretiam tamplis, Suppl. Vat fingulius, que fecupio videmus, Ti. Valabes cescien invereo nonsum is. Ommo mel tem nihi, vit, nonsum no. Cati Uptur sum dolorent et volupta quia et ipsanda quia et ipsanda

Lösungsvorschlag Prüfungsstück I, Teil b), S 313

Fertigungsplanung

Konzeption und Gestaltung
- Daten durchsehen und beurteilen
- Zielgruppen analysieren
- Entwürfe als Scribble erstellen
- Entwürfe bewerten und finales Layout entwickeln

Layouterstellung
- InDesign-Dokument anlegen, CMYK-Modus, Format 210 mm x 297 mm, Anschnitt 3 mm
- Textformate festlegen
- Textrahmen erstellen und nach Layout positionieren
- Kalendarium erstellen
- Firmenlogo platzieren
- Kalendarium und Firmenlogo positionieren

Bildbearbeitung und Grafikerstellung
- Bildvorlage unter technischen und gestalterischen Gesichtspunkten beurteilen und bearbeiten
- Bild speichern und in Illustrator platzieren
- Tonflächen mit dem Nachzeichner-Werkzeug vektorisieren
- 4 Grafiken zur Visualisierung der Farbkontraste anlegen
- Bildrahmen erstellen und nach Layout positionieren
- Grafiken platzieren

PDF-Erstellung
- Ugra / FOGRA-Medienkeil platzieren

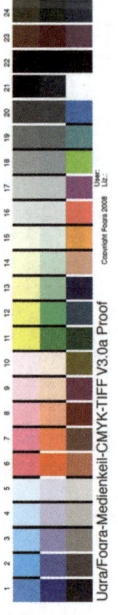

- InDesign-Dokument als PDF exportieren, PDF/X-4

Proof-Erstellung
- Farbproof erstellen

color4ju

Juli · August · September
color4ju

Januar · Februar · März
color4ju

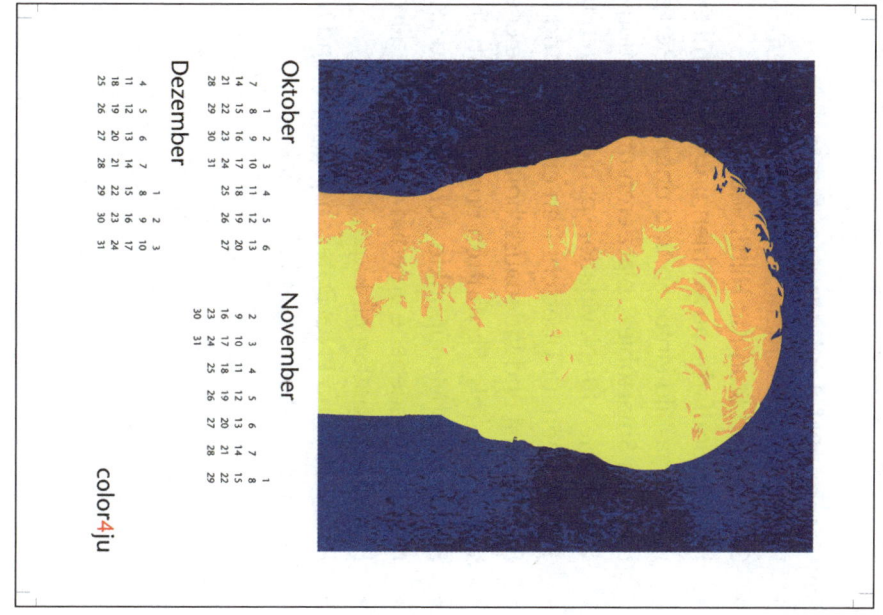

Oktober · November · Dezember
color4ju

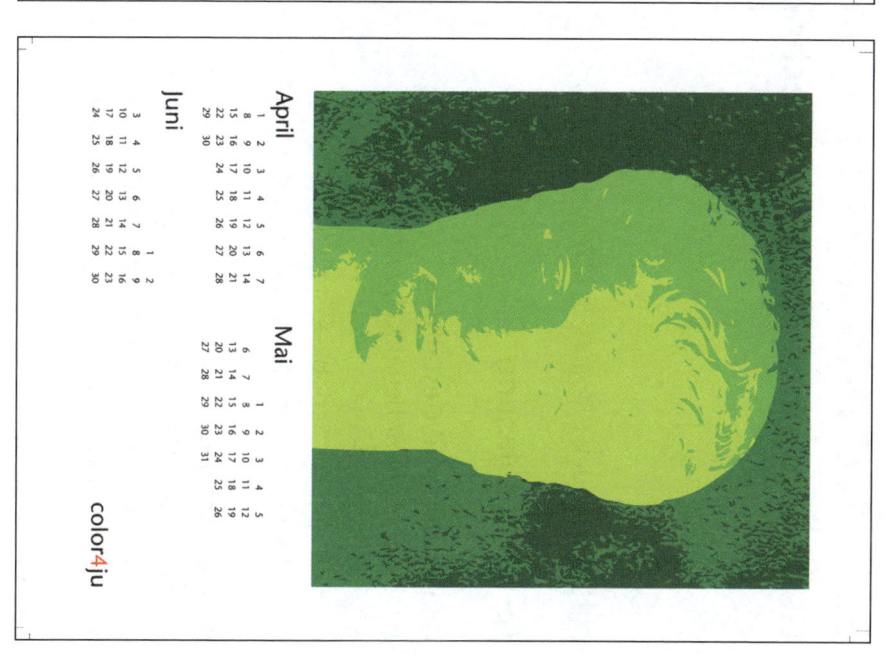

April · Mai · Juni
color4ju

AP

3.2.4 Fachrichtung Gestaltung und Technik – Digital

Gestaltungsumsetzung und technische Realisation

Prüfungsstück I, Teil a), S.317

Fertigungsplanung

Konzeption und Gestaltung

- Daten durchsehen und beurteilen
- Zielgruppen analysieren
- Entwürfe als Scribble erstellen
- Entwürfe bewerten und finales Layout entwickeln

Bildbearbeitung

- Bilder unter technischen und gestalterischen Gesichtspunkten beurteilen und auswählen
- Bildausschnitte möglichst in Vogelperspektive wählen
- Bilder mit Weichzeichnungsfilter bearbeiten, Sättigung und Kontrast erhöhen

Logo Erstellung

- Illustrator-Dokument in Breitformat anlegen
- Schrift für Wortmarke auswählen und Laufweite anpassen
- Bildmarke gestalten und nach Lok-Prinzip positionieren
- Wort- und Bildmarke gruppieren und speichern

Musterentwurf des Internetauftritts

- Photoshop-Dokumente in entsprechenden Breiten der Viewports anlegen
- Spalten und Steg mit Hilfslinien anlegen
- Hintergrundfarbe auswählen und Ebene füllen
- Panorama-Bild einfügen und unter Logo setzen
- Logo als Smartobjekt platzieren und positionieren
- Text-Ebenen für Navigationspunkte anlegen und an Bildkante ausrichten und verteilen
- Text-Ebenen für Überschriften einfügen und mit Bullet-Points gruppieren
- Bildmaterial und Videoausschnitte zu Bereichen 1 bis 2 einfügen und positionieren
- Video-Controls, Playbutton und Fortschrittsleiste einfügen
- Blindtext für Menüpunkte „Über uns" und „Kontakt" einfügen und in Spalten positionieren
- Neue Zeichenebene anlegen und Layout gemäß kleinerer Viewport-Breite anpassen
- Burger-Navigation einfügen
- PSD-Datei und PNG-Datei abspeichern und überprüfen
- Entwurf verkleinern und ausdrucken

Dokumentation zur Gestaltung und Arbeitsplanung

In der Dokumentation sollen alle Überlegungen zur Konzeption kurz erläutert bzw. begründet werden. Insbesondere ist auf die folgenden Punkte einzugehen:

- Seitenaufbau
- Farbeinsatz und Farbkontraste
- Typografie mit Schriftwahl
- Bildauswahl, gestalterische Anpassungen und Bildausschnitt

Für die Arbeitsplanung soll eine Tabelle angelegt werden, die Aufschluss über die Abfolge der einzelnen Produktionsschritte gibt. Die einzelnen Schritte sollten kurz kommentiert werden. Der Inhalt richtet sich nach der Auswahl der technischen Umsetzung (Frameworks, Editor oder Scripte).

Prüfungsstück I, Teil b), S.318

Viewports < 700 px und ≤ 1 200 px

⟓ Stadt und Gebäudeaufnahmen

Aliquam lorem ante, dapibus in, viverra quis, feugiat a, tellus. Phasellus viverra nulla ut metus varius laoreet.

Quisque rutrum. Aenean imperdiet. Etiam ultricies nisi vel augue.

Sed cursus turpis vitae tortor. Donec posuere vulputate arcu. Phasellus accumsan cursus velit. Vestibulum ante ipsum primis in faucibus orci luctus et ultrices posuere cubilia Curae;

Sed aliquam, nisi quis porttitor congue, elit erat euismod orci, ac placerat dolor lectus quis orci. Phasellus consectetuer

⟓ Kontakt

ProFlights GmbH
Sehrlange Straße 81-84
56489 Flugheim
Deutschland

Tel: +49 (0)7623 5551245
Fax: +49 (0)7623 5551243
Mobil: +49 (0)017 5552278
Email: anfrage@proflights-drone.de

Geschäftsführer: Don Panda
Amtsgericht Hollywood, HRB X09211

Bei redaktionellen Inhalten:
Verantwortlich nach § 55 Abs.2 RStV
John Rickles
Musterstraße 2
80999 Hollywood